“广大新视野”传媒学术前沿丛书

"广大新视野"
传媒学术前沿丛书

国家社科基金资助项目

责与利
中国电视的两难选择

孔令顺 著

中国传媒大学出版社
·北京·

序一

隋岩

（教育部“长江学者”特聘教授、中国传媒大学新闻学院院长、《现代传播》主编、教育部人文社会科学重点研究基地中国传媒大学国家创新传播研究中心主任）

传媒是一门艺术，也是一门科学。传媒研究一直在“人文”“艺术”和“社会科学”之间游走，研究议题丰富，研究视角多元，体现出鲜明的跨学科特征。伴随新媒体技术的发展，新闻业、影视业正经历前所未有的剧烈变革，并为传媒研究提供了媒介生态变化、群体传播效应和治理体系建设等具有理论与现实双重价值的新议题。

以网络和新媒体技术为代表的媒介技术高歌猛进，所带来的传媒变革也是令人目不暇接，加之人工智能、大数据、5G 技术等的促动，更使得传统的传媒理论面临失语的尴尬。如何回应网络社会提出的诸多“问题”，进而有效彰显新闻传播学、戏剧影视学等学科与社会的联动，已成当务之急。在此背景下，广州大学新闻与传播学院发挥自己学科和师资团队的优势，策划出版了“广大新视野”传媒学术前沿丛书。

丛书的特色之一是对新出现的社会群体、社会问题进行了较为系统的回应和探讨。《基础、逻辑与伦理：新媒体时代弱势群体传播研究》一书将弱势群体传播还原到整个社会结构中进行阐释，是国内首部系统研究新媒体情景下弱势群体传播的专著；《手机舆情形成及治理》将手机舆情治理视为移动传播时代搜集民意和干预舆论的整套机制，并提出政府主导、手机运营商和信息服务提供商协同、用户参与的“多利益攸关方”模式；《移动互联网视角下的城市老年居民与社会支持》一书选取老年人的主观视角，系统地描绘出“互联网＋社会支持＋积极老龄化”的发展途径。

丛书的特色之二在于对当下传媒变革的观照，停留于原先的思维框架下已经不足以支撑当下传媒的发展。《市场、技术、文化与新闻生产》一书以市场逻辑与技术逻辑交互博弈为背景，以如何形塑新闻生产为立足点；《中国动漫产业：政策、国家与市场》则从我国动漫产业政策国家性的角度和动漫产业本身意识形态性的角度，对我国2004年以来的相关产业政策展开剖析；《转型社会政务微信创新扩散的影响因素与机制研究》一书采用了政治社会学的跨学科视角，回应了传播学研究的经典理论——创新扩散理论，探索利用本土化的经验材料解答转型中国的政治－技术关系命题；《探赜与思辨：电影创作类型、风格与观念阐释》充分阐明了当代中国电影的创作生态、叙事策略与文化症候，并探索其折射出的社会历史印记。

丛书的特色之三在于对转型期中国传媒未来走向的思考，如《源与变：中国电视原创文化节目发展史论》就将电视原创文化节目置于中国电视文艺节目发展史的坐标中予以分析，挖掘其承传的文化基因和创新精神；《责与利：中国电视的两难选择》建构了电视的媒体责任体系，试图全景式梳理当下中国电视的媒体责任担负样貌；《移动传播时代的新闻业变革：基于媒体与用户视角的实证考察》则对传播学研究中的媒体和用户理论进行补充和拓展。这几本专著立足当下，着眼传媒未来发展，对学界和业界都不无启示意义。

自2016年以来，广州大学新闻与传播学院扬帆南中国，“顶天立地”做学问，既有对前沿理论的探讨，又有对接中国大地的明显“问题”取向，引起了学界广泛关注。该套丛书就是显例，丛书的作者有的在学界已经有着广泛的影响，有的开始崭露头角，但他们有一点值得学界关注和借鉴：凝神聚力做学问，以“广大新视野”来回应学界的脉动。该丛书被命名为“广大新视野”，丛书内容既是作者视野广阔、观点新颖、前沿探索的结果，又不乏系统的、前瞻的视角应对未来新闻传媒的发展。

世事纷繁，开卷有益。“广大新视野”传媒学术前沿丛书的出版可谓恰逢其时。

2019 年 11 月于北京

序二

田秋生

（广州大学新闻与传播学院院长，广州大学粤港澳传媒研究中心主任）

丛书的策划起自 2017 年底，2018 年初与出版社正式签订协议，并组织老师们进行书稿撰写。其时，心中是颇有些忐忑的。一是大家都忙，二是在当下的考评体系中，写书往往是吃力不讨好。没想到各位同事如此尽心尽力，没想到大家用了 2 年左右的时间就拿出了一本又一本沉甸甸的书稿，确实让人有些喜出望外之感。

我们将这套书命名为"'广大新视野'传媒学术前沿丛书"，其实有着双重的含义。一是在学术层面，希望能在新的理论视野中，观照新媒体环境下的传媒业前沿学术问题。二是在研究主体层面，也希望能借此发出广州大学新闻与传播学院的声音，呈现出新院的新气象。

作为一个进入学院近 20 年的"老人"，我深刻地体会到，自 2016 年下半年以来，我们跟整个广大一起，迎来了难得的发展机遇。这是我们的好时光，而这套丛书的出版，在某种意义上便是献给这段黄金岁月的礼物。

短短 3 年多，广州大学也发生巨变，学院也展现出蒸蒸日上的态势，这种局面当然来之不易。2016 年 9 月，广州大学开始全力推进高水平大学建设，得到广州市政府在政策与办学经费上的特别支持，实施"人才倍增计划"，以超强力度面向海内外延揽优秀人才。2017 年 9 月起，广东省扩大部校共建范围，推动中共广州市委宣传部与广州大学共建新闻学院，为学院的人才培养与学科建设提供了宝贵的资源与平台。

跟随学校快速发展的步伐，依托高水平大学建设与部校共建的良机，学院也开启了新的征程。

自 2017 年以来，我们从国内外引进专任教师 20 人，包括百人计划学者 6 人，实质性优化了师资队伍结构。在招贤纳士的同时，举办了一系列有影响的学术活动。

其一，先后举办 8 场国内外有影响的学术会议：粤港澳大湾区电影发展战略高端论坛、“粤港台传媒转型”学术研讨会暨首届岭南传媒研究生系列论坛、“新时代繁荣哲学社会科学传媒期刊主编论坛暨岭南传媒研究生论文工作坊”“影像中的中国与世界”的首届青年学者工作坊、“中国高校影视学会 2018 媒介文化论坛”、中国高等院校影视学会第十八届年会暨第十一届中国影视高层论坛、第二届媒介法规与伦理学术年会、中国高校影视学会影视史学专业委员会成立大会暨第一届中国影视史学年会。其二，举办岭南传媒系列高端学术讲座。其三，邀请国务院学科评议组专家，举办两次学科建设研讨会。

上述学术活动使学院面貌为之一新，在营造良好学术氛围、提升教师科研能力的同时，也扩大了学院的影响力，而组织编撰“‘广大新视野’传媒学术前沿丛书”成了水到渠成的事情。我之所以在前面不厌其烦地将近年来举办的 8 场会议的具体名称一一列出，也是想借机将其记录下来，进入学院的办学历史。

具体到丛书在学术层面的建树与特色，隋岩老师已有中肯评价，在此不再赘言。

值此丛书出版之际，心中充满感激。丛书乃部校共建理论成果之一，其出版得到了部校共建经费的支持，特别感谢中共广州市委宣传部对学院人才培养与学科建设的支持；丛书的策划与组织得到了中国传媒大学出版社的指导与支持，尤其要感谢副社长张毓强教授、编辑黄松毅老师为丛书所倾注的心血；感谢中国社会科学院研究生院教授、国家督学姚喜双老师，中国传媒大学新闻学院院长、教育部“长江学者”特聘教授隋岩老师，复旦大学新闻学院执行院长、教育部“长江学者”特聘教授张涛甫老师，你们在百忙中屈尊担任丛书特邀编委，提供有力支持；感谢丛书的各位作者，使梦想终成现实。

期待丛书出版后能得到学界的关注与批评指正！在这个特殊的季节为未来献上祝福，面朝大海，春暖花开。

是为序。

2019 年 11 月于广州

目录

Contents

导论　中国电视的身份焦虑

中国电视诞生60多年来，在传媒、艺术等多个领域都取得了辉煌的成就，成为当下普通民众文化生活的重要来源和大众文化的基本体现。60多年栉风沐雨，电视在超越其他媒体的同时也在实现着不断的自我超越，然而对于“我是谁”这一自身身份的焦虑却几乎始终相伴左右。在移动互联和媒介融合风云变幻的时代语境之下，今天的中国电视更是面临着巨大的内忧与外患。站在甲子年后的十字路口，面对文化产业的机遇与挑战，何去何从成为中国电视必须要做出的痛苦选择。

一、竞合共生：超越与被超越

1958年5月1日晚，中国第一座电视台——北京电视台试验播出黑白电视节目，同年9月2日正式开播，这标志着中国电视事业的起步。15年后的1973年5月1日，北京台开始播出彩色电视节目，又是5年后的1978年5月1日更名为中央电视台（CCTV）。开播之初的北京台覆盖半径只有25公里，全北京市也只有30多台电视机。在这个薄弱得有些寒碜的起点上，中国电视筚路蓝缕，艰辛创业，与其他传媒形式既有竞争也有合作，不断汲取各类营养，实现了跨越式发展。

1. 电视的超越

相较于之前更为传统的信息传播媒介，新兴的电视以其更大的包容性体现出明显的后发优势，它综合运用多种传播手段和艺术表现形式，很大程度上打破了信息传播的时空阻隔，迅速成长为“第九艺术”和“第一媒介”。

今天的电视显然更为内容丰富、品质优良、传播多元，可遥想60多年前，“初创阶段电视的内容生产从技术到艺术上都邯郸学步，更多地是从邻近的报纸、广播、通讯社、电影和戏剧那里学习借鉴甚至是克隆模仿。在传媒系统当中，电视像是新闻纪录电影的缩小版，人民日报的影像版，广播电台的图像版，新华社的精简版。同时，由于电视台的内容生产能力极其有限，为了填补时段，大量的电影也被拿到电视频道上播出。这时候，电视作为一种媒体的面貌是很不清晰的，当然某种意义上也可以视为媒介融合的一种懵懂尝试”①。其实，这更多的是时代局限下的无奈选择。电视的横空出世和强势存在超越了图书、报纸、杂志和广播等传统媒体，改变了传媒的既有格局，也极大地改变着人们的生活和观念。从某种意义上来讲，人类社会几乎进入了一个“社会文化电视化”的时代。

2. 电视的自我超越

在奋力追赶超越其他媒介形式的同时，电视也在努力实现着自我超越。随着技术的更迭，电视的制作和播出模式也在进行着不断的探索与变革。IP电视、OTT电视等传播渠道逐渐完善，4K、AI、AR、VR等形式不断创新，丰富着人们的日常生活，满足着人们不断增长的信息获取和娱乐休闲的需求。

不妨以电视剧为例。电视剧是当今普通大众文化消费的一种重要精神食粮，也是比较有代表性的电视艺术形式。中国的第一部电视剧是北京电视台建台仅46天后现场直播的《一口菜饼子》，全长仅20分钟，没有任何录像留存。这种简陋的形式持续了8年之久。因此这

---

① 孔令顺．辨体与破体：文体流变视野下的当代影像[J]. 现代传播，2015（8）.

个时期的电视剧，虽然也叫作电视剧，但其实只能看作是电视媒体对戏剧演出的现场直播，尚不具备独立的艺术品格。在此后多年的实践和摸索中，电视剧才慢慢地得到发展和完善，不仅规模上由小到大，更重要的是在吸收传统叙事艺术的基础上，综合运用当今时代的影像技术，逐渐与传统戏剧和电影区分开来，形成了自身独特的艺术形式和美学风格。60 多年来，包括四大名著在内的各种叙事文本纷纷被改编为电视连续剧。据不完全统计，仅 1986 年版的《西游记》就累计重播超过 3000 次，成为一部几乎无法超越的经典之作，承载了无数人的成长记忆。

在当代技术支撑和审美驱动下，电视媒体还不断与各种各样的传统文学艺术形式结缘，创造了丰富多彩的电视节目类型，比如电视综艺、电视晚会、真人秀和纪录片，等等。这代表着电视艺术的逐渐成熟和自我身份的渐趋确立，从文体学上来看，正是从破体走向辨体[①]的一个向度。

3. 电视的被超越

近几年来，电视机的开机率和收看时长几乎逐年递减，主流收视人群日益老龄化。年轻人已经很少看电视，或者说很少通过电视机终端来收看电视节目，转而青睐更加方便快捷的渠道和平台。与此相对应，电视台的广告营收形势越发艰难，而新的盈利模式又尚未成熟。我们必须看到，“从很大程度上讲，中国电视曾经的迅猛发展是建立在政府支持和资源垄断的基础之上的。但是时过境迁，在新的技术支撑和媒介融合的语境下，传统电视的传播平台已经不再属于稀缺资

① 长期以来，在文艺创作和批评中明显存在着两种几乎对立的理念：辨体和破体。前者坚持文各有体，每种文体都有自己独特的审美特征和表现手法，创作必须严格遵守这种艺术规律，是为“辨体”；而后者则主张可以根据具体情境自由地打破各种文体的界限，使各种文体互相融合、协调发展，是为“破体”。

源，那种单纯依赖渠道垄断销售广告的盈利模式正面临空前困境”[①]。

电视属于智力密集型产业，人才尤其是精英人才无疑是电视媒体发展的引擎。20世纪90年代初，正是大批文化精英的汇聚，才铸就了中国电视的空前辉煌。然而近十年来，崔永元、郎永淳、李咏、哈文、马东、王凯、陈晓卿等纷纷离开央视，《爸爸去哪儿》的制片人兼总导演谢涤葵、《奔跑吧兄弟》的制片人俞杭英和岑俊义等相继离开主流卫视，更有诸多地方台的领军人物比如山东广电台副台长兼山东卫视总监闫爱华、湖南广电台副台长王平、东方卫视创始人陈梁、浙江卫视副总监夏陈安等也纷纷离职。这虽然只是窥豹一斑，但已经足够令人唏嘘感慨。在这些出走的传统电视人中，有的自主创业成立节目制作公司，有的加盟视频网站，有的进入其他文体行业，还有的进入高校做了教学科研。在市场体制下，人才的流动本属正常，但如此密集的单向流出显然代表着某种趋势，这与20世纪90年代初期白岩松、水均益、朱军等大批媒体和社会精英涌向电视行业形成了鲜明的对比。我们应该痛苦地承认：新兴媒体风生水起，电视已然风光不再。

二、涅槃重生：嬗变与蝶变

辉煌只能属于过去，我们在致敬历史的同时，更要盘点当下，决战未来。数字技术的发展，颠覆了既有的媒介秩序，从某种意义上讲，今天已经进入了“后电视时代”：传统电视身处困境，新型电视形态不明，一切都亟须破局。中国电视能否在甲子之年后实现涅槃重生，取决于多元要素的综合配置。

① 孔令顺．论媒介融合背景下的电视转型[J]．中国电视，2014（4）．

1. 制度层面

中国电视的健康持续发展，很大程度上依赖于顶层设计和制度保障。在2018年国家广电总局官网发布的《国家新闻出版广电总局关于2017年度法治政府建设情况的报告》中提道：推动《广播电视法》制定工作，完善中国新闻出版、版权、广播电视、电影领域法制建设，建立影视、传媒行业基本法。这意味着《广播电视法》的制定再一次被提上日程。就我国的电视行业而言，国务院曾颁布过《卫星电视广播地面接收设施管理条例》《广播电视管理条例》《广播电视设施保护条例》等行政法规，名称始终变幻不定的广电总局虽制定了系列的规章制度，但是行业的基本法律却一直是空白的。2017年3月，《电影产业促进法》的正式施行是一个良好的信号。回应我国媒介融合和产业发展的大趋势，出台《广播电视法》的必要性和可行性都在加强。

2018年3月，国务院启动新一轮的机构改革，在新闻出版、电影和中央三台等业务划归中宣部直接管理的基础上，成立了新的国家广播电视总局。新的总局的成立标志着国家对广播电视的高度重视，尤其是在机构精简和大部制改革的特殊语境下，这无疑将为中国电视尤其是地方电视事业和产业的发展提供有力的保障和支撑。

改革开放40年来，随着市场机制的深入，各级各类电视台的用工制度越发灵活，但也带来诸多弊端，如入职门槛降低、专业技能缺乏、职业精神稀薄和职业荣誉感与成就感的匮乏等问题，很多电视人甚至已经从曾经的“无冕之王”沦为今天的“电视民工”。值得欣喜的是，2017年2月，7000名在央视采编等核心业务岗位的劳务派遣型老员工（即所谓的“企聘”），终于转为“台聘”。2018年3月，中央广播电视总台新任台长慎海雄更是明确提出要“待遇留人”。2019年年初，山东省全省范围内95家县级电视台均被确定为公益二类以上事业单位，从根本上使县级台摆脱了主要依靠自筹资金发展的生存困境。这些制度的重大改革，将从根本上稳定一批电视人的从业状态，让他们有希望重拾电视理想，进而重塑电视的尊严。但愿这种改革能够挽救中国电视的颓势，并带来全国性的示范效应。

2. 生产层面

中国传统的电视行业在“供给侧”与“需求侧”之间长期存在着严重的不匹配现象，因此推动电视产业进行供给侧结构性改革、优化产能配置成为当前中国电视生存与发展首要解决的问题。[①]“节目精品化”似乎一直是电视台的追求，但大多数时候更像是一个口号，只不过在融媒时代具有了更多急迫与必需的意味，甚至成了其生命线。各类新兴媒体的优势在于海量的内容和便捷的渠道，而传统电视的优势则在于权威的传播与精良的内容。[②]中国的各级电视台，大多都是同级党和政府的舆论喉舌，承担着重要的传播主流意识形态的使命，也担负着建设社会公共空间的职责。从一方面来看，责任与使命似乎会影响经济效益的获取；但从另一方面来看，这却正是中国传统电视宝贵的行政资源，是绝大多数市场化媒体可望而不可即的权威性和公信力的来源。中国电视经过 60 年培养起来的公信力是其最大的无形资产，应当继续努力维护普通受众“大事信电视”的心理预期，尤其是在遇到重大突发事件时。这种意义上的“以不变应万变”既是一种价值观上的坚守，也将成为未来电视与各类新兴媒体相抗衡的重要法宝。

如果仔细分析便可以发现，其实当下很多新媒体平台上传播的高品质影像内容大多数还是来自传统电视机构。现场直播、大型晚会、纪录大片或者是长篇电视剧，没有雄厚的人才、技术和资金保障更是

---

① 孔令顺，李娜．精准传播：传统电视供给侧改革的重要选项 [J]. 教育传媒研究，2018（3）.

② 孔令顺．《论融媒语境下的电视重构 [J]. 现代传播，2014（7）.

很难完成的，而这些都是传统电视的优势，在短时间内普通视频网站或个人尚无法轻易企及。即便有部分品质优良的网剧、网综或者网络大电影，其制作团队成员也大多来自传统电视台。没有曾经央视成名的陈晓卿，估计也不会有腾讯视频的《风味人间》。专业制作的影像内容永远都会是传播的主流，高标准、大制作的影像精品，依然能够吸引受众的目光。近十几年来，央视陆续推出的一系列纪录大片，如《故宫》《大国崛起》，尤其是《舌尖上的中国》等，每每引起社会轰动。当前，省级卫视第一“江湖”（湖南、江苏和浙江）三台鼎立格局的出现，应当说更是精品栏目立台强台的生动注脚。

3. 传播层面

在这样一个互联网的时代，一切传播几乎都无可逃避地置身于网络的语境中。因此在传播路径方面，要积极构建“互联网＋电视”的时代战略，这是一种全新的技术范式和思维方式，将成为支撑中国电视持续发展的必由之路。运用电视＋智能手机等移动终端，可以形成多屏互动、跨屏传播的格局。移动互联时代，“低头族”越来越多，大多数人有边看电视边玩手机或平板电脑的习惯。因此，以手机等移动终端为桥梁纽带或控制中枢，将用户和电视节目桥接起来十分必要，“大屏观看、小屏互动”的收看方式，为电视的发展提供了无限可能。传统电视方面已经建立了节目与手机等移动端的互动，比如摇电视、扫屏幕上的二维码等。这是目前电视跨屏互动的主要方式，也是初级阶段，但其发展空间当然不应仅限于此。

互联网智能电视的普及将会促进多屏互动新格局的形成。电视和智能手机等使用同一网络终端的用户数据将实现跨界互通，将用户在电视端的收视数据和在其他智能终端的浏览数据整合在一起，可以得出较为全面的用户数据。通过对这些数据的深度分析，就能推算出每一个用户的年龄学历、兴趣爱好、收看习惯等多种信息。每个人的收看偏好都是不尽相同的，因此电视提供的内容也应该随观者的变化而变化。不同于个人化、私密性的手机，传统电视是种家庭性的集体媒介。不妨大胆假设，电视机开机后立即出现一个二维码，由此刻的电视用户用手机扫一扫（或者直接就可以将手机转换为遥控器），电视瞬间就会读取手机里的数据，掌握当前用户的收看习惯等信息，并将他可能感兴趣的内容精准地推送到电视屏幕上，电视由此变身为个性化的显示终端。在未来，电视更可以充分借鉴视频网站的弹幕功能，强化电视的实时互动与个人表达。

4. 消费层面

新的媒介生态需要对电视观众的认知做出根本性改变：从电视受众变为电视用户，从看电视变为用电视。因此，在目标消费者方面，需要精准定位用户，进而个性化推送内容。正如广告学中那句经典论断："我知道自己有一半广告费被浪费了，但我不知道浪费的是哪一半。"电视上的节目和广告同样有很大一部分被浪费了，这些未能达到目标客户需求的内容就成了无效供给和冗余信息，甚至沦为荧屏噪音。要减少甚至杜绝无效供给，精准定位目标客户无疑就是非常基础性的工作了。大数据和云计算等技术手段将使精准定位和分析用户需求成为可能。互联网电视的用户数据既包括开机、搜台、观看、回放、快进等个人化观看行为，还包括不同地区和时段的收视情况、不同受众的收视习惯等群体数据。这些数据再与 PC 端、移动端的数据相关联，就可以绘出全面的用户画像（User Profile），从而将内容和服务更精准地推送给有潜在需求的用户，进而为影视公司制作内容、电视台编播节目、广告商投放广告带来重要的决策参考。据说知名网剧《纸牌屋》就是美国奈飞公司（Netflix）精准生产的定制化商品。

通过电视 + 电商，还完全可以打造出更加全新的产品营销模式。江苏卫视的《一票难求》和东方卫视的《女神的新衣》等栏目都已经开始了电视节目电商化的成功探索。在收视终端上，智能电视也开始和电商联姻，比如海尔就和阿里巴巴联手推出智能化电视，观众在收看电视节目过程中如果看到中意的商品，利用智能电视就能直接下单，初步实现了从看电视到用电视的功能转换。未来电视应当还可以与电商进一步实现从数据共享到内容资源共享等全方位的合作。电视与电商之间的数据壁垒被打破后，通过对双方的数据进行深入挖掘与整合，就能够使电视更加精准地对目标用户进行定位和寻找，从而实现广告和节目内容的精准推送。

三、重回本源：电视的逻辑起点

在产业化、数字化、全球化等时代大潮的冲击之下，中国电视逐渐迷失了自己的媒体身份。“我是谁、从哪里来、到哪里去”的哲学问题也时刻在拷问着尴尬纠结中的中国电视。因此，正本清源，寻找电视的逻辑起点便成为中国电视重新出发的基础。

1. 电视的本义是 television

电视是舶来品，television 的本意仅为远程观看。由于技术的限制，早期能够实现远程观看的收视终端只有电视机而已，但时至今日已经拓展到大大小小的各种屏幕。1994 年，中国正式接入国际互联网。今天被称为“网生代”的年轻人，是网络的“原住民”。“他们几乎伴随着网络共同成长，其思维模式、审美风尚和价值追求与其父辈之间有着极大的差异。在他们的观念中，所谓的电影、电视与网络视频其实并没有什么绝对的不可逾越的壁垒，仅有的差别只是同为影像的不同观看载体和方式而已。换言之，对这一年轻群体而言，并没有辨体的概念。”① 他们远离电视机，只不过是因为互联移动的屏幕更加适合个性化和碎片化的需求而已。

---

① 孔令顺．“电影电视”：一种新文体的诞生 [J]. 中州学刊，2015（16）.

1996 年 12 月，第 51 届联合国大会通过第 51/205 号决议，将每年的 11 月 21 日确定为“世界电视日”，以此褒奖电视带给人类的巨大贡献。2018 年，第四届“世界电视日”的中国电视大会就将主题定为“从电视到大视频”，代表着人们认知观念的与时俱进。60 多年来，以电视为主体的影像，深刻影响着人们的日常生活。因此，无论从传播广度、开掘深度还是艺术高度而言，影像都已经成为当代中国最具代表性的文艺形式，并实现了跨屏传播和媒介融合。

2. 电视的本职是娱乐

文字性的图书报刊适合传播相对理性和系统的知识，诉诸听觉的广播显然更适合伴随性休闲，电影的仪式化观看可以较好地实现对现实生活的间离和超越，而网络媒体的频繁互动彰显了理想的社交功能。与其他媒介形式相比较而言，电视视听同步、居家收视的媒介特性决定了其具备更强的娱乐价值。电视这种本职上的娱乐功能身份，与“新闻立台”的传播理念从根本上来说并不矛盾。新闻价值与娱乐功能也并非“不共戴天”，只是需要更高超的传播艺术因势利导而已。甚至从某种意义上讲，电视只有具备一定的娱乐功能，才能更好地实现新闻价值，尤其对于社会性新闻而言。随着受众文化水平的提高，他们更需要有深度的消遣，从浅层的简单娱乐走向深度娱乐，是电视产业发展的一条重要出路，同时也是中国电视担负社会责任的必然要求。

根据《现代汉语词典》中的解释，娱乐本属中性词汇，不带有任何贬义色彩。就电视娱乐而言，似乎可以大致分为纯粹的娱乐与审美的娱乐两种。前者是一种浅表层面的快餐式感官娱乐，后者是内核层面的有深度的精神娱乐。而在当下，大众在理解和使用“电视娱乐”的概念时普遍偏离了“娱乐”的本性特点，只是将“娱乐”贬抑为仅仅满足于人的感官享受的低级活动。这显然是对娱乐的负面刻板印象，也是我们必须要界定清晰的概念。从电视发展的历时性维度进行观照，我们发现，自从电视这种媒介诞生以后，几乎所有的娱乐活动都尝试着与其结缘。① 通过电视，娱乐游戏更加社会化，成为现代人类生存的减压阀。电视的娱乐功能在一定程度上缓解了人们在现实生活中的心理紧张和内在焦虑，也强化了个体对社会的认同感和安全感，这对于转型期的中国民众心理压力的释放、社会的和谐稳定都有着较为明显的作用。②

3. 电视的本质是美学意识形态

伴随着视觉文化的兴盛和转向，受众的兴趣点也在潜移默化中逐渐从相对理性的文字阅读转向了相对感性的影像欣赏。米兰·昆德拉基于此，把“图像”（image）与“学”（ology）合成为一个新的词汇 imagology，可以译为意象学或意象形态。③ 以电视为代表的影像就是以其声像并茂的直观性，直接诉诸受众的感性层面，并以审美的方式传递着潜在的意识形态。英国思想家伊格尔顿在《美学意识形态》一书中提出：一切意识形态落实到最后都是所谓的“美学意识形态”。本书在这里也不妨借用此概念，把电视的本质称为美学意识形态，当然其本质内涵与伊格尔顿的所指有所不同。④ 在电视的影像传播中，这种美学意识形态不仅普遍存在于电视剧等虚构类节目之中，也广泛呈现在新闻、纪录片和综艺娱乐等纪实类节目之中。

随着影像文化的兴盛，电视等各种图像充斥着人们的生活，甚至出现了社会文化的影像化倾向。这些影像在满足人们信息获取和娱乐休闲的同时，也在悄然改变着人们的生活方式、精神状态以至于思维

① 王晓冬，孔令顺．娱乐精神：自娱方能娱人——基于电视娱乐节目主持人的研究 [J]. 电视研究，2016（4）.

② 孔令顺．论电视娱乐节目的逻辑起点 [J]. 现代传播，2012（5）.

③ 昆德拉．不朽 [M]. 王振孙，等译．上海：上海译文出版社，2003.

④ 伊格尔顿．美学意识形态 [M]. 王杰，等译．广西师范大学出版社，1997.

观念。影像不仅仅成了生活的伴随物，甚至更成了生活的本身。在某种意义上，电视（广义的电视即影像）就是生活，生活就是电视，甚至于一个空间有了电视才有了家的感觉。波德里亚由此认为："电视带来的'信息'，并非它传送的画面，而是它造成的新的关系和感知模式、家庭和集团传统结构的改变。"① 这一论断与麦克卢汉的"媒介即信息"可以相互印证。虽然时过境迁，今天的电视已经不复往日的辉煌，但涅槃重生后的影像似乎更加无微不至地渗透到我们的生活和灵魂中，以美学意识形态的方式浸润生命。②

四、身份自信：影像再出发

经过 60 多年的高速发展，中国电视已经进入瓶颈期，承受着从受众到广告持续流失的痛苦，亟待进行新旧动能转换。这种动能转换大致包含两个方面：技术手段迭代和盈利模式创新。

电视本来就是重工业装备的媒体。未来的电视从生产、传播到服务，都更加需要高新技术的支撑，才能给受众带来更新更好的收视体验。中国电视需要把握住 5G 网络提供的发展契机，超前布局新一代的传播技术，如 8K 高清、裸眼 3D、类脑计算、人工智能、全息显示、虚拟现实、区块链等，为电视业的全媒体升级打下坚实的技术基础。美国的亚马逊、Netflix 以及 Hulu 等新兴视频平台，乃至 CNN、BBC 等传统电视都在着力打造跨屏生态，构建基于跨屏的融媒传播。未来的路径也许是，用技术倒逼行业转型，引领行业升级，驱动行业可持续发展。

中国电视的传统盈利模式非常单一，用内容搭载广告的路子已经

---

① 波德里亚．消费社会 [M]. 刘成富，等译．南京大学出版社，2006：132.

② 孔令顺．影像：一个时代的文艺代表 [J]. 兰州学刊，2015（11）.

越走越窄，需要尽快实现从传播到服务的转变。传统电视业基本上只有生产体系与传播渠道，几乎没有构建起服务体系。从看电视到用电视，当下的最大问题还是重建和用户的紧密连接。随着物联网、大数据和人工智能的出现，电视机本身正在转型为一个更大的多媒体接收屏幕，同时还会变成智慧家庭的播控台。5G 时代同样也是万物互联的时代，每一个联网的物体都有可能被媒体化和平台化。这也意味着，根据不同场景定制专属的影像内容变得越发重要。在大数据和云计算的驱动下，影像传媒需要建立起更加紧密的用户关系，不仅仅是为了视听内容的精准传播，更重要的是了解用户需求，发掘新的用户价值和创造新的媒体功能。

2007 年美国密歇根大学的阿曼达·洛茨教授出版了《电视即将被革命》一书，七年之后就做了较大修订，出版了第二版。这种修订缘于电视的内部机制与外部环境都发生了天翻地覆的变化，中国电视何尝不是如此。又是几年过去了，很多人不断在问：电视还好吗？电视还有未来吗？许多唱衰电视者甚至已经在预测“电视死亡”的准确时间。从某种意义上来讲，电视不是即将被革命，而是正在被革命或已经被革命：被融媒革命，被跨界革命，同时也被自我革命。这种革命既有背水一战的无奈，也有壮士断腕的勇气。伴随着改革开放 40 年，中国电视也要不忘初心，锐意前行。已过花甲之年的中国电视能否化茧成蝶、涅槃重生，尚需要社会复杂系统的共同努力。但我们有理由保持乐观和自信，曾经岌岌可危而又绝地反击的中国广播和电影为电视提供了历史的借鉴。

哈罗德·英尼斯认为：“一种新媒介的长处，将导致一种新文明的产生。”[①] 借力各类新兴媒体的优势，不断嬗变以期待最终蝶变的电

① 英尼斯．传播的偏向 [M]. 何道宽，译．中国人民大学出版社，2003：28.

视或者说影像满足的是人类根本的耳目之娱，这是一种刚性化也是永久性需求。“我们可以继续看电视，但是使用了包括新惯例在内的新技术。”[①] 近年来，智能电视、云电视、OTT TV、VR 等概念和形式不断推陈出新，日新月异的传播技术使电视越来越高清化、网络化和智能化，也更能兼容集成电脑、手机等各种终端的功能，正朝交互式娱乐终端和互联网生态系统发展。移动有移动的便捷，固定有固定的优势：电视机的屏幕大、画质高、音响好，显然更有利于营造现场的虚拟性和剧院的沉浸感，带来更加丰富逼真的审美体验，受众由分屏到合屏的趋势同样值得期待。

① 洛茨．电视即将被革命 [M]. 陶冶，译．中国广播影视出版社，2015：302.

第一章

中国电视的神圣使命：媒体责任的赋予

媒体作为大众传播的基本载体，是现代社会不可或缺的信息生产者和传播者。作为社会公器，媒体很大程度上承担着一种公共服务的职责和功能。随着移动互联的日益普及和5G时代的快速到来，大众媒体对于整个人类社会的政治、经济、科技、文化、教育甚至国际外交等诸多方面都产生着深远的影响，因此必须承担相应的媒体责任。

第一节　媒体责任

何谓责任？在古代汉语中，“责”与“任”二字并不经常连用。“责”在《辞海》中有责任、责问和责罚三种含义，而“责任”一词显然主要是从“责”字引申发展而来的。就今天而言，一般来讲责任可以包括两层含义：一是指分内应该做的事情；二是指没有做好分内应该做的事，因而应当承担的过失和责罚。在本书中，我们所用的主要是第一层含义，即媒体应该承担的分内的义务和职责。美国传播学者詹姆斯·凯瑞认为：“传播的起源及最高境界，并不是指智力信息的传递，而是建构并维系一个有秩序、有意义、能够用来支配和容纳人类行为的文化世界。”[①]也就是说，媒体并不仅仅是知识和信息的传播者，其实也是文化的生产者。从某种意义上讲，媒介即文化。

传播学奠基人之一的拉扎斯菲尔德曾经指出：大众传媒是一种中性的工具，既可以为善服务，恩泽万民，也可能为恶所用，贻害无

① 凯瑞．作为文化的传播[M]．丁未，译．北京：华夏出版社，2005：7.

穷。倘若没有有效的自律与他律，传媒的副作用便可能越来越大。随着社会的发展，现代大众传媒虽然在信息传递和知识传播方面极大地促进了人类的进步，但也在全球范围内滋生了诸多具有共性的问题，集中体现为如下两个方面：其一，信息的失实。这一方面缘于失衡的商业伦理观。传媒企业过于追求经济效益而忽略了社会的公共利益。在中国，随着传媒市场化改革的深入，大众媒体越来越重视收视率、点击量或发行量等。这本无可厚非，但这种倾向的持续加重必然会导致大众媒体商业伦理观的畸形发展。另一方面缘于扭曲的新闻价值观。过于追求新闻报道的时效性而忽视了真实性、精准性和时宜性等原则，比如抢头条、争首发等。其二，泛娱乐化现象不断挤压并消解了真正有意义的信息空间。大众媒介为受众提供娱乐休闲本身没有问题，但如果事事皆试图进行娱乐化处理，将严肃新闻与娱乐搞笑无缝嫁接，就会使受众对于严肃新闻的感知能力和重视程度大大降低，对娱乐至上的追捧日益提高，并逐渐成为一个个缺乏深度思考与批判精神的“单向度的人”。大众媒体精神层面的娱乐助长了受众思考的惰性，阻碍了其创新能力和质疑意识，低俗化倾向更使得大众的审美鉴赏能力不断退化，沦为“容器人”和“沙发土豆”。

在产业化、集团化、数字化和娱乐化等时代大潮的冲击之下，中国的电视业逐渐迷失了自己的文化身份，严峻的现实迫切呼唤中国电视业对媒体责任的明晰与担负。也许有人会产生顾虑：对媒体责任的担负是否会影响到新闻自由和经济效益？究竟应当如何平衡这种复杂而又微妙的关系？

十七、十八世纪的资产阶级革命时期，诞生了传媒的自由主义理论。自由主义传播制度的社会基础是早期资本主义的自由竞争机制，理论基础则来自启蒙运动时期的人文哲学思潮。新闻自由的渊源是出版自由，它主张包括大众传媒不应受政府控制，媒体具有传播的自由；大众传播应当多样化和多元化，反映和代表多种不同的意见；大众传播业应当自由竞争、自由经营，等等。经过长时间的发展，新闻自由的理论与实践不断得到完善，逐渐形成了比较完整的传播思想和运营体系，并受到法律法规的支持和保护，这有利于大众媒体和社会公众更好地行使知情权和传播权。然而，随着社会经济的转型，自由主义制度下的传媒业日益出现了高度垄断化和过度商业化的趋势，并最终影响到民众的权益和社会的公正，于是转而呼唤媒体的社会责任。

新闻专业主义思想肇始于美国，是政党报纸衰落之后发展起来的一种公共服务理念，主要包括媒体的社会功能、新闻人的使命和社会责任，以及新闻从业者的行业准则等。在理论上具有一种理想主义色彩和比较强烈的道德主义倾向，因此也一直被指责诟病。大众媒介具有强大的意识形态属性和社会影响力，作为某种意义上的霸权机制，可以形成伪社会合意，并通过议程设置和舆论引导发挥巨大的社会作用。在资本主义制度下，“中立”与“客观”在很大程度上和很多情势下只是传媒掌控者掩饰意识形态色彩的伪装而已。

20世纪20年代末，美国爆发了严重的经济危机，并一直持续到1930年代。在经济低迷的社会语境下，媒体的理想主义精神开始衰落，实用主义价值观念逐步盛行。媒体的社会责任意识越来越被人们弃之不顾，垄断的传媒集团打着公共服务的旗号滥用新闻自由。这一切都激发了部分有识之士的觉醒，他们呼吁建立大众传播的社会责任规范和媒体自律。1942年，在美国《时代》周刊创办人亨利·卢斯的出资邀请下，时任芝加哥大学校长的罗伯特·哈钦斯带领一批一流专家学者成立了“新闻自由委员会”，对广播、报纸、杂志等媒体从业者进行追踪访谈，对美国新闻自由的责任与现状进行讨论与探赜，通过五年的调研最终形成《一个自由而负责的新闻界》报告。该报告首次提出了“社会责任论”，认为自由是伴随着义务的，新闻界应当对社会承担相应责任。媒体在传播信息时，应以社会责任为导向，提供真实、客观、准确的新闻内容。其基本观点主要包括：1. 对每日的事件给予真实的、全面的和理智的报道，并将它们置身于能显示其意义的特定的前后联系之中；2. 报刊要成为交换评论和批评的论坛；3. 报刊要反映出社会各个集团的典型画面；4. 报刊要澄清和提出社会的目标和价值观；5. 报刊要完全接近每日的信息。[①] 其后，美国伊利诺伊大学教授弗雷德里克·西伯特、西奥多·彼德森与威尔伯·施拉姆在 1956 年合作出版了《报刊的四种理论》。次年，施拉姆又与威廉姆·里夫斯合著了《大众传播的责任》，予以进一步阐释。

大众媒体的社会责任理论，主张新闻自由需要受到一定限制、承认政府可以在一定条件下对新闻进行干预和控制，严格来讲它并不是完全独立原创的理论体系。究其实质，社会责任理论并不是对自由主义理论的简单否定和颠覆，而是一种修正和升级，强调的是媒体从业者应该遵循公认的道德准则和职业标准，切实关心公众利益和国家利益。“履行社会责任是媒体获得社会支持的前提，是提升媒体影响力和传播价值的必由之路。”[②] 后来，社会责任理论逐渐取代自由主义报刊理论，成为迄今为止西方大多数国家的主导性新闻理论。

今天，世界上的大多数电视台都是公司企业，中国的电视台虽然是事业单位，但实行的也是企业化管理。早在 20 世纪 70 年代，美国学界便提出企业的社会责任理论，对企业的利润与伦理孰重孰轻的问题展开了激烈而深入的讨论。一派学者认为，企业的社会责任主要体现为经济责任，企业只要是合法经营依法纳税，其他责任都可以包含于经济责任之中。另一派学者则认为，作为法人的企业，具有道德人格，需要承担更多的社会责任而不能仅仅局限于经济责任。在传媒业

---

① 新闻自由委员会著．一个自由而负责的新闻界 [M]. 展江，等译．北京：中国人民大学出版社：2004.

② 谢新洲，柏小林．社会责任评价与媒体责任担当 [J]. 新闻战线，2018（17）.

界，英国广播公司从2005年开始即对BBC的社会责任现状进行评估，并向社会公开发表媒体社会责任报告，接受公众的反馈与意见，这无疑有效强化了BBC的社会服务理念与功能。企业的社会责任理论在20世纪90年代开始进入我国，并得到了广泛的赞同。2014年6月，我国首批11家试点媒体的社会责任报告向社会正式发布。四年多来，媒体社会责任报告工作制度不断完善，参与报告的媒体范围逐步扩大，各媒体的社会责任意识进一步强化，报告质量也不断提升，受到社会各界的普遍肯定与赞扬。据新华社报道：2017年，媒体社会责任报告单位增加到40家，其中包括6家中央级媒体、1家全国性行业类媒体，以及全国29个省、市、自治区的33家地方媒体。①

法国启蒙思想家孟德斯鸠在《论法的精神》中指出：自由仅仅意味着在法律范围内做一切事情的权利。这一精神同理也适用于大众传媒。中国人民大学陈力丹教授强调："权利和责任的统一是媒体社会责任的关键，当媒体在享有新闻自由的时候，也要同时承担相应的责任和义务。"②

第二节　中国电视的媒体责任

改革开放四十年来，我国的传媒事业和产业迅猛发展，层出不穷的传播技术与媒介形式不断推陈出新，这不仅印证了麦克卢汉"地球村""媒介及讯息""媒介是身体的延伸"等天才的预言，更是迈进一个"万众皆媒、万物皆媒"的传媒新时代。在移动互联的浪潮中，中

① 新华社.2017年度媒体社会责任报告正式发布[EB/0L].http：//www.81.cn/rd/2018-06/01/content_8047584.htm.

② 陈力丹.自由主义理论与社会责任论[J].当代传播，2003（32）.

国电视在制作手段和播出模式等方面进行着持续的探索与变革，在奋力超越其他媒介形式的同时，也在努力实现着自我超越。手机电视、移动电视、网络电视、IP 电视、交互电视、OTT 电视等形式不断出现并逐渐完善，构建了一幕幕声像并茂的视听景观，丰富着人们的精神生活，满足着人们不断增长的信息获取和娱乐休闲的需求，并不断影响受众的认知和行为，在社会结构中的地位和作用越来越举足轻重。

电视在诞生之初以及随后的较长时间中，由于占用作为稀缺的无线电波频率资源，因而，从科技起点上具备较强的公共属性。虽然随着有线电视的普及和互联网电视的出现，这种公共性有所降低，但在我国，各级各类电视台的所有权大都归属各级政府或集体，因而仍然具有强烈的公共属性。与国外相比，中国电视有着自己较为独特的媒介制度，即“一元体制，二元运作”：一元体制意味着电视媒介实行国家所有制；二元运作则要求中国电视既要承担宣传职责，又要完成经营任务。除此之外，其实中国电视还需要担负起公共电视的部分社会职责，这就使我国电视的身份更加复杂，因而也需承担更加多元的媒体责任。

西方媒体的社会责任理论本身就存在着责任概念相对抽象务虚的严重缺陷，让媒体很难从理论层面落实到操作层面，从而缺乏较强的实践指导价值：为何负责、对谁负责以及负什么责，这些在社会责任理论里面都没有明确阐明。中国电视诞生 60 年来，取得了有目共睹的成就，但也产生了诸多无法回避的问题，引发了民众对电视媒体责任的批评与期待。就中国电视的媒体责任来说，虽然可以将其细分为政治责任、经济责任、文化责任、社会责任等诸多方面，但从根本上来说，主要还是需要满足如下三点社会的基本诉求。

一、传播有效信息，满足生活需求

人类是一种群居的动物，为了更好地生存和发展，彼此之间就需要进行信息的交流和沟通，而交流沟通当然需要通过一定的媒介，尤其是在迅速变化和精细分工的现代社会。因此，电视的媒体责任首先就是要在第一时间为公众提供准确客观的信息，并做出专业深入的梳理解读，成为信息集散和过滤的平台。

1936 年 11 月 2 日，英国广播公司在伦敦以北的亚历山大宫第一次正式播出电视节目，这一天被公认为世界电视事业的开端。1958 年 5 月 1 日晚，北京电视台[①]试验播出黑白电视节目，这是中国建立的第一座电视台，也标志着中国电视事业的正式起步。电视的出现是人类文明进程中的一件大事，早在 20 世纪 60 年代，德国社会学家 W. 林格斯就把电视、原子能和宇宙空间技术的发明并称为“人类历史上具有划时代意义的三大事件”[②]。

电视的横空出世和强势存在超越了图书、报纸、杂志和广播等传统媒体，改写了传媒的既有格局，也极大地改变着人们的生活和观念，人类社会进入了一个“社会文化电视化”的时代。时至 2017 年，中国彩色电视机的产量达 1.7 亿台，高居世界第一，成为世界上主要的电视机生产大国和出口大国，这也从另一个方面印证着电视在今日世界中的社会地位。

作为当今第一媒体，中国电视要清醒地认识到自己所应当承担的媒体责任。首先，我国地域广阔、人口众多，经济文化社会发展极不平衡，沿海与内地、东部与西部、农村与城市等地区发展差异巨大。因此，电视媒体要充分考虑受众的多元化需求，而不能局限于从传者的视角进行内容生产和信息传播，仅仅满足于图解政策或经营创收。

---

① 1978 年 5 月 1 日，北京电视台更名为中央电视台，作为中国的国家电视台。现在的北京电视台是后来由北京市另外成立的省级电视台。

② 林格斯 . 电视：第五面墙壁 [M]// 郭庆光 . 传播学概论 . 北京：中国人民大学出版社，1999：118.

其次，电视媒体在今天的中国仍然属于受众人群最多、影响力最大的主流媒体，很大程度上代表着党和国家的声音，具有其他媒体尤其是网络化社会性媒体和个人自媒体所不可比拟的优势。最后，我国尚处于社会主义发展的初级阶段，改革开放正逐步进入深水区，各种社会矛盾纷繁复杂，稳定成为压倒一切的社会需求。因此，我们要充分发挥电视媒体的社会监督和舆论引导作用，及时准确地反映社情民意，并把党和政府的方针政策传达到千家万户，为社会的发展提供舆论性的支持，为当下的改革开放与和平发展鼓与呼。

需要注意的是，在舆论引导和信息传播的过程中，不实、不全甚至错误的信息不仅容易误导大众，也可能对社会造成不可挽回的负面影响。因此，在新闻报道和信息传递中，电视媒体要合理设置议题，重点围绕党和国家的重大部署和重大活动，围绕中国的经济改革、法制建设等重大任务，竭力真实、全面地报道发展中的中国。电视媒体应不避问题，不持偏见，主动发声，有效引导，对新闻事件的选择和评论要始终秉承客观公正的态度，在满足公众信息需求的同时，发挥舆论监督的建设性作用，与受众在理性层面达成共识。

二、传承优秀文化，进行审美教育

在漫长的口语传播时代，人类的文化传承只能凭借简单的口耳代代相传，因而传播范围狭窄，传播时效有限，而且传播内容极易变形。文字的出现和印刷术的发明，虽然为整个社会的发展和文化的普及带来了极大的便利，但在生动与效率等方面仍有很大欠缺。随着电子时代的到来，尤其是电视发明之后，大众媒介传承历史文化和提供审美娱乐的能力有了很大的提升。

文化是一个民族和国家的精神命脉，尤其是对于有着五千年悠久历史和文明传承的中华民族而言。随着人们物质生活的日渐丰盈，越来越多的民众逐渐超越生存资料的消费，将视野转向精神消费，更加重视对文化品质的追求与精神审美的满足。由于廉价、便捷以及长期的收视习惯，在目前，观看电视仍然还是大多数普通居民文化生活的主要娱乐休闲方式。因此，电视媒体更应充分意识到自身的文化责任，通过丰富多彩的电视节目进行文化的滋养与审美的浸润。尤其对于实行公有制的中国来说，能够收看到既丰富多样又有文化内涵的电视节目内容本身就是人们的一项基本权利。曾经的卫星电视覆盖战略和当前的“村村通”便民工程，即要把党和国家的声音传播到千家万户，无远弗届。

提高全民族文化审美素质的责任，按理说应当主要由各级各类学校来承担，但由于当今电视在人们生活中的巨大影响和日常生活审美化的宏大语境，以及目前中小学的应试教育和高等教育普及率尚较低等多方面原因，这种职责客观上还迫切需要中国电视的勇于担负。令人高兴的是，2018 年年末，中宣部和教育部已经联合发布《关于加强中小学影视教育的指导意见》，强调要将影视教育纳入中小学教学计划中。这无疑对中国电视提出了更高的要求，既要有历史的胸怀，盘活中华传统文化资源，又要有开阔的眼界，紧跟先进文化的前进方向，为受众尤其是中小学生提供能够体现当前社会的主流价值观、体现文化艺术以至于美学哲学思想的精神产品，这样方能逐渐满足人民群众日益增长的精神文化需求。

1994 年 1 月 24 日，时任中共中央总书记的江泽民在全国宣传工作会议上提出的“以科学的理论武装人，以正确的舆论引导人，以高尚的精神塑造人，以优秀的作品鼓舞人”，虽然已经过去了 20 多年，现如今仍然可以视为对电视媒体责任的高度概括。在党的十九大报告中，习近平总书记也明确指出要“高度重视传播手段建设和创新，提高新闻舆论传播力、引导力、影响力、公信力”[①]。这是新时代对中国电视提出的新要求，也是中国电视未来的努力方向。

三、促进文化交流，消除文化隔阂

进入21世纪后，经济和文化全球化的势头方兴未艾，信息传播技术的高速发展更是将世界各地连接为一张紧密的网络。世界正变得越来越“平坦”，国际间的交流与对话也越来越频繁，“地球村”已然成为现实。在视觉文化占据主流的时代语境下，如何讲好中国故事，促进中华文化的国际传播，消解跨文化交流过程中的折扣与隔阂，电视媒体任重而道远。

有学者认为，改革开放以来，中国已经从20世纪七八十年代的“政治中国”走向了九十年代的“经济中国”。[②]进入21世纪以后，更应该逐步走向“文化中国”的时代。20世纪90年代以来，曾任美国哈佛大学教授的杜维明等“新儒家”所倡导的“文化中国”理念，即“注重在国际事务中展示东方文化的独特思维方式”[③]。这为中国电视的对外传播和文化软实力建设提供了重要的理论支撑。不同于以往西方视角下的“东方主义”，中国应当主动地“发现东方”。

然而，由于种种复杂的历史原因以及当今世界上不太合理的信息传播秩序，导致中国文化的国际影响力相较于政治、经济和军事而言还略显薄弱，其符号辨识度、品牌显示度以及文化吸引力等方面大多未尽如人意。就全球主要文化输出方（即以美国为首的西方发达资本

① 习近平．决胜全面建成小康社会，夺取新时代中国特色社会主义伟大胜利[M]．北京：人民出版社，2017：6.

② 李雪梅．试论过度娱乐化与电视的文化责任[J]．当代电视，2013（11）.

③ 王岳川．世界化促进中国国家形象提升[J]．中国投资，2012（8）.

主义国家）而言，由于历史的惯性和经济的优势，往往存在着根深蒂固的民族和国家优越感。这种对本民族文化的高度认同感与极度优越感容易形成对其他文化的漠视、隔膜与排斥，成为不少地区冲突与争端的文化根源。20 世纪 30 年代的美国总统罗斯福就充分认识到了这一点："美国的安全有赖于跟其他国家的人民对话并赢得他们支持的能力。"① 美国前总统比尔·克林顿 2000 年在联邦政府致辞中也讲道："我们不仅应该容忍我们之间存在的差异，更应该去尊重和赞美它。"这也正如经济学家斯蒂芬·玛格林所言："文化多样性可能是人类这一物种继续生存下去的关键。"② 电视媒体在促进世界文化交流、消除文化隔阂方面义不容辞，也有着先天的优势。

工业革命以来，科学技术的进步与生产力的腾飞带给了人类相对优渥的物质产品，但与此同时，情感匮乏、精神空虚、道德沉沦、文化冲突等诸多新问题也带给地球村的村民们史无前例的困扰。中华文化博大精深、源远流长，是全人类的共同财富，需要我们很好地进行当代转换和现代传播，为人类当下所面临的精神危机提供尽可能丰富的解决方案。然而，中国优秀的传统文化大多还"养在深闺人未识"，对普通民众日常生活的介入也还比较浅显，国际影响力更是比较微弱，亟待进行现代化整合与国际化传播。德国《时代周报》主编约瑟夫·约菲曾说："美国文化，无论其通俗还是高雅，都向外辐射着只有罗马帝国时代才有的炽热，而且手法更新颖、迂回。"③ 是故，中国电视需要深入挖掘中国传统文化的精髓，针对不

---

① 奈 . 软力量——世界政坛成功之道 [M]. 吴晓辉，等译 . 北京：东方出版社，2005：112.

② 马冉 . 浅议文化多样性在 WTO 中的发展 [M]. 世界贸易组织动态与研究，2006：7.

③ 奈，王缉思 . 国际关系专家：中国软实力提升损害了美国？ [N]. 环球时报，2008-4-11.

同国家和地区的不同受众特点和要求，转变话语方式，讲好东方故事，积极主动地发出中国声音，以当代人乐于接受的影像语言和叙事模式进行现代化国际性传播。

2009 年 10 月，世界媒体峰会在北京召开，时任国家主席的胡锦涛在致辞中特意强调了“媒体的社会责任”问题，应该是有的放矢且大有深意的。伴随着全球化进程的加速和“一带一路倡议”（BRI）的实施，中国电视应树立足够的文化自信和传播自信，自觉提升“人类命运共同体”的媒体担当意识，着眼全球化布局，注重本土化落实。在跨文化交流的过程中，中国电视必须秉持两个原则，即守独悟同与守元变用①。既要扎根于中华民族的文化传统，又要具备国际化视野，在保留自己文化基因的基础上，努力吸收其他国家和民族的优秀文化营养，使中华文化不断丰富发展，与时俱进，生生不息。

第三节　文化产业背景下中国电视的媒体责任

文化产业，也称为文化创意产业，被誉为 21 世纪的绿色产业和朝阳产业。我国文化产业较之西方发达国家，虽然起步较晚，但近二十年来发展迅猛。尤其是 21 世纪以来，国家大力发展文化产业，将之视为我国转变经济发展模式和提升国家文化软实力的重要举措，并出台了系列政策法规予以支持和促进。2009 年国务院颁布《文化产业振兴规划》，2010 年国务院出台《关于促进电影产业繁荣发展的指导意见》，2012 年文化部制定《十二五时期文化产业倍增计划》，2017 年正式施行《电影产业促进法》等，这些都是从国家战略高度

① 沈卫星．论全球化与中国文化多样性 [D]. 北京师范大学，2006：99.

对我国文化产业做出的重大部署，为影视产业的快速发展提供了难得的机遇和良好的条件。在全世界共同谋求和平与发展的大环境下，文化软实力越来越成为衡量一个国家综合国力的重要评判标准。站在新时代的历史节点上，在中国特色社会主义文化发展道路上，全民族的文化创新活力得到进一步激发，文化产业的发展势头有增无减。

一、广告成为生命线的困境

新中国成立以后直至1956年，我国的新闻媒体单位虽曾有过短时期的“市场化”尝试，但随后的20多年则长期以“事业性质”为主。中国电视诞生后的前20年，电视台属于全额拨款的事业单位，一切人员工资、设备购置和办公经费等依靠财政拨款，几乎完全不用考虑经济创收。但随着我国从计划经济向市场经济的转型，电视媒体也逐渐走向“事业单位，企业化管理”的运作模式，市场化与商业化成为中国电视的必经之路。1979年，中国第一条电视广告“参桂养荣酒”和第一条外商电视广告“瑞士雷达表”相继在上海电视台播出。随后，中国各电视台开始陆续承接商业广告业务。[①] 随着经济改革的深入和电视产业的发展，广告逐渐成为电视台的经济支柱以至于生命线。

由于种种复杂的形势，近几年来，我国的大多数电视媒体都经历着广告收入下滑、新兴媒体竞争加剧等内忧外患。电视媒体要想获得生存与发展，当然需要足够质与量的广告支撑。但与此同时，我们也要谨防过度追求广告等商业利润，不能把广告和市场视为万能的救世主。很多电视媒体的权力寻租、有偿新闻、虚假广告等现象层出不

---

① 李维晟．互联网时代电视节目营销的嬗变 [J]．新媒体研究，2017（8）．

穷，根源都在于过于看重眼前的经济利益而放逐了媒体责任，这无异于饮鸩止渴，已经引起了受众的极大不满，也会进一步影响到电视的公信力和可持续发展。改变以广告为主体的经济营收模式，成为电视媒体不得不认真考虑和严肃对待的重中之重。

那么，受众真的讨厌广告吗？笔者曾经专门撰文讨论过这一问题。生活在现代的人们大多被形形色色的电视广告所困扰：在你享受美食的时候，往往看到了皮肤病、白癜风的广告；在你浏览新闻的时候，无数资讯总是被商业广告所掩埋；更有一些叫卖式广告声嘶力竭，体验式广告现身说病，甚至于一句恶俗的广告语简单地重复N遍，令人唯有尽快换台关机，避之唯恐不及。很显然，这些广告的内容和形式都是令人难以接受的。然而，我们的生活似乎又须臾离不开广告。没有了广告的告知和示范，我们简直不知该如何衣食住行，不知该如何消费购物，广告已然成了现代市民生活的风向标和时尚先锋。广告在指引着也在塑造着我们的生活方式和思维方式，甚至于成了我们的生活导师。如若怀疑，不妨大胆地假设一下：设若所有的广告瞬间从我们身边消失，人们短时间内可能会感到一丝轻松，但随之而来的便是深深的茫然以至于莫名的恐惧。离开了广告的指引和参照，当代市民也许将迅速地迷失在商品和资讯的海洋中，孤立而无助。也就是说，受众的确需要有针对性的广告信息，讨厌的只是对自己无用的广告内容和恶俗的广告形式。①

湖南卫视的《天天向上》栏目深受各个年龄层观众的喜爱，每期节目的开场白“欢迎收看特步天天向上”更是耳熟能详。“特步”作为栏目的冠名广告商，据说要求在每期节目中必须至少被提及7次。然而在某期节目中，由于主持人的疏忽，当节目进行了大半时，主持人似乎才突然发现忘记口播广告了，于是便竭力挽回“您现在看到的

① 孔令顺．受众真的讨厌广告吗？[J]．新闻战线，2016（10）．

是特步天天向上……”“您只有在特步天天向上才能……”“只有特步天天向上才能……”一口气重复了7次“特步”。这样的尴尬举动当然令人啼笑皆非，但也从某个侧面折射出今日电视台的生存困境。

从很大程度上讲，中国电视60年来的飞速发展是建立在政府支持和资源垄断的基础之上的。但是时过境迁，在新的技术支撑和媒介融合的语境下，传统电视的传播平台已经不再是稀缺资源了，那种单纯依赖渠道垄断销售广告的盈利模式正逐渐面临困境。媒介渠道突破了长期以来时间和空间的限制，可以几近无穷地出现，媒体已经进入精准营销的阶段。传统广告与电视渐行渐远，随着大数据的普遍应用，代之而起的是为用户量身打造的立体化的整合营销方案和基于IP的私人内容定制，这也许是传统电视转型的命门所在。时至今日，传统电视台恐怕也需要进行一场新旧动能的彻底转换，方能从根本上摆脱过度依赖广告的商业困境。

二、绿色收视率的纠偏

不管主动还是被动，就今天中国的大多数电视台而言，广告收入仍然是其最为重要的经济支柱，而衡量广告投放的基本指标就是收视率。大约从20世纪80年代中期开始，中国从国外引入了收视率的测量方法。就理想的状态而言，真实的收视率可以作为电视内容质量和传播效果的一个相对客观的衡量指标，当然也可以由此作为广告主投放广告内容和数额的重要参照。20世纪90年代中期以后，中国的电视行业进入更加残酷的市场竞争中，对收视率的依赖也就越来越严重了。在这种情况下，恐怕没有哪家电视台和电视栏目胆敢不重视收视率的高低。在白热化的市场竞争中，很多电视机构甚至把收视率视作栏目生死存亡的基本指标和判断依据。如果收视率表现不佳，不仅栏目组成员的工资奖金要受到影响，栏目也要被迫改版整顿，甚至实行末位淘汰制。迫于生存的巨大压力，几乎所有的电视台都只能不遗余力地追求高收视率，以增加广告招商的数量。围绕着收视率，很多电视台、影视机构和广告公司几乎无所不用其极，甚至不惜触碰道德、伦理和法律的红线。收视率成为造成电视机构媒体责任缺失最重要的原因之一，以至于被崔永元痛斥为“万恶之源”。法国著名社会学家布尔迪厄在其撰写的《关于电视》中就曾经一针见血地指出：“收视率这一压力使得经济要向电视施加压力……又以自己的影响控制着所有的文化生产场。”①在这场日益扭曲的收视率追逐战中，不仅电视人，包括节目、栏目、频道以至于整个电视机构和电视行业都日益被收视率所绑架，经济场最终控制了新闻场。

中央电视台原台长赵化勇提出的“绿色收视率”理念，便旨在解决这一现实难题。“绿色”是强调电视媒体应当健康、协调、合理地发展，“既努力提高收视率和收视份额，又杜绝媚俗和迎合，坚守品位，抵制低俗，有效体现节目的思想性和导向性”②。该主旨非常明确，即通过保证节目质量来提高收视率，而非一味追求数字上的虚高。为了实现绿色收视率，诸多学者尝试提出了诸如“审美指数”“欣赏指数”“观众美誉度”“电视满意度博雅榜”“全媒体电视节目评估”“大数据动态评估”等指标体系，为电视节目的综合评价提供了一批相对具有可操作性的测量指标。其中，“欣赏指数（Appreciation Index）”是相对于收视率单纯注重“量”而言的一个对节目“质”的评价，又叫作“吸引指数”或“兴趣指数”。这套工具最早由英国广播电视业进行实验与检测，用于衡量观众对某档节目或某一频道的满意程度，直至20世纪80年代才逐渐发展成熟。倘若这些指数能与收视率结合使用，应当可以较好地反映出电视节目的传播力和影响力，也可以对

① 布尔迪厄．关于电视[M]．许钧，译．南京：南京大学出版社，2011：83.

② 左金才，何舟婷．浅议电视节目的社会责任缺失[J]．视听，2013（11）.

观众的喜好和兴趣进行追踪调查。2018 年年末，国家广电总局开通了广播电视节目收视综合评价大数据系统，通过汇聚大样本用户收视行为等较全面的数据，经过科学的清洗、转换和分析，统计出诸如开机数、观看数、收视率、市场占有率等 30 项核心指标。未来更有望通过全样本的大数据分析，实现对现有收视率调查的彻底纠偏。

三、因文化，而产业

文化产业显然不同于其他产业类型，其本质在于文化内涵，产业只是实现文化价值的路径和手段。是故，任何忽视或者异化文化的电视产业，都不可能走得很远。早在十几年前的 2007 年，全国电视台台长论坛就在《北京宣言》中强调，中国电视应“坚守电视媒体的品格、品位，自觉抵制低俗之风”。实际上，“文化品位的坚守与电视媒体的现实利益，从根本上来讲应当没有冲突，处理得好，某种意义上可以说，声誉就是金钱，口碑就是财富”[①]。

对于电视媒体来说，要努力以文化的高度和深度，深入探究社会发展的规律，解读文明进化的密码，构建多元化的价值体系，勇于承担自身的媒体责任。近几年来，以央视为代表的众多电视媒体积极探索高端文化与市场化发展之间的平衡模式，推出了一系列弘扬中华传统文化、彰显人文关怀、启发观众思考的优秀节目。例如，“《中国诗词大会》《见字如面》和《朗读者》等原创类文化节目以我国深厚的文化积淀为基础，不断改革传统文化类节目的表现形式，创新传播模式，同时吸收其他综艺娱乐类节目的成功经验，并运用新媒体思维，打造出独具气韵与品格的文化综艺类节目。这些节目中既挥洒着

① 胡智锋，孔令顺．电视媒体的文化责任 [J]. 传媒，2007（10）.

一种精英文化的气质，又透漏出大众文化的温情，播出后获得了较高的收视率和观众口碑上的一致好评”[①]。文化类节目的大放异彩充分说明，弘扬人文精神、践行媒体责任，与电视机构的产业化发展并不必然矛盾，而且还存在深层的互动关系。作为主流媒体的电视台，如果放弃了文化品格，无异于舍本逐末，最终将陷入更为深重的生存危机。然而，在当下这个“快餐文化”盛行的读图时代，为了迎合观众的欣赏口味，大量的电视节目正逐渐变得“浅”“薄”起来。从某种意义上说，当代的电视文化已经成为一种复制拼贴的文化，它不仅仅是对物质的复制，也是对精神的拼贴。这是时代的症候，不能简单怪罪于电视对文化的放逐。

那么，是不是做有文化品质的电视节目就注定要遭遇商业上的失败？文化与产业能否实现双赢？著名电视人杨澜经过调查发现：“国外恰恰就有很多既做高品位电视文化，又在商业运作上非常成功的例子。”为此，杨澜曾经进行过多种积极的探索和尝试，从阳光卫视到《杨澜访谈录》，虽然在知识界广受好评，但在媒介市场上却并不太成功，可见知易行难，实在令人叹惋。

四、娱乐不可至死

娱乐节目本来只是诸多电视节目内容中的一种类型，旨在满足受众休闲放松的基本需求，现在却被众多电视媒体捧上神坛甚至奉若神明。在当今的收视环境下，诸多有实力的电视台大都通过“大明星 + 大投入 + 大制作”的爆款类综艺节目，吸引越来越稀缺的注意力，满足受众所谓的“趣味”，这势必无限放大了电视媒体的休闲娱乐功能，

---

① 孔令顺，张佳阳．文化电视：深度娱乐的转向与救赎 [J]．中国电视，2018（6）．

而真正关注现实民生、传播精神文化的新闻专题类、生活服务类和历史人文类节目的生存空间不断被挤压。社会中的平民百姓尤其是底层民众或弱势群体被有意无意地边缘化，他们基本上只被作为叙述的配角或者无聊的看客，充其量只能出现在鸡零狗碎的民生新闻中，其生存状态与精神世界基本无人问津，只是被按照电视节目的需要呼之即来，挥之即去。

21 世纪以来，形形色色的游戏娱乐类节目次第登场，日益与境外同步接轨，很多节目类型都是从欧美、日韩以及我国港台地区直接引进模式而来的。风靡一时的《玫瑰之约》原版来自台湾的《非常男女》，浙江卫视的《中国好声音》“克隆”自荷兰的 *The Voice of Holland*，红极一时的《爸爸去哪儿》《奔跑吧兄弟》也都引进自韩国。江苏卫视的《非诚勿扰》本来号称是社会服务性相亲类节目，最终却沦为各路人马试图一夜成名的秀场舞台。女嘉宾马诺在节目中甚至坦言“宁可在宝马车里哭，也不坐在自行车上笑”，不断挑战社会的伦理底线。这些铺天盖地的游戏娱乐类节目日益破坏了本应多元丰富的电视文化生态，荧屏上出现了严重的同质化现象，电视媒体正悄然被一种浮躁和粗俗的气息所笼罩包围。

1985 年，尼尔·波兹曼的《娱乐至死》一出版便引起轩然大波。书中指出，电视娱乐的最大要害并非娱乐性内容本身，致命的是一切内容都是以娱乐的形式呈现出来的，这是对意义的消解和对文化精神的解构，最终将导致“明星代替了劳模，美女挤走了学者，绯闻顶替了理论，娱乐覆盖了文化……人类成为一个娱乐至死的物种”[①]。当一切都可以被拿来消遣，都可以成为笑谈时，精神和意义将被赶下神坛，文化品质也将日渐稀薄。在传播关系中，由于电视媒体掌握了话语权，

① 波兹曼．娱乐至死 [M]. 章艳，译．北京：中信出版社，2015：132.

因此，高度同质化的娱乐节目势必成为一种“象征暴力”，剥夺了受众多样性和高品质的收视权利。中国电视从曾经的过度严肃到如今的过度娱乐，“我们可以认为它具有某种‘解放’的意义。但这并不能成为它矫枉过正，转而追求无主题、无价值、无意义的开脱之辞”[①]。中国电视真正需要的是抓住这种“解放”的空间和自由，从浅层的娱乐转向深度的娱乐，这既是对长期的浅薄娱乐进行反驳，也是对高端文化进行位移。

① 萧盈盈．中国电视娱乐产业的产业动力与文化责任[J]．现代传播，2010（9）．

第二章

天使还是魔鬼：电视文化产业的一体两面

改革开放40年来，随着中国经济体制改革的进一步深化，中国电视事业的管理模式和电视产业的经营模式都在很大程度上发生了相应的变化与调整。不论是诉求定位、价值取向，还是运行方式等，电视媒体都在进行着不断的探索与革新，并取得了世人瞩目的成就。“在文化领域中，传媒所发挥着越来越大的作用其实是一种僭越，它越来越像只求卖得最好、让人买得最多的商品，但这一切都是在可以为文化本身带来重大贡献的名义下进行的。”[①] 中国电视的市场化改革可能尤其如此。到底是天使还是魔鬼，如何认识中国电视文化产业的一体两面，是一个需要我们认真辨析的重大理论与现实问题。

第一节　事业还是企业：中国电视的身份定位

“身份”一词来源于拉丁语 idem，指人们的出身或是社会地位。后来引入英国后则演变成 identity，词性也发生了相应改变，可译为“相同性”“整一性”或“独立存在”。[②] 正所谓名不正则言不顺，因此需要先对身份问题做出较为详尽的梳理，进而才能明确由于身份的差异所导致的责任、义务以及权利的不同。由此来看，中国电视到底是谁，显然是一个无法回避的基础性问题。

---

① 里埃菲尔．传媒是什么 [M]. 刘昶，译．中国传媒大学出版社，2009：2.

② 刘婷．中国电视文化身份的新世纪转向 [D]. 吉林大学博士论文，2015.

一、世界电视的发展模式

若要搞清楚中国电视的身份定位，首先需要了解世界电视媒体的基本发展模式，也就是基本的管理体制和运行方式。电视媒体的发展模式选择，往往是基于自身与政府、社会和公众的关系以及自身内部的经济关系等多种因素而确定的。对这四者关系的不同选择与依赖，衍生出不同的电视发展模式。就整体而言，大致可以划分为事业发展模式、企业发展模式和产业发展模式三种。

1. 事业发展模式

事业发展模式，是指电视媒体的资金来源主要由国家拨款，免费向社会提供服务，它履行的是政府的公共服务职能。我国采取的是典型的事业发展模式，尤其是在 1978 年改革开放以前，苏联的社会结构模式极大地影响了中国社会组织的划分。社会组织一般分为三种性质：机关单位、事业单位和企业单位。事业单位就是从事社会公共服务事业的单位，其预算开支由政府财政拨款。1965 年 5 月 4 日发布的《国家编制委员会关于划分国家机关、事业单位、企业编制界限的意见（草案）》指出："凡是直接从事为工农业生产和人民文化生活等服务活动，产生的价值不能用货币表现，属于全民所有制的编制，列为国家事业单位编制。"[①] 后来衍生的各种表述虽略有调整，但基本性质大致保持不变。

在社会主义的中国，电视媒体的基本性质是党和政府以及人民的舆论喉舌。在组织结构上，全国的四级电视台都是同级党和政府的舆论宣传机关之一，其人事和财政从属于各级党和政府的管理，在宣传业务上也直接服从于同级的党委宣传部门和广播电视局。

---

① 杨伟光．中国电视论纲 [M]. 北京：中国广播电视出版社，1998.

2. 企业发展模式

企业发展模式，是指电视媒体作为一个由经济主体进行投资、具有投入产出功能的企业组织，应当从产权制度的角度来经营管理。20世纪80年代以来，处于商业电视的巨大风潮中，世界电视企业的发展模式逐渐呈现出多样化。中国传媒大学苗棣教授认为："按照所有制和经营方式的不同，通常有四分法和六分法。四分法是指把电视企业分为国有国营型、公有公营型、商有商营型、公商并营型。六分法是把电视企业分为国营型、公营型、商营型、公商并营型、国商并营型与合资经营型。"[①] 从总体来看，应该说四分法更为清晰准确。不过又经过后来30多年的发展，电视的模式类型更加多元，但基本上都是依托这些分类衍生而来的。具体到每一家电视媒体，情况应该更为复杂，也给分类带来很大难度。

欧美等西方发达国家在选择电视企业的发展模式时普遍认为，无线电波频谱为公共稀缺资源，既需要拿出一部分为公众利益服务，也可以有限度地进行经营牟利，以获得更好的生存与发展。电视企业发展模式最显著的特征是企业化的市场操作，这也是西方电视产业的主流发展模式。

3. 产业发展模式

产业发展模式，是电视企业的规模发展到一定程度后与其他经济行业混合经营的一种发展模式。在20世纪90年代以前，广播电视产业体系大多还单纯局限于一个国家或地区内，而到了21世纪前后，随着经济全球化和传播技术的飞速发展，广电产业体系的范围开始逐渐超越国家和地区的政治局限，形成了全球化的电视媒体市场。

与此同时，由于日益激烈的市场竞争和媒介融合的大势所趋，很

---

① 苗棣，范钟离．电视文化学 [M]. 北京：北京广播学院出版社，1987：20.

多传媒集团除了广播电视等传统的业务之外，也开始兼营图书杂志、音像制品和网络传输等其他相关业务。这些业务有些属于跨媒体整合，有些属于上下游拓展，可以充分依托核心资源优势使同一媒介产品的“长尾效应”和“品牌效应”得到充分的开发。因此，拥有自身技术和渠道优势的电信、移动等通信领域的企业也不断参与到媒介市场的竞争中来。时至今日，世界上的几大超级传媒集团往往都对这种混合经营的产业发展模式情有独钟，广泛涉猎包括广播、电影、电视、期刊、图书、娱乐、游戏、体育、通信和互联网等一系列相关产业形式。

二、中国电视的事业化起步

在中国，作为重要的舆论宣传工具，电视媒体的作用从一开始就备受重视。早在1954年，毛泽东就提出办电视台的设想。根据当时从台湾传来的内部消息，国民党当局要在1958年的“双十节”开播电视节目。为了不落后于台湾，中国大陆加紧了电视台的筹建，终于赶在1958年5月1日试验播出北京电视台（1978年5月更名为中央电视台）节目，这标志着中国电视事业的诞生。随后，上海电视台于同年的10月1日成立，哈尔滨电视台（黑龙江电视台前身）也于同年的12月20日问世[①]。它们的相对集中出现，代表着中国电视事业的整体起步。

20世纪50年代，世界上正处于社会主义和资本主义两大阵营紧张对峙的特殊时期。出于种种需要，很多国家和地区都被迫卷入了开办电视台的浪潮之中，这种行为也被赋予了极强的政治象征意味。中

① 郭镇之. 中外广播电视史 [M]. 上海：复旦大学出版社，2016：240.

国的第一批电视台集中开播于1958年，恰逢国内的“大跃进”运动，因此电视台也往往被视为“大跃进”的产物。事实上也确实如此，我国的电视事业在“广播工作大跃进”的口号指引下，走过一段迅速扩张之路。只是后来由于国家的财力所限，才停滞下来。“到1978年改革开放前，我国电视台数量仍然徘徊在32家左右，基本为每个省一个台。”①不过，这种格局也倒确实符合当时中国政治和经济发展的实际情况。

电视台的立台之本无疑是电视节目，“宣传政治、传播知识和充实群众文化生活”从一开始就被确定为电视台的基本任务，尤其注重舆论宣传。由于技术和人才的限制，初创时期的中国电视内容生产的能力非常有限。为了填充现在看起来其实并不算丰富的播出时段，电视台只能向兄弟艺术门类寻求帮助，因此，在这个时候的电视播放内容中，电影和戏剧戏曲等节目占有很大比重。

北京电视台（即后来的中央台）建台仅46天后，就在台内演播室现场直播了中国历史上的第一部电视剧《一口菜饼子》，这种形式很快被各地方电视台学习。由于技术和观念的限制，这一形势竟被沿用了8年之久。处在特殊的社会环境下，早期的电视剧极其重视政治性和宣传性，大都密切配合当时政治斗争和社会建设的需求，也确实在宣传教化方面发挥了比较明显的功效，但它作为艺术的真正魅力并未得到显现，当然反过来也使得这些电视剧在宣传效果上大打折扣。

既能向大众传播信息，还能活跃群众文化生活，这是电视媒体的一大优势，但受限于当时“政治挂帅”的时代大背景，电视台尤其强调甚至片面追求节目的政治宣传功能。1961年至1963年北京台举办

---

① 赵玉明，艾红红．中国广播电视史教程[M]．北京：中国广播电视出版社，2009：18-20.

的三次“笑的晚会”，其命运的浮沉完全称得上是政治附庸的典型代表。那三年国民生活苦不堪言，迫切需要精神娱乐来放松和安抚疲惫的身心。根据中央精神，北京台尝试举办了三次娱乐性较强的“笑的晚会”，今天看来可谓老少咸宜、雅俗共赏，当时也的确受到了群众的广泛好评和追捧。但由于意识形态等复杂的原因，这一尝试被彻底批判和否定。加之随后“文革”的十年影响，中国电视“一律不许播出文艺节目，除了宣传说教类节目外，唯一剩下的就只有几部革命样板戏，‘文革’十年使中国电视事业几乎停滞不前”[①]。

在这一时期，中国的各级各类电视台一律实行广播事业局管理制度，由各级党委宣传部进行直接领导。所有的开支都由国家和各级政府财政预算全额拨款，不存在也不需要任何的营业性收入。如由中宣部领导、中央广播事业局直接管理的中央电视台，就属于典型的事业单位。正是由于党和政府的大力支持，给予电视台在当时极大的发展空间，因此中国电视事业曾经出现过非常辉煌的时期。然而，所有经费完全依赖国家财政支付、运营不讲成本和经济效益的境况，也决定了这种单一模式发展到一定阶段后必然开始面临困境。

三、中国电视的企业化探索

党的十一届三中全会以来，中国逐步确立了改革开放和以经济建设为中心的基本国策，并开始实现由计划经济体制向社会主义市场经济体制的转变。一向养尊处优的电视台，从此前的几乎完全不必考虑经济效益，变成了需要对社会效益与经济效益的同时兼顾。这种转变无疑是一个系统工程，也必然带动了其经营管理模式与生产传播模式

① 赵玉明，艾红红．中国广播电视史教程 [M]. 北京：中国广播电视出版社，2009：21.

的同步变革。随着市场的培育，商品经济的发展需要广告的投入和媒体的支撑，电视台的生存也需要来自市场的经济支持。这种双向需求客观上激发了电视机构企业化经营的热情，中国电视产业由此开启了一系列市场化的改革和探索。

1.“四级办电视”等方针出台

随着我国电视事业的快速发展，其所需要的巨额资金光靠国家财力逐渐入不敷出难以为继，因此探索其他可行的电视营收之路便被提上日程。1983年3月，第十一次全国广播电视工作会议提出了“四级办电视、四级混合覆盖”的发展方针，地方台在转播中央台和省级台的部分节目之外，还可以自办节目，这也就意味着每一家电视台都可以有自办节目，同时也可以自主经营广告。这一方针的出台极大地激发了地方办电视的热情，于是在很短的时间内地方各市县电视台纷纷上马，“由1982年的不足20个市级电视台一举增加到1985年的172个市县级电视台”①。

此次会议认为“要想加快广播电视事业的发展，在依靠国家财政的基础之上，还要采取措施开源节流以便获得更多的资金”，在1983年10月中共中央批转的广播电视部党组《关于广播电视工作的汇报提纲》文件中也提出需要“节约开支，提高经济效益，并开辟财源，以补充国家拨款的不足”②。在这系列文件精神的指引和鼓励下，上海、广东等经济较发达地区的广播电视管理部门相继出台配套支持性政策，加快电视台的企业化改制和产业化改革。电视台逐步从单纯依靠国家财政拨款向多元化经营转变。

---

① 彭晓华．电视产业经营学[M]. 成都：四川大学出版社，2005：40.

② 广播电视部政策研究室．方向与实践——第十一次全国广播电视工作会议文件和典型材料选编[M]. 中国广播电视出版社，1984：69.

2. 电视广告蓬勃发展

“媒体改革成本最小的路径，是在不投入资金的情况下维持行政控制与舆论效力。”[①] 改革开放以后，商业广告作为一种补充性收入，被迅速引入电视经营系统。1979 年 1 月 28 日，上海电视台播出了“参桂补酒”的广告，时长 1 分 30 秒，并先后播出了 8 次，这是中国电视史上的第一条商业性广告，同时也标志着电视媒体的商业补偿机制开始出现。同年 3 月 15 日，中央电视台播出了第一条外商广告“西铁城手表”，上海电视台于 3 月 18 日播出了“瑞士雷达表”广告，这一系列商业广告的集中出现标志着我国电视广告的发轫。受到国外广告商的影响和启发，国内商品广告也开始大量出现在电视荧屏上。为了担负电视的社会责任，同时也为了塑造电视台自身的媒体形象，公益广告开始出现。比如中央电视台从 1987 年开始的《广而告之》，就每天在黄金时段播出两三条公益广告。地方电视台也纷纷效仿，并为观众喜闻乐见。

商业广告的经济效益立竿见影，广告营业额逐渐成为电视台举足轻重的收入来源。从 1983 年开始，电视媒体的广告数额逐年增长，在十年间就从 1600 万增长到 29.44 亿，年均增长率高达 60% 以上，远超同期国民经济和其他媒体广告，迅速成为电视媒体最为主要的经济命脉。到了 1990 年年初，广告收入已成为各级电视台补充财政拨款不足的主要来源，它不仅大大减轻了财政负担，甚至还可以上交数量可观的税收。“1996 年 6 月，中央电视台开始实行‘栏目带广告，广告养栏目’的运作机制，使节目质量和经营创收得到良性循环。1997 年起，中央电视台不仅不需要国家财政拨款，当年反而还上交

① 陈国权 . 谁为媒体提供经济支持？——1949 年以来中国媒体经济体制变迁与趋势 [J]. 新闻与传播研究，2018（10）.

国家财政3.8亿元，上交原广电部6亿元。”[①] 如今，中国的各级各类电视台大多已经不再依赖财政拨款，而成为在市场上自收自支、自负盈亏的经济实体。

四、新形势下电视媒体的体制转换

进入新传播时代，中国电视面临着更多元更重大的挑战。自我身份的准确定位，是生存与发展的重要基础。在全球化的今天，对欧美等国外先进电视台的优秀发展模式进行学习借鉴和本土化调整，是中国电视变革的重要参照。

1. 英国广播公司（BBC）的产业化经营

1922年，英国广播公司（BBC）成立，这是世界上第一家公共广播机构，同时也是较大的新闻传媒集团之一。BBC最早也是采取公共广播电视体制的模式，即国家采用委托的方式由公共受托人来行使广播电视经营……政府不直接经营日常的广播活动。在公共体制下，电视机构是不允许播放商业广告的，其经费来源主要依靠用户的收视执照费和部分国家财政拨款。在后来很长一段时间里，BBC公共广播的体制成为全世界很多电视台的模板，直到世界电视业开始全面的产业化发展，这个局面才逐渐被打破。

二战之后，随着商业电视的出现，一直坚持公共体制的BBC开始遭遇危机。英国政府于1954年通过了《独立电视法案》，从此英国电视媒体不再由广播公司独家经营，而是成立了独立的电视公司，电视开始转向商业化的发展道路。进入20世纪90年代，英国广播电视业不再对市场进行垄断，它不仅设立了“独立电视委员会”，对

---

① 徐光春．中华人民共和国广播电视简史（1949—2000）[M]. 北京：中国广播电视出版社，2003：519.

商业电视进行管理，同时还设立了专门管理商业广播的“无线广播局”。[①]20世纪90年代后半期，数字传播技术席卷而来，电视媒介原有的运作方式受到强力冲击。BBC也紧跟时代步伐，将新型传播技术运用于广播电视领域中，推出4套数字广播频率，建立卫星新闻频道。[②]在此背景下，BBC自身的媒介形态以及经营管理模式都遵循市场的中心导向进行不断的调整和改变，同时勇于去尝试新闻形式的多样性，电视频道资源也在不断扩充完善。这一系列举措标志着BBC在市场化和数字技术方面的与时俱进。通过努力，BBC重新赢得了受众的关注，也赢得了市场。

BBC目前拥有15个电视频道，以其高品质节目内容在全球占据着巨大的市场份额。BBC利用自身品牌价值还在世界范围内进行多种媒体经营，主要由旗下的环球有限公司和资源中心负责其商业活动。通过一系列的产业化改革，BBC既收获了巨大的经济利益，也因其高品质的节目内容赢得了全世界的信任和尊敬。

2. 美国电视产业的发展

美国的电视业历史悠久，并逐渐培育出目前世界上最为发达的电视产业。与英国电视体制的公有制起步、商业化转型相比，美国电视业可以说从创始之初就打上了完整商业化的烙印。

1927年4月，美国电话电报公司开设的第一个长距离电视广播诞生，随后纽约等东西海岸的一些大城市里陆续开设了一些实验性的电视台。后来由于受到经济危机和二战等多重因素的综合影响，美国的电视业进入一种长时间封闭的状态。调查数据显示，在1946年，整个美国拥有家庭电视机的仅有8000户，而1952年年底，美国电视台的数量降到98座，在美国家庭总数中，电视用户仅占9%。

---

① 陆地．世界电视产业市场概论[M]. 北京：中国人民大学出版社，2003：57.

② 唐苹．BBC的新媒体战略[J]. 视听界，2011（2）.

为了促进电视业的发展，联邦通讯委员会（FCC）于1952年开始解除某些新电视台成立的限制条款，之后新的电视台才陆续涌现。1954年，哥伦比亚广播公司首次播出彩色电视节目，一定程度上刺激了美国电视产业的发展。在这个阶段，美国先后建立了哥伦比亚广播公司（CBC）、全国广播公司（NBC）和美国广播公司（ABC）这三大电视网。随后经过长期系统的市场整合，全美有90%的电视台都成为这三大电视网的联播台。①

进入20世纪80年代以来，拥抱电子信息化技术和全球化的浪潮，美国电视产业进入高速增长期。其中因为电视节目卫星传输成本的降低以及有线电视业的崛起，再加上联邦政府开始减少对广播电视的管制，市场成为调节美国电视产业的主要动力。FCC在1985年做出了提高电视台拥有限量的决定，一个电视网拥有直属台的数量限制由7个增加到12个，这直接促成了空前的“兼并狂潮”。在短短两三年的时间里，三大全国电视网全都改姓易主。

美国的电视产业如此发达，很大程度上是因为他们从一开始就把广播电视产业纳入了强大的国民经济产业序列中，允许其参与市场资源的共享与竞争。他们认为，电视节目如同其他的工农业产品一样，需要拿到市场上去公平地进行交易，并需要尽可能地卖出理想的价格，从而最大限度地发挥其经济效益，当然也就同时实现了良好的社会价值。美国电视产业已经形成了高度专业化的内容生产和营销模式，节目的制作机构、发行机构、播出机构以及为电视服务的调查机构等共同构成了成熟和完善的电视产业运行体系。

通过20世纪八九十年代的两轮兼并狂潮，美国出现了一批综合性的传媒企业集团，业务范围一般都包括广播、电影、电视、报纸、

---

① 陆地.世界电视产业市场概论[M].北京：中国人民大学出版社，2003：88.

杂志、广告和网络传输等诸多领域，较为成功地打通了新闻业、娱乐业和信息产业之间的阻碍，很大程度上发挥了内部资源整合的集群优势，甚至实现了跨媒体、跨行业、跨国别的超级融合。1986 年之前的全国广播公司（NBC）只不过是美国国内的三大电视网之一，每年利润不过区区一两亿美元，想要通过开发新的经营领域打开国外市场几乎不太可能。但它在 1986 年被企业巨头通用电气公司（GE）以 62.8 亿美元的高价兼并后，其经济实力迅速增强，不仅开设新的频道，进行国际传播，还积极进行国内外收购。毫无疑问，NBC 能在较短时间内逆袭成为全球性的传媒集团，离不开通用电器公司强大的经济支持和密集型的全球营销网络以及丰富的市场运作经验。

3. 中国电视产业的多轨制转换

研究欧美发达国家的电视产业，最终还是为中国电视产业的发展提供借鉴和参照。反观中国的电视产业，数量众多，体量巨大，具体情况更是千差万别的，想做一刀切的清晰的身份定位并不容易。目前，中国电视实行的依然是“一元制度，二元运行”的媒介体制，一元制度指媒介归国家所有，二元运行指既要履行其政治任务，又要努力依靠广告等各种市场手段实现媒体的自给自足并保值增值，另外还要承担一定的公共电视职责。基于我国的独特国情，中国电视这种“事业单位，企业化管理”的身份定位，可能还将长期存在。有学者通过量表，专门测量了中国广播电视业的市场化程度，表明其市场化程度明显提升。[①] 然而，从电视机构的本体属性和中国电视的长远发展角度来看，深入全面的产业化改革恐怕是中国大多数电视媒体未来不可避免的道路选择。

近五年来，传统电视台的广告收入持续下滑，部分电视台近两年

① 陶喜红，曾光．广播电视产业市场化演进及其与市场结构、产业经济增长的关系 [J]．新闻与传播研究，2019（1）．

甚至出现断崖式下跌。即便是央视和强势的省级卫视都难以逃脱这一大趋势。国家广电总局的数据显示，2017 年全国广播电视广告总收入 1518.75 亿元。同年，排名前四的湖南、浙江、江苏和东方卫视的广告收入全部下滑。2018 年，湖南卫视《快乐大本营》的招商额只有 2.2 亿，相较上年的 3.9 亿缩水 1.7 亿。《歌手》《天天向上》《金鹰独播剧场》等栏目和时段的广告招商也同样急速下滑。这种转变的根本原因，恐怕还是传统媒体的衰落和电视传播渠道竞争力的下降。与此相对应的是，视频网站的广告收入增长明显。2016 年，爱奇艺广告收入约 70 亿元，优酷和腾讯视频都是大约 60 亿元，这还不包括数量可观的付费观看和 VIP 会员收入，而同年上海文广集团的总收入不过区区 85 亿元。

更加令人忧虑的是，不同层级电视台的两极分化现象愈加严重，马太效应逐日加剧，广告资源大量向央视和强势卫视聚集，地市县级台生存境况日益艰难。课题组在调研中发现，不仅部分电视栏目发不出奖金和劳务，甚至部分基层的电视台开始拖欠员工工资和结构性裁员，多地出现曾经辉煌的电视人静坐讨薪的悲剧。在此境况下，电视媒体的舆论喉舌、产业经营和公共服务等功能都很难得到有效保障，不少电视机构希望重归事业体制。正是对这一困境的重视和对这一诉求的回应，2019 年年初，山东省确立了全省的 95 家县级电视台为公益二类以上事业单位。基层电视台从此不必再为基本生计而顾虑，可以投入更多精力和热情承担媒体责任。据初步估计，各项纳入县财政预算的资金高达 11 亿元。浙江的个别县市则用政府购买服务的形式予以支持，湖州市每年就用四五千万元购买县级融媒体中心的各类服务。这些都是很好的尝试。

为了满足不同的需求，不同层级、归属和平台的电视台可以考虑选择实行不同的分类发展模式，实行“双轨制”甚至“三轨制”以至于多轨制并行。较为现实的路径为：在现有电视机构的基础上进行身份明晰和任务剥离，整合成立若干家事业型、商业型和公共型电视台或电视频道，进行分类管理。当然，这也是基于中国复杂国情进行的可行性假设。不管是英国模式还是美国模式，都有其优点但也都有着自身难以克服的局限性，中国电视产业要充分发挥后发优势，全面借鉴发达国家的经验和教训，当然不必要也不应该完全照搬西方模式。在借鉴和扬弃中实现再创造，也不失为中国电视产业体制改革的一种思路，并为世界电视产业的模式发展提供经验。

第二节 新闻还是娱乐：中国电视的价值取向

一个有趣的现象是：几乎所有的中国电视台都会宣称“新闻立台”，实际上大多数电视台都是在以娱乐性节目和电视剧苦苦支撑。到底是新闻还是娱乐，中国电视的价值取向究竟为何？

一、新闻与新闻立台

1. 关于新闻

1457 年，德国纽伦堡印刷出第一张新闻纸，被视为世界新闻业的起源。时至今日，新闻媒介早已成为人类获取生存发展信息的基本手段，承担着重要的社会功能，并具有了特殊的文化价值。

由于新闻传播活动的复杂性，长期以来，人们提出的关于新闻的定义数以千百计，见仁见智，莫衷一是，但归纳总结后，比较典型的主要有四类，即“事实说”“报道说”“功能说”和“信息说”。新闻的基本功能就是传播信息。尽管并不是所有的信息都可称为新闻，但是新闻本身就是信息的一种类型。1943 年 9 月，时任中共中央机关报《解放日报》总编辑的陆定一在《我们对于新闻学的基本观点》一文中提出“新闻是新近发生的事实的报道”。这一定义，具有很大的包容性，因此几乎成为最为公认的概念而经常被引用。

正如关于新闻的定义众说纷纭一样，关于新闻的基本特征也是说法不一。邱沛篁为之界定了五种特性：阶级性、时效性、综合性、纪实性和群众性。① 陆定一概括为真实性、时效性、公开性与主客观统一性。② 以何梓华等四人为首席专家编写的《新闻学概论》中则概括为：真实准确、内容新鲜、报道及时与传播公开。③ 这是几家比较有代表性的说法。

2. 新闻立台

对电视人而言，“新闻立台”的说法并不陌生。虽然这个概念的具体出处现在尚很难考证，但缘起至少可以追溯到1983年春天，第十一次全国广播电视工作会议明确提出要“以新闻节目为核心，从改革新闻入手，带动广播电视各类节目的改革”。与此同时，信息概念开始进入新闻界，引发新闻媒介功能的重新定位，新闻立台的理念就在全国各级电视台的改革中逐渐建立。

究竟什么是新闻立台？很多学者试图给出一个相对明确的定义。中国传媒大学雷跃捷教授的概括较有代表性：“新闻立台是广播电视媒体通过新闻报道的真实性、时效性、客观性和新闻评论的引导性塑造媒介公信力和影响力的生存和发展理念，是广播电视作为大众传媒发挥基本功能的理论表达和实践总结。”④ 新闻立台的内涵主要有两点：一是媒介功能，二是节目构成。新闻立台是一种本体论，而不是

---

① 邱沛篁．新闻采访论[M]．成都：四川大学出版社，2007：5-6.

② 孙发友．新闻报道写作通论[M]．北京：人民出版社，2005：3.

③ 新闻学概论编写组．新闻学概论[M]．北京：高等教育出版社，人民出版社，2013：25-30.

④ 雷跃捷，薛宝琴．论“新闻立台”的本体意义[J]．中国广播电视学刊，2014：（9）.

工具论。也就是说，电视媒体的本体是新闻，而不仅仅是传播新闻的路径。不论是从新闻专业主义的角度出发，还是考察新闻事业喉舌作用的性质，这都是新闻立台理念的基本体现。众多电视媒体开办的初衷及其存在的合理性都充分印证了这一点：中国创办各级各类电视台的主要目的就是为了成为各级党和政府的耳目喉舌，通过新闻来传播信息、引导舆论，这也正是新闻立台在中国的本义所在。2012 年 12 月 16 日，时任国家广播电影电视总局副总编辑、宣传管理司司长的金德龙在首届全国卫视早新闻栏目运营论坛上强调："坚持新闻立台，就要把新闻宣传放在电台电视台工作的首要位置。"①

新闻立台不仅是中国电视媒体的内在要求，也是世界上 BBC、CNN、NHK 等诸多知名电视媒体的通例。1991 年 CNN 因为直播海湾战争而一举成名；2001 年凤凰卫视因为连续直播 36 小时美国"9·11"事件而备受人们关注；2001 年卡塔尔半岛电视台因播放本·拉登录像声明而一举成名。2008 年由于对四川汶川大地震的持续直播，中央电视台很大程度上扭转了此前在国内"非典"等重大突发事件报道中的被动局面，重塑了中国电视媒体的尊严。放眼全球电视媒介市场，世界知名电视台大多都是新闻立台的典范，新闻这个法宝和利器使得他们名利双收。

在操作层面，新闻立台的定位要求电视台把制作和传播新闻类节目内容作为媒介生产的主要方向，"反映在电视节目构成中，就是电视新闻类节目要在电视台所有节目中，特别是主频道中成为节目骨干并形成强势"②，让受众通过新闻节目来了解和掌握国家的政治经济军事等大政方针、社会发展变化以及国际社会的风云变幻等各类资讯，进而让新闻栏目成为电视台核心性和标志性的内容，以实现新闻生产

① 金德龙 . 坚持新闻立台 深化创新创优 [J]. 中国广播电视学刊，2013：（1）.

② 谭天，覃晴 ."新闻立台"：回归与选择 [J]. 新闻与写作，2010：（2）.

与营销效益的最优化和新闻传播社会影响力的最大化。

新闻立台并不意味着电视台只能播报新闻节目或者新闻内容必须占用绝大多数时段，只是意味着在本覆盖区域内本台新闻应当具有广泛的公信力和影响力，可以成为本地受众获取当地新闻的首选。一般来说，新闻类节目在电视台或频道的整个节目系统中要保持一定的绝对播出量和适当的比重，按照国际惯例比重一般不少于15%。当然也有较为极端的个例，研究发现，“CNN国际频道几乎没有纯娱乐型的节目。时政新闻、经济新闻、体育新闻占了整个国际频道新闻报道的90%以上”①。新闻立台必须遵循新闻传播规律，力求真实理性、客观公正，这当然并不仅仅是个务虚的理念，而且需要一套严格的系统来支撑：不仅需要增加新闻节目数量，丰富新闻节目题材，还要善于创新节目形式，培养名记者、编辑和名主持人，打造系列品牌新闻栏目，实现新闻直播日常化，等等。电视人要注重探索个性化、品牌化的新闻节目，提高新闻节目的品质，提高电视媒体的吸引力、影响力和感染力。

在中国，一家独大的中央电视台历来有“新闻立台”的传统，“有新闻的地方就有我们”的底气源于其独特的行政资源和遍布世界各地的记者站。因此，“有大事，看央视”已经成为中国电视观众的基本收视惯性，央视在新闻影响力和权威性方面远胜于国内其他电视机构，它在电视新闻类节目中占67%的收视份额。2015年，央视直播的纪念抗战胜利70周年的“9.3”大阅兵收视份额甚至高达80%以上，这也表明新闻直播确实能给电视媒体带来巨大的权威性和影响力。

从客观上来看，中国绝大多数的地方电视台因资源和条件上的限

---

① 雷跃捷，张彩．国际新闻频道研究[M]．北京：中国广播电视出版社，2013：263.

制，很难像中央电视台一样获取重要甚至独家的新闻资源，也很难通过报道国内外的新闻大事件来打造具有全国性乃至国际性的影响力。在汶川大地震后的十余天里，东方卫视曾进行了多达1900余条的大信息量新闻报道，较好地塑造了媒体的权威性和公信力，但这毕竟是特殊时期的个例，可遇而不可求。在贯彻新闻立台的理念时，地方电视台在注重权威性和实效性的前提下，更要兼顾到本土电视媒体的贴近性和群众性，争做受众“身边的第一媒体”。江苏台曾以《南京零距离》等民生新闻类栏目开启了国内民生新闻的辉煌，类似的还有重庆台的《天天630》、广东台的《今日关注》、山东台的《拉呱》等。这些民生新闻栏目通过及时报道本地重大突发事件或进行有特色的本土化评论，满足了当地百姓监测周边环境的知情需求，在充分发挥舆论引导功能的同时，也较好地建构了当地的文化生态，并收获了较好的市场效益，为地方电视媒体新闻立台做出了很好的探索和尝试。实践证明，只要真正反映人民群众的生存状态及其根本利益诉求，及时报道他们关注的话题，就能够赢得受众的普遍欢迎和信任支持。这是电视作为主流媒体的基本要求，也是电视对媒体责任的重要担当。

二、娱乐与电视娱乐化

1. 关于娱乐

什么是娱乐？《辞源》的解释为：娱，欢乐、戏乐。《诗·郑风·出其东门》云：“缟衣茹，聊可与娱。”那么娱乐，也就是“欢娱行乐。”据考证，“娱乐”这个词语最早出现在《史记》的《廉颇蔺相如列传》中：“赵王窃闻秦王善为秦声，请奉盆缶秦王，以相娱乐。”当然，在漫长的历史长河中，娱乐一词的内涵也在不断发生着变化，但都属中性词汇，并不带有任何贬义色彩。

鲁迅在《且介亭杂文》中谈到文艺起源时认为：“我们的祖先原

始人．原是连话也不会说的，为了共同劳作，必须发表意见，才渐渐地练出复杂的声音来。假如那时大家抬木头，都觉得吃力了。却想不到发表，其中有一个叫道‘杭育杭育，’那么这就是创作……他当然就是作家，也是文学家，是‘杭育杭育派’。”可见，即使通过这种简单的“杭育杭育”，劳作者都不仅协调了节奏，减轻了劳累，甚至于收获了快乐。

在《论娱乐》一文中，民俗学家钟敬文也对娱乐进行了解释："娱乐是人的自然情绪的流露，只有当人们高兴或有闲暇时，才有兴致来进行娱乐活动。"①由此可见，文学艺术通常都是来源于生活，通过不断演变提升，逐渐又高于生活的。从整体上来看，娱乐的形式和手段虽然五花八门，但其最终目的都是为了快乐，娱乐显然并不是庸俗浅薄和玩物丧志的代名词。②

一般而言，娱乐存在两种基本形式：纯粹娱乐和审美娱乐。前者主要通过游戏、消费和感官刺激等手段来排遣烦闷和释放压力，满足人性中的世俗需求，暂时性地达到一种超脱现实的心理状态。而审美娱乐则注重心灵上的放松和精神上的愉悦。二者虽有高下之分，却无优劣之别。只是纯粹娱乐更像是一种具有快餐性质的文化消费，重视当下体验，容易转瞬即逝。而审美娱乐往往影响深远，甚至受用终生。当纯粹娱乐跳出单纯物质上、感官上或肉体上的刺激享受，由表及里地深入思想与精神层面成为审美娱乐时，娱乐的正面价值才更加凸显。其实，作为大众文化主要载体的电视媒介既需要审美的娱乐，也需要纯粹的娱乐，二者并不是决然地对立。③但问题是，这两种娱乐的内容和形式在电视传播中需要保持一个合理的

---

① 钟敬文．论娱乐 [J]. 浙江学刊，1999：(5).

② 孔令顺．论电视娱乐节目的逻辑起点 [J]. 现代传播，2012：(5).

③ 孔令顺．论电视节目主持人的娱乐精神 [J]. 中国电视，2016：(2).

比例。

2. 电视的娱乐化

随着我国社会主义市场经济体制的逐步确立，人们在计划经济时期被长期压抑的各种欲望得到极大释放，部分方面甚至有些矫枉过正。表现在电视媒体领域，则是过度强调了电视节目内容和形式的休闲娱乐功能。从历时性来看，1990 年 3 月中央电视台推出的《综艺大观》是我国电视娱乐节目的重要尝试。电视剧《渴望》《北京人在纽约》和情景喜剧《我爱我家》《编辑部的故事》的热播，更引发了人们对电视娱乐的热烈期待。但是，随着 20 世纪 90 年代晚报都市报、时尚期刊、卡拉 OK 以及好莱坞进口大片等各类媒体娱乐竞争的加剧，分众化现象日益加深，电视综艺节目尽管也有所改变，比如增加新鲜的娱乐元素等，但始终难以突破传统的综艺晚会模式，导致收视群体逐渐流失。1997 年夏季，《快乐大本营》横空出世，并迅速红遍大江南北。这档以游戏娱乐类内容为主的栏目，第一次把湖南卫视推向了全国电视观众的面前。一时间，娱乐节目在电视荧屏上攻城略地、大行其道，成为老百姓喜闻乐见的“爆款”和各地频道纷纷效仿的楷模。

虽然说新闻、综艺和电视剧是电视节目内容的“三驾马车”，但对于大多数电视台来说，新闻缺乏资源，优质首播电视剧又买不起，而通过推出相对容易模仿的娱乐节目获得尽可能多的广告收益，已经成为一种屡试不爽的竞争手段，甚至是无可奈何的自救之举。尤其是近 20 年来，多如牛毛的综艺娱乐节目似乎“霸占”了整个电视屏幕，新闻类节目已然成为配角和点缀。传媒行业相关报告指出：“2016 年全国各省级电视台共推出了四百多档综艺和娱乐节目，比 2015 年增长了一倍。”[①] 各大卫视为了迎合越来越审美或审丑疲劳的大众，博人一笑而挖空心思，急功近利地制作播出质量参差不齐的娱乐节目。从表面上看，电视娱乐节目遍地开花，的确为电视台带来了较好的收视率，但以单纯的经济高收益作为其内在驱动力，难免使大多数节目向低俗化、庸俗化发展，而忽视电视媒体本应具备的人文关怀，电视节目的美育功能也逐渐被弱化。

不仅如此，电视媒体的娱乐化趋势愈演愈烈。除了综艺娱乐节目外，其他的专题类节目、科技类节目、文化类节目都在有意无意地追求娱乐“笑”果，乃至一些传统的新闻类节目也纷纷加入娱乐元素，诸如方言式播报、相声式播报甚至评书大鼓式播报不一而足，虽偶尔令人耳目一新，但也时而令人大跌眼镜。从我国电视媒体整体发展状况来看，其实娱乐化主要包括两个维度：一是在电视节目中，娱乐内容越来越多，比重不断增加；二是娱乐已经不仅仅局限于娱乐节目自身，其他类型的节目也呈现出娱乐化的态势，从娱乐内容到娱乐形式进而深入到娱乐精神。这当然并不一定都是坏事，毕竟受众的娱乐化需求应该得到适度的满足，但显然是过犹不及的，并不是所有的节目都可以娱乐了之。

实事求是地讲，依靠娱乐节目生存发展恐怕已经成为许多电视台不争的现实，或者说是难言的潜规则。根据 2017 年的卫视实力排名，排在前三的湖南卫视、浙江卫视和江苏卫视都已经形成了一批十分知名的节目品牌，但必须正视的是，这些王牌节目几乎均带有显而易见的娱乐色彩。以湖南卫视为例，在其 2016 年的节目编排表中（表 2-1），我们不难看出，几乎所有的黄金时间都留给了电视剧和综艺娱乐节目。

---

① 韩业庭．数量创新高为何质量没跟上 [EB/OL].http：//news.gmw.cn/2017-01/16/content_23478807.htm.

表 2-1 2016 年湖南卫视节目编排表

<table>
<tr><th>时间</th><th>周一</th><th>周二</th><th>周三</th><th>周四</th><th>周五</th><th>周六</th><th>周日</th></tr>
<tr><td>7：00</td><td colspan="7">湖南新闻联播（重播）</td></tr>
<tr><td>7：30</td><td colspan="5" rowspan="2">偶像独播剧场（四集）（或栏目重播）</td><td colspan="2">偶像独播剧场（两集）（或栏目重播）</td></tr>
<tr><td>11：00</td><td rowspan="3">周六 11 点档栏目重播</td><td rowspan="3">周日 11 点档快乐大本营重播</td></tr>
<tr><td>12：00</td><td colspan="5">播报多看点</td></tr>
<tr><td>12：30</td><td colspan="5" rowspan="3">周间午间栏目（钻石剧场或青春进行时或大型活动重播）</td></tr>
<tr><td>13：00</td><td>季播活动记录片重播</td><td rowspan="3">周末 13 点档季播活动重播</td></tr>
<tr><td>13：30</td><td rowspan="3">周末 13 点档季播活动重播</td></tr>
<tr><td>14：00</td><td colspan="5" rowspan="2">周间 14 点档（钻石剧场或青春进行时或大型活动重播）</td></tr>
<tr><td>15：30</td><td>季播活动纪录片重播</td></tr>
<tr><td>16：00</td><td colspan="7">16 点档栏目（或电视剧重播）</td></tr>
<tr><td>18：00</td><td>平民英雄</td><td colspan="4">新闻大求真</td><td colspan="2">新闻当事人</td></tr>
<tr><td>18：29</td><td colspan="7">A 段广告</td></tr>
<tr><td>18：30</td><td colspan="7">湖南新闻联播</td></tr>
<tr><td>18：59</td><td colspan="7">黄金时刻广告</td></tr>
<tr><td>19：00</td><td colspan="7">转播 CCTV 新闻联播</td></tr>
<tr><td>19：30</td><td colspan="4">精彩片花提前看</td><td colspan="2" rowspan="2">金鹰独播剧场（一集）</td><td rowspan="4">4.3：妈妈的牵挂＋金鹰剧场两集
4.10 起：精彩片花＋金鹰剧场两集</td></tr>
<tr><td>19：40</td><td colspan="4" rowspan="3">金鹰独播剧场（两集）</td></tr>
<tr><td>20：15</td><td rowspan="2">4.1/4.15/4.22：天天向上
Q2：全员加速中（4.29 起）
Q3: 元气美少年</td><td rowspan="2">20：20 快乐大本营</td></tr>
<tr><td>21：10</td></tr>
<tr><td>22：00</td><td colspan="2">钻石独播剧场（两集）</td><td colspan="2">青春进行时（两集）</td><td>Q1：我是歌手 4
Q2：天天向上
Q3：天天向上
Q4：无限挑战</td><td>Q1：旋风孝子
Q2：我想和你唱
Q3：夏日甜心偶像来了 2
Q4：大冒险家（暂定）</td><td>Q1：钻石独播剧场（两集）
Q2：鲜透的星期天（4.24 起）
Q3：真正的男子汉 2（暂定）
Q4：一年级（待定）</td></tr>
<tr><td>23：55</td><td rowspan="2">大型活动重播</td><td colspan="2">我的纪录片</td><td rowspan="2">大型活动重播</td><td>周五大型活动纪录片</td><td>周六大型活动纪录片</td><td rowspan="2">大型活动重播</td></tr>
<tr><td>00：30</td><td>我是大美人</td><td>越淘越开心</td><td>周五季播活动重播</td><td>周六季播活动重播</td></tr>
</table>

娱乐可以引发围观效应和晕轮效应，借此培养受众对整个频道甚至是电视台的收视习惯，拉动整体收视率和收视份额不断提升。在这种文化消费观念的驱使下，电视娱乐化几乎是个必然的发展趋势，也是顺应媒体行业发展的必然选择。娱乐、消遣以及围观的奇妙心理，使得很多庸俗恶搞的娱乐节目备受欢迎。观众在明星受窘或受虐的表演中感受到“幸灾乐祸”的快乐和幸免于难的满足，获得一种身心的放松和精神上的优越感。在此意义上，电视娱乐本身的积极价值也应当予以充分肯定：电视娱乐节目在一定程度上疏解了人们在现实生活中的心理紧张和内在焦虑，也强化了个体对社会的认同感和安全感，这对于转型期的中国民众心理压力的释放、社会的和谐稳定都有着较为明显的作用。

基于长期的思考，笔者曾经在《论电视娱乐节目的逻辑起点》一文中论述道：“伴随着日常生活电视化抑或是电视日常生活化，娱乐逐渐成为20世纪90年代尤其是21世纪以来审美文化和日常生活的一种普遍景观和重要特征。不管是快乐中国还是娱乐至死，我们正无可逃避地置身于以电视娱乐节目为代表的娱乐浪潮之中。从以往的娱乐匮乏到今天的娱乐过度，电视娱乐节目呈现出一种长期遭受挤压后的强烈反弹。”其实，中国电视今天的问题并不在于其娱乐化，而在于其过度娱乐化，在于其对娱乐本质的有意无意的错位和误用。

电视应该是娱乐的，也必须是娱乐的，这既是本质使然，也是生存需要，但是这种娱乐不是拒绝责任的无聊游戏，而是应该努力成为社会建设的重要力量。“健康的娱乐应该以遵守道德规范为前提和基础，能够真正让受众感受到真正的愉悦和审美，同时也应该成为弘扬社会正能量的重要窗口。”[①] 随着社会民众受教育程度和审美水平的不

---

① 吕鹏．从《爱猜电影》看电视娱乐节目发展的新方向 [J]. 电视研究，2008（5）.

断提升，他们已经产生了更高层次的娱乐和消遣需求。作为负责任的电视媒体，应当直面并予以满足和积极引导，进而培养民众的审美趣味。

三、中国电视的价值取向

所谓价值取向，指的是一定的主体（可以是个人，也可以是机构）基于自身的价值观在面对或处理各种利益、矛盾和关系时所秉持的基本价值立场、态度以及所表现出来的基本倾向。价值取向并不是与生俱来且稳定不变的，由于主客观环境的变化，价值取向也处在不断的变化调整之中。中国电视传统上主要是为了满足党和政府舆论宣传与受众获取信息资讯的诉求，新的时代形势下越来越复杂的媒介生态对中国电视提出了更多和更高的要求，概括起来其实也无非就是新闻和娱乐这两个方面：新闻赋予了电视灵魂，而娱乐增强了电视活力。

1. 避免新闻过度娱乐化

新闻的娱乐化与娱乐新闻显然不是一回事。娱乐新闻更多的是对文体明星日常琐事或绯闻八卦的关注和报道，而新闻娱乐化实际上是试图从较为严肃的政治、经济事件中挖掘娱乐性元素，对一些硬新闻进行软化处理，以此降低严肃新闻的比例，提升新闻的人情味和趣味性，进而满足广大受众的浅层次新闻需求。新闻的娱乐化看似是当今传媒在“眼球经济时代”的制胜法宝，实则也是一种无奈之举。倘若过分放大新闻事件的戏剧性，刻意追求新闻的娱乐性元素，新闻的娱乐化则会沦为潘多拉的魔盒，引发一系列的问题。

那么，新闻是否可以娱乐化？20世纪五十年代末期，美国著名社会学家查尔斯·赖特在拉斯韦尔关于大众传媒“三功能说”的基础上，首次提出媒介“提供娱乐”的第四种功能。复旦大学李良荣教授认为大众传媒具有五种作用："一是采集和提供信息；二是整合社会资源，进行广泛宣传；三是开展舆论监督；四是传播知识，向社会提供娱乐；五是获得收益，实现自我发展。"[①] 理论与实践都一再证明，"向社会提供娱乐"确确实实是大众媒介的重要传播功能之一，那这是否意味着新闻也必然具有提供娱乐的功能呢？目前，学界针对这一问题并没有达成充分共识。不过，一些新闻从业者简单地把"新闻"理解成"新闻媒体"，认为提供娱乐也理所当然地应该是"新闻"的重要职能，倒是值得进一步商榷。

新闻只是电视媒体用来传播信息的一种载体形式，其首要职能是减少或消除人们对事物的不确定性认知。因此，一条新闻给予受众的首先是一条客观真实的信息，至于能否产生娱乐的效果，一方面取决于该新闻是否具有娱乐因子的客观特征，另一方面取决于接受对象的主观差异。如果一条新闻的内容本身就十分新奇怪异，情节不同寻常，人们必然会对其产生较大兴趣。但此外，面对当下繁芜丛杂的信息，受众可根据自己的爱好和实际需求进行筛选，在选择和解码信息的过程中所体验到的个人化愉悦和放松，同样也属于娱乐的范畴。若从这个层面上来看，大众传媒所传播的几乎所有信息均可视作具有潜在娱乐价值的内容来接受。

在传播情境和新闻内容允许的条件下，对电视新闻做适度娱乐化处理一般来说是无伤大雅的，但若是一切新闻都被娱乐化处理和接受，那将是整个电视行业的悲哀。我们必须清醒地认识到，人类文明的进步离不开对体现优秀传统、主流民意、时代气象等严肃内容的精神传承。因此，"在关系到国家重大方针、国计民生问题、灾难以及关系到人的尊严等严肃的事实时是不能随意作娱乐化处理的"[②]。在

---

① 李良荣. 新闻学概论 [M]. 上海：复旦大学出版社，2001：109-112.

② 金晏伊. 对我国当代新闻娱乐化的再思考 [J]. 中国广播，2016（2）.

具体的操作时，需要对新闻娱乐化的程度和分寸进行精准把握，坚持“适度”和“适量”的原则。无论何时，严肃新闻都应该成为反映民众切身利益的重要窗口，对于反映人民群众生活的硬新闻以及政治、经济、军事和外交等严肃新闻坚决不能进行娱乐化处理。如果广大社会公众每天接触的都是大量的娱乐新闻，那么就必然使得新闻媒介的舆论监督、环境监测功能被大大削弱，人们也就对整个社会无法进行全面了解和把握，也就很难做出科学合理的决策。电视媒体必将沦为拉扎斯菲尔德眼中的“社会麻醉品”[①]。

2. 避免电视过度娱乐化

电视的过度娱乐化是指电视媒体在进行节目制作和传播等过程中，在量与质上片面追求节目内容对观众的感官刺激和娱乐满足，而有意无意地淡化了电视媒体的舆论引导、新闻传播和社会服务等重要功能。

电视媒体的价值和使命在于通过传播积极健康的内容引导大众建立正确的价值观念，进而提升审美品格。但在传播实践中，为了达到最大程度上提高收视率的目的，部分节目人为制造出许多“噱头”与“卖点”，客观上传播了一些并不健康的价值取向。在残酷的媒介市场竞争中，过度娱乐化的电视节目通常只将娱乐效果视为最高标准，而对信息的多寡甚至真假都无暇顾及。近年来诸多综艺节目甚是火爆，但是这种标榜“真人秀”和“自然实录”的节目也经常被爆出是按照既定的剧本在表演。更甚者莫如2007年北京电视台曾报道播出的“纸包子事件”。生活频道《透明度》栏目的记者编辑在子虚乌有的情况下，为谋求业绩与收视，私自编造虚假电视专题片《纸做的包子》，这不仅有悖于新闻职业伦理道德，更对社会造成了严重的负面影响。

移动互联时代，传统电视行业既面临着网络新媒体的外在冲击，

---

① 金晏伊．对我国当代新闻娱乐化的再思考[J]．中国广播，2016（2）．

又需要面对电视市场日趋激烈的内部竞争。许多电视台为了在几近白热化的竞争中谋得生存和发展的机会，纷纷把发力重点集中于综艺娱乐节目，节目模式间的模仿甚至克隆现象日趋严重，同质化现象十分普遍。在国外一些电视节目模式的带动和影响下，近年来我国的真人秀、综艺节目等形态在电视市场上颇为流行。节目播出后，一旦获得较为可观的收视效果，便会引发其他电视台的纷起效尤。最后的结果是，尽管我国的综艺娱乐节目貌似丰富多彩，但究其实质，大多千台一面、千调一腔，换汤不换药。

娱乐性节目在推动电视产业发展的同时，也隐匿着“文化霸权”等深层次问题。盲目而过度的娱乐，无异于饮鸩止渴，需要引起全社会的警醒。国家广播电影电视总局在 2011 年 10 月 25 日下发的《关于进一步加强电视上星综合频道节目管理的意见》中明确要求：“电视上星综合频道定位是以新闻宣传为主的综合频道；地方电视上星综合频道的主要任务是围绕中心，服务大局，宣传地方成就，展示区域特色，反映社情民意，引导社会热点，传播主流价值。”[①] 也就是说，从国家层面的要求来看，无论是中央电视媒体还是地方电视媒体，都应该始终坚持“新闻立台”的基本理念，在电视市场泛娱乐化的大趋势下引领社会回归正确的价值取向。

3. 新闻与娱乐和谐共生

其实新闻与娱乐并非天然不可调和，很多新闻内容或传播形式本就隐含着娱乐价值。新闻要讲好故事，引人入胜，就要强调叙事方法与技巧。新闻节目在采编过程中，娱乐性元素会受到悬念设置以及故事化手段很大的影响，这实际上与新闻的本性是相吻合的。尤其是对于大多数民生新闻来说，从中增加一些娱乐化元素是十分常见的现

---

① 新华社．加强电视上星综合频道节目管理 [EB/OL].http：//news.xinhuanet.com/politics/2011-10/26/c_111125844.htm.

象。但是如果把握不好分寸，把新闻几乎改造成娱乐化节目，受众可能便不再关注民生本身的内容价值，而是更加期待出现一些娱乐性新闻甚至是社会突发事件来满足自己的好奇心。一些新闻栏目在编排节目内容的过程中总是有意去迎合人们的这种猎奇和搞怪心理，所以就导致一些民生新闻呈现出来的选题大多为“子不语”的“怪力乱神”，更是在报道中增加了一些可以引起社会围观效应的娱乐元素。久而久之，即使一些电视人本着严肃认真的态度进行新闻报道，也无法阻止人们在看新闻过程中会产生消遣娱乐的心理预设，这是一种经过培养后产生的收视惯性和思维定式。

应该很容易理解，热闹喧嚣的娱乐圈通常都是新闻的多发地，娱乐新闻也多被受众所喜闻乐见。在娱乐类节目的生产和传播过程中，便会产生很多具有一定新闻价值的信息。比如，《非诚勿扰》中热门的男女嘉宾牵手成功、《歌手》中的选手晋级、《中国诗词大会》的年度总冠军等都具有比较大的娱乐新闻价值。不妨设想一下，如果一档娱乐节目没有任何新闻价值，那么该节目在某种意义上也就失去了大众的吸引力和关注度，很难成为品牌节目。

有学者提出应当“新闻立台”，而“娱乐利台”，也是有一定道理的，这较好地实现了新闻与娱乐之间的平衡。东方卫视 2009 年的改版方案也曾经确立了“新闻立台、文艺兴台、影视强台”的定位。新闻和娱乐都是受众生活的日常需要，应当合理配置，才能和谐发展。严肃新闻当然不应该进行简单的娱乐化，也并非所有的娱乐信息都具有新闻价值，二者的界限还是应当清晰明确的，不能简单地混为一谈。娱乐固然无罪，然而如果对所有新闻都进行娱乐化处理，实际上会导致新闻专业主义精神的垮塌和对新闻价值伦理的放逐。新闻立台当然是王道，但若只知道板着面孔生硬传播，而不考察分析受众的收视期待的话，这样的新闻传播即使一时成功也是很难持续的。一个优秀的娱乐节目在让受众感受到快乐的同时，也应该具有一定的价值批判精神。对于电视人来说，不仅要始终坚持新闻立台，同时也应该学会使用娱乐来为电视台争取更多的经济和社会利益。这实际上是市场经济环境下大多数电视台生存发展的一个必由之路。新闻立台让其有了权威和灵魂，而娱乐利台则为电视媒体注入更多的生机和活力。[①]新闻和娱乐对应着人类本身的两大基本诉求，缺一不可。

第三节　文化还是产业：中国电视的终极追求

不同属性和体制的电视媒体，自然有着各异的价值追求。源于历史发展和现实环境，中国电视显然不同于其他国家和地区的电视机构而有着自身的独特性。那么，中国电视的终极诉求到底是文化还是产业？

一、电视文化的内涵与外延

1. 电视文化的内涵

想要明确电视文化的具体指涉，首先需要理解"文化"二字。何为文化？恐怕至今仍是学者们最为聚讼不已的难题之一。20 世纪六十年代，美国著名人类学家阿尔弗雷德·克洛依伯从哲学、教育学、历史学、社会学、艺术学、心理学、人类学、生态学以及生物学九个门类分别界定文化，限于篇幅，兹不展开论述。《辞海》中将文化划分为两种类型：广义文化和狭义文化。在历史实践中，人类所创造的物质财富以及精神财富总和就称为广义文化。社会意识形态以及其对应的组织机构、社会制度就称为狭义文化。[②]

---

① 信险峰．从新闻立台到娱乐利台 [J]. 北方传媒研究，2016（3）.

② 陆扬，王毅著．大众文化与传播 [M]. 上海：上海三联书店，2000：71.

关于电视文化，不少学者曾从传播内容、传播效果等方面给出界定。例如，“电视文化是指电视传播出现后，由完全不同的电视传播符号、传播内容、传播速度、传播效果所造成的一种新质文化”“电视文化是指电视介入社会生活后，在电视社会成员中形成的内在和外在的行为规则”[①]“电视文化是指存在于各种内隐和外显的电视传播形式与模式之中，同时借助于各种传播符号的运用而得以理解与传播的信息总和”[②]，等等。类似的定义当然还有很多，如上三种具有一定的代表性。

从整体上看，电视文化的内涵主要包括三个方面：首先在器物层面，电视机等传播设备作为文化的载体，是一种处于相对静止的物质文化形态；其次在制度层面，它包括相关部门制定颁布的一系列保障电视媒体正常运作的规章制度、法令法规，以及传播过程中涉及的各种各样的关系等；最后在精神层面，电视不仅仅是传播文化的重要媒介，本身也逐步发展成为一种文化生成主体和美学意识形态。

2. 电视文化的外延

在当代中国，文化一般被分为主流文化、精英文化和大众文化，三者形成了并存融合的多元格局。我国的电视文化格局也大体与此相对应，存在着电视主流文化、电视精英文化和电视大众文化这三种基本文化类型。当代文化格局正呈现出这三种文化形式的交融嬗变，往往是你中有我、我中有你，大多数时候很难截然分清彼此。由于电视本身就是大众文化的最主要形态之一，所以电视传播中的主流文化和精英文化也大多带有大众文化的影子。

电视主流文化往往是一个国家或地区的主导型文化，是为国家相关部门所倡导和支持的，它能够集中体现国家利益，同时对社会发展起到重要引领作用的文化形式。电视主流文化内容之多，不仅包括具

---

① 郑征予 . 电视文化传播导论 [M]. 上海：复旦大学出版社，2003：3-49.

② 王长潇 . 当代中国电视文化传播论纲 [M]. 济南：山东人民出版社，2005：27.

有重要社会引领和导向作用的电视新闻类节目，还包括传播社会积极价值观的电视剧比如《亮剑》《和平年代》等，以及文艺类节目比如每年一度的春晚秋晚、《同一首歌》等。这类节目既能够较为准确地反映当代我国政治文化观念和经济社会的发展进步，同时也对维护我国的意识形态安全与和谐稳定发展具有积极的促进作用。

电视精英文化是指为知识阶层以及追求高雅文化的观众所提供的电视节目内容和文化形式，这类电视文化往往以艺术、文学、美学、哲学为基础，追求和维护纯粹的精神价值、忧患意识以及人文精神。例如纪录片《我在故宫修文物》《西南联大》；以四大名著为题材的电视剧以及文化类栏目《中国诗词大会》《国家宝藏》《经典咏流传》等。

而电视大众文化则诞生于市场经济的襁褓之中，能够最大限度地反映普罗大众的寻常生活，以休闲、娱乐、轻松的调性体现一般大众的审美和品位，具有大众性、商业性和通俗性的特质。[①] 现阶段，在我国当代所有电视文化中，大众文化所占的比重最大，影响也最为广泛。从整体上来看，电视大众文化的内容十分丰富，形态更是多种多样，几乎每种电视节目中都能看到大众文化的元素，集中体现在《琅琊榜》《甄嬛传》《欢乐颂》等通俗电视剧中，以及《爸爸去哪儿》《快乐大本营》等综艺娱乐节目中。

二、电视产业化的探索与发展

如前文所述，中国的电视台最初大都是由各级政府预算拨款、受同级党委宣传部领导的完全的事业单位，是党和政府的舆论喉舌。改革开放之后，随着计划经济向市场经济体制的转变，中国电视业开始

---

① 隋岩．多重复合的当代中国电视文化意识形态 [J]. 中国人民大学学报，2002（5）.

注重经济效益，逐步转向产业化发展。现如今，我国电视产业的改革尽管不如其他产业那么彻头彻尾，但改革的步伐始终没有停止。在我国长期电视产业化发展过程中，如何在市场经济利益与意识形态安全和公共文化服务三个方面寻求平衡点是始终面临的现实性难题。

从 1983 年全国广播电视会议确立的“四级办电视、四级混合覆盖”，到 2001 年中宣部联合国家广播电影电视总局和新闻出版总署颁布的《关于深化新闻出版广播影视业改革的若干意见》，再到 2004 年颁布实施的《关于促进广播影视产业发展的意见》中明确强调广播电视行业可以划分为公益性事业和经营性产业两大类别，在过去四十年的改革过程中，中国电视的产业化经历了艰难的探索。[①]

电视文化产业兴起于欧美，尤其是近 40 年来电视传媒的产业化和商业化趋势明显加速，一些国家和地区原本实行单一国营或公营的电视发展模式逐步引入了商业电视，另一些原本国营或公营的电视台在引进商业电视后出现了私有化倾向。[②]与产业化相伴随的是，电视传媒企业并购加剧，日益呈现出集中垄断的趋势，在欧美地区出现了一批巨型的以电视业为主体的传媒集团。在世界电视传媒市场上，为数不多的几大巨型传媒集团占据着世界电视市场的主要份额。因此，集团化成为国外电视产业除商业化之外的另一个重要特点。

任何产业的发展既需要遵循行业固有的普遍规律，又需要尊重个体的特殊差异。和西方国家相比，我国国情十分特殊，电视产业的发展显然不能削足适履照搬国外模式，而是需要摸索适合自身的有中国特色的社会主义道路。

美国著名经济学家、诺贝尔经济学奖获得者（1982 年）乔治·斯蒂格勒在其《通向寡占和垄断之路——兼并》一文的开篇中指出：

---

① 刘婷．中国电视文化身份的新世纪转向 [D]. 吉林大学博士论文，2015.

② 唐月民．电视传媒的类型及其商业化趋向 [J]. 重庆社会科学，2009（10）.

“一个企业通过兼并其竞争对手的途径成为巨型企业是现代经济史上一个突出现象，没有一个美国大公司不是通过某种程度、某种方式的兼并而成长起来的，几乎没有一家大公司主要是靠内部扩张起来的。”[①] 事实上，传媒业的发展也符合这种规律，当今占据世界电视产业前茅的电视传媒组织正是通过不断兼并之路才成为大型传媒集团的，并左右着世界电视传媒市场的格局。

此外，为提高经营效率，现有的电视传媒集团大都采取了多元化经营策略，这也成为传媒集团高速成长的重要动力之一。电视传媒集团开展多元化经营，实际上就是围绕其主业，从最开始的内容生产到传播平台，再到受众反馈以及最终的后续产品研发形成一条环环相扣的纵向链条，各个经营模块之间相互衔接，相互影响，最终使得传媒集团核心竞争力不断提升。[②] 这些都为中国电视传媒集团的进一步合纵连横的整合提供了很好的理论与现实支撑。

三、中国电视的终极追求

即便在万众皆媒、万物皆媒的移动互联时代，电视仍然由于具有举足轻重的传播力量，而成为主流文化、大众文化和精英文化争相占领的重要领域。三种文化在电视媒体中交融互通的背后隐匿着的是各种权力博弈、知识转化以及资本流动。但是在现如今的电视文化生态领域，口碑与收视兼具的主流文化节目凤毛麟角，纯粹的精英文化节目也屈指可数，唯有大众文化节目遍地开花，这种文化倾向也与中国电视的产业化发展密不可分。在电视传播领域，这三种文化背后的复杂关系十分微妙，相互分立、相互影响而又相互渗透。

---

① 陈爱贞，等．企业技术创新模式选择：自主学习还是合作 [J]. 东南学术，2018（1）.

② 彭吉象．数字技术时代的中国电视 [M]. 北京：北京大学出版社，2008：34.

主流文化承担着对国家意识形态进行传播、对社会进行教化的重要责任，它是一种主导型文化，其政治倾向和舆论导向十分明显。2017 年 7 月，国家新闻出版广电总局下发了《关于把电视上星综合频道办成讲导向、有文化的传播平台的通知》，对卫视综合频道的标准、定位以及管理职责等七大方面进行了严格明晰的规范，引发了社会强烈反响，被称为“最强限娱令”。过度娱乐当然需要规范，然而，如果主流文化总是以一副居高临下、古板说教的姿态进行传播，那么人们在自由私密的状态下肯定不愿意去收看接受。大多数受众都是在忙碌了一天以后，希望坐在电视机前放松和休闲一下，而不是为了接受思想政治教育，教条式的话语方式只会让人们敬而远之。所以，平易近人的姿态是主流文化传播的重要原则。主流文化可通过相对轻松甚至娱乐的方式，委婉含蓄地表达自己的意图，尽可能地寓教于乐。

从价值取向上来看，精英文化通常对人类普遍恒常的价值与意义进行追寻。南京大学周宪教授认为：“在审美趣味上，精英文化是优秀规范和标准的当然继承者，它所关注的是审美的永恒价值，讲求伦理的严肃性。”① 知识分子的文化形态和价值取向主要表现为精英文化。在中国当代社会中，知识分子的精英文化占据十分重要的地位，他们在不断创造出新知识、新方法以及新理念。但是对于广大普通民众来说，精英文化很多时候有些晦涩难懂甚至是沉重压抑的，其文化形态和表现形式也不太符合一般受众的审美需求。所以，要想谋求更好的生存和发展，精英文化必须要对电视传播的特性进行适应甚至于迁就，通过一些比较通俗的传播形式对高雅的艺术和文化进行展示。贵州卫视口碑颇佳的《论道》栏目，其话题对于电视而言显得过于深刻，邀请的嘉宾也大都是国内外非常知名的政商人士。但是栏目组尝

---

① 周宪. 思想的碎片 [M]. 济南：山东友谊出版社，2002：90.

试着加入了一些与普通观众互动交流的环节，既增强了对话感，又降低了表达的深度与姿态，取得了较好的传播效果。如此，不需要在政治上和商业上冒险，只需要适度的妥协和调整，电视文化就能更好地适应产业化发展，何乐而不为？

经过近 40 年的艰难探索，我国电视文化产业化取得了一定的成绩，节目制作、传播和交易体系已经初步形成，但是和发达国家相比，其规模还比较小，发展水平也不高，制度系统上也远远没有成熟。由于诸多复杂的原因，目前大多数电视台仍然是以自制自播节目为主，除了一些市场化程度较高的电视剧和广告节目之外，也有部分综艺娱乐节目在尝试不同的运营方式。实事求是地讲，当下的电视剧市场泡沫化十分严重，虽然曾经有大量热钱涌入，而 2018 年由于政策等外部环境的急剧变化，又导致影视制作机构大量消沉甚至倒闭。同时，由于制作机构和播出机构地位不平等问题的长期存在，使得他们在产业链中也一直处于相对弱势和低端位置，最终也影响了中国电视的整体品质。

中国的电视文化产业，显然既不是天使，也不是魔鬼，而是利弊兼具的复杂混合体，我们要做的无非就是明确思路、扬长避短。文化是体，产业为用。缺乏文化的产业等于丧失了灵魂，而没有产业的文化无异于肌体萎缩。中国电视的终极追求，是希望将文化与产业完美融合起来，以达到互利共生、相互促进的双赢效果。在新时代的媒介环境下，中国电视要充分借助媒介融合、制播分离等政策和技术优势，通过转变经营模式，把中国传统文化中丰富的文化资源制作成具有影响力和传播力的电视文化产品，进而形成自身的电视文化产业竞争优势，提高电视文化产业的整体发展水平，承担中华文化“走出去”的时代重任。当然，在这一过程中，我们还有很长一段路要走，而基本的前提就是清晰掌握中国电视文化产业现有的各种经营模式，做到目标明确、思路清晰、有的放矢。

第三章

责任的缺席与失语：中国电视媒体责任的全面体检

中国的电视媒体，肩负着多元的责任与使命：既需要弘扬主流价值观，维护社会的公平正义，营造良好的社会风气，促进社会的和谐发展；也需要传承我国优秀的历史文化传统，传播先进的当代文化样式，传递世界范围内优秀的文化成果，促进文化创新，塑造良好的国家形象；还需要成为经济社会的强力推手，拉动企业经济，促进社会消费，等等，可谓责任重大而艰巨。

然而，今天的中国电视媒体普遍压力山大、步履蹒跚，很大程度上已经被商业化所浸染和绑架，责任意识较为模糊或淡漠，存在着很大程度上的责任缺失和失语现象。当下的中国电视媒体责任的履行情况究竟如何，尚存在着哪些问题，需要我们对其“进行一次认真而全面的‘体检’，力求真实地了解我国的电视媒体生态，以期发现‘病灶’，引起‘疗救者’的注意，而不是简单的成就展示甚至于歌功颂德”，虽然我们也取得了毋庸置疑的巨大成就。

第一节　电视官方责任管理的缺位

一、中国电视的媒体责任不明确

目前，电视媒体在全球范围内主要存在三种运行体制：以美国为代表的私有制为主体的完全商业化运作体制，以西欧各国为代表的公私并举的双轨制运作体制和以中国为代表的完全国有的有限商业运作体制。[①]1997 年 9 月起实施的《广播电视管理条例》规定，中国电视媒体的所有权完全属于国有，“其他任何单位和个人不得设立广播电台、电视台”[②]。

中国电视媒体的身份是多元而复杂的，兼具政治、社会和商业三重属性。作为党和政府意识形态与舆论宣传的重要阵地，它需要传达党和国家的理论、方针和政策；作为服务大众的社会公器，它需要满足广大人民群众对信息和娱乐等方面的需求；作为具备一定商业属性的经济实体，它需要在市场的竞争中生存与发展。这种多元身份表面上“看起来很美”，但在实际的运作过程中，常常会面临各种窘境与矛盾。比如一些弘扬主旋律、“正能量”的作品，虽然获得了领导和专家们的高度认可，甚至在各大电视节上摘金夺银，但是却在收视市场上遭遇滑铁卢，始终难有理想的收视率，这种“叫好不叫座”的现象并非少见。从理论上来讲，社会效益与经济效益是统一的，但在实际运作中二者又经常出现冲突。况且，社会效益又是个相当模糊的概念，没有具体的衡量指标。今天的中国电视，就生存在这种多方利益的复杂纠葛之中，身份不清，责权不明。

《中华人民共和国宪法》（2018 年修正案）第二十二条规定：“国家发展为人民服务、为社会主义服务的文学艺术事业、新闻广播电视事业、出版发行事业、图书馆博物馆文化馆和其他文化事业。”这里显然是把电视作为“文化事业”进行认定的，但并没有对电视应当承担的媒体责任进行明确的定位。作为国家的根本大法，宪法不可能面面俱到，这应该可以理解。《广播电视管理条例》明确了“加强广播

---

① 李良荣 . 新闻学概论 [M]. 上海：复旦大学出版社，2001：165.

② 参见《广播电视管理条例》第十条。该条例是目前中国广播电视管理的最高规章制度，经 1997 年 8 月 1 日国务院第 61 次常务会议通过，以国务院令的形式发布，自 1997 年 9 月 1 日起实施，2013 年和 2017 年进行了两次修订。

电视管理，发展广播电视事业”“广播电视事业应当坚持为人民服务、为社会主义服务的方向，坚持正确的舆论导向”。很显然，该条例是完全依据《宪法》来制定的，在目前中国尚没有《新闻法》和《广播电视法》的情况下，作为广播电视管理的最高规章制度，其中也并没有对电视的媒体职责进行明确的表达，这就难免为后续的管理带来执行上的被动。

那么，中国电视到底需不需要承担媒体责任呢？答案显然是肯定的。接踵而至的问题是，各级电视媒体应该承担什么责任，如何承担，责任缺失的后果和风险是什么？然而，目前官方、业界和学界均尚未给出一个具体而明确的答案，一切都是依照党的宣传政策和电视行政部门的行政规章甚至是管理惯例来执行的，缺乏制度性的规范，从而必然给现实的管理带来合法性与合理性的双重质疑。

就电视而言，媒体责任缺乏的案例比比皆是。对此，批判的矛头大多指向电视媒体本身社会责任感的缺失。其实，“媒体责任感的缺失只是这一问题的直接诱因，其根本症结则在于事业性质、企业化管理的电视传媒体制。……不应当过高寄望于媒体本身的道德感和责任感，更不能完全寄望于电视从业者个体的专业精神”①。

当然，也有很多学者研究认为，国内外大多数电视媒体的社会责任，都是以一种行业自觉自律的形式来实现的。西奥多·彼得森在《传媒社会责任理论》中认为，出版商们往往不自觉地会提到“媒体的公共责任”，这是媒体的社会责任理论与传统自由主义理论的根本不同，但是具体如何承担社会责任，他也语焉不详。从某种程度上来说，媒体责任是一种属于道德伦理层面上的责任。西方新闻界最主要的道德自律组织是各类新闻纪律委员会和新闻政策委员会，而在我

① 张春华．传媒体制、媒体社会责任与公共利益——基于美国广播电视体制变迁的反思[J]．国际新闻界，2011（3）．

国，有着类似作用的是中华全国新闻工作者协会（中国记协）和各省（市）记协组织。

二、电视媒体的管理体系不健全

电视媒体责任担负的主体自然应该是各级各类电视机构。在我国，从电视媒体组织层次上来看，电视媒体社会责任的主体可以划分为宏观的电视媒体业、中观的电视媒体机构和微观的电视媒体人三个层次。他们对电视媒体责任的履行情况如何，由各级广电局和党委宣传部门进行评制，而最终裁判权属于国家广电总局和中宣部。国务院广播电视行政部门（即国家广播电视总局）负责全国的广播电视管理工作，但是这种管理可能仅限于垂直的业务管理和指导。全国各级广电局和电视台的核心领导层由同级政府和党委宣传部任命，并对其负责，经济则归属于同级财政管理。这种管理现状的一个必然后果就是，国家广电总局的管理缺乏力度和效度，地方广电局和电视台往往贯彻不彻底、执行不到位，而国家广电总局对此并没有特别刚性有效的制裁措施。

21 世纪以来，电视节目的泛娱乐化和低俗化现象，不仅污染了社会风气，限制了公众多元的文化需求，也在一定程度上影响到主流意识形态的传播，这大致可以归结为各级电视媒体片面追求经济效益、把媒体责任置之脑后的一个集中体现。国家广电总局为了治理电视荧屏的低俗化，可谓煞费苦心，频频出台各种禁令和规制。不可否认，这些措施在短时间内也的确取得了一定的效果，受到社会舆论的较高评价。但同时，也暴露出管理上的诸多问题。大部分情况下都是电视媒体出现了问题后，管理部门才紧急通知整改，而大多数临时出台的规章制度之间又是零散孤立的，不仅缺乏互补性和相互制约，更缺乏规范性和预见力，甚至是相互矛盾和掣肘的。这些规章制度即便偶尔能够亡羊补牢，但实际上治标不治本。电视媒体监管治理的法律法规体系的不系统、不完善，是造成这类媒体责任缺失现象层出不穷无法根治的深层原因。主要表现为某些政策缺乏合法性与合理性、某些政策缺乏明确性与严肃性以及某些政策缺乏连续性与标准性等几个方面，此处不做过多展开。

根据国家广电总局政府网站和一些公信力较高的新闻网站及相关报道，课题组整理了 2011-2018 年国家广电总局关于电视媒体的主要禁令规范，详见下表（表 3-1）。虽未必齐全，但也大致可窥豹一斑。还有部分“规定”，虽然在网络上或业界内广为流传，但由于无法找到官方正式文件或通知，故不列入。

表 3-1：2011-2018 年国家广电总局关于电视媒体的主要禁令规范

时间	具体规定
2011 年 5 月	由于建党 90 周年大庆将至，国家广电总局下文要求各电视台在 5 月中旬至 7 月停播原定的谍战剧、穿越剧、涉案剧以及苦情剧，改播红色电视剧。
2011 年 7 月	国家广电总局下发关于严禁通过互联网经机顶盒向电视机终端提供视听节目服务的通知。要求各持证网站严禁从事相关业务，不得以内容提供商的身份与非法开展互联网电视业务的公司开展合作。
2011 年 10 月	国家广电总局正式下发了《关于进一步加强电视上星综合频道节目管理的意见》，被称为“限娱令”。
2011 年 10 月 12 日	国家广电总局发通知要求，影视剧片头片尾禁止插播广告，中间插播广告需限制时长。时政新闻类节目禁止使用企业或商品冠名，新闻主持人不得代言商业广告。
2012 年 7 月 19 日	国家广电总局通报，总局办公厅 13 日下发通知，要求停止播出“祛毒复肝组合”等 33 条资讯服务和电视购物短片广告。
2012 年 8 月	国家广电总局日前对于电视剧创作提出六项要求，其中包括革命历史题材要敌我分明；不能无限制放大家庭矛盾；古装历史剧不能捏造、戏说历史；商战剧需要注意价值导向；翻拍克隆境外剧不能播出；不提倡网络小说改编，网游不能改拍。
2013 年 6 月	国家广电总局出台《卫视综合频道电视剧播出调控管理办法》，对电视剧播出总量、范围、题材、时机、时段等做出限定。

续表

时间	具体规定
2013 年 10 月	国家广电总局向各大卫视发送了文件指示，对 2014 年节目编排提出新要求，核心思想包括：优化节目结构，丰富节目类型；鼓励自主创新，加强引进管理；抵制过度娱乐，防止雷同浪费。
2014 年 4 月	国家广电总局发布“限播令”：自 2015 年 1 月 1 日开始，同一部电视剧每晚黄金时段联播的卫视综合频道不得超过两家，同一部电视剧在卫视综合频道每晚黄金时段播出不得超过两集。（一剧两星）
2014 年 6 月	国家广电总局要求关闭互联网电视第三方视频内容渠道；7 月，国家广电总局下达了一项“盒子最严整改令”，不仅要求境外引进的影视剧、微电影必须在一周内下线，要求所有互联网电视盒子必须停止提供电视节目时移和回看功能；更表示未经批准的终端产品不允许被推向市场。
2014 年 8 月	国家广电总局再次对卫视黄金档播出剧目做出调整，要求各家卫视于 9 月到 10 月底之间，必须播爱国主义题材和反法西斯题材剧目。
2014 年 9 月 29 日	国家广电总局正式下发通知，要求对劣迹艺人的影视作品进行播出限制。其中，明确要求“不得邀请有吸毒、嫖娼等违法犯罪行为者参与制作广播电视节目；不得制作、播出以炒作演艺人员、名人明星等的违法犯罪行为为看点、噱头的广播电视节目等”。
2015 年 6 月 18 日	国家广电总局发出开展广播电视职业资格管理专项检查工作的通知，6 月 23 日国家广电总局针对主持人无证上岗、未按规定注册等违规现象，个别主持人和嘉宾言行失当，造成不良社会影响的现象，发出《国家新闻出版广电总局关于进一步加强广播电视主持人和嘉宾使用管理的通知》。该通知如下：严格执行主持人上岗管理规定；加强主持人职务行为信息管理；认真落实播前审查和重播重审制度；加强主持人和嘉宾教育培训；明确责任主体，确保落实到位；做好主持人资质清查和主持人、嘉宾管理制度建设工作。
2015 年 7 月 22 日	国家广电总局针对没意义、缺少价值引领、传播错误价值观或流于低俗的真人秀节目泛滥现象，发出《关于加强真人秀节目管理的通知》，被网友传为“限娱令”，该通知要求真人秀节目应该主动融入社会主义核心价值观，发挥好真人秀节目的价值引领作用；贴近火热现实生活，挖掘展示思想文化内涵和社会意义。
2016 年 3 月 2 日	《电视剧内容制作通则》规定：电视剧制作机构应积极制作通则中倡导的内容，不得制作通则中禁止的内容。通则第五条规定明确规定了电视剧中不能出现的具体内容，如“宣扬灵魂附体、轮回转世、巫术作法等封建迷信思想”“暴露侦查手段、侦破细节，可诱导罪犯掌握反侦查手段”“表现离奇、怪诞的犯罪案件”等内容。

续表

时间	具体规定
8 月 26 日	国家广电总局党组发布的关于巡视整改情况通报指出，坚决遏制“天价”片酬和明星炫富问题，其中要求指导行业协会联合大型影视公司抓紧制定抵制“天价”片酬的行业自律公约；指导相关行业协会就“注重影视作品思想价值和审美导向，优化影视制作成本结构”制定倡议书，加强对市场的引导。完善备案立项环节审核要求，及时制止片方盲目炒作明星、粉丝、网红的行为。
2017 年 6 月 30 日	《网络视听节目内容审核通则》明确了先审后播和审核到位的制度，审核要素包括政治导向、价值导向和审美导向，情节、画面、台词、歌曲、音效、人物、字幕等。并且该通则公布了 8 条完全要禁止的内容，以及 10 条必须裁剪、删除的内容。
2018 年 1 月 6 日	国家广电总局提出广播电视邀请嘉宾要坚持“四不用”的标准，即对党离心离德、品质不高尚的演员坚决不用，低俗、媚俗、恶俗的节目演员坚决不用，思想境界、格调不高的演员坚决不用，有污点、有绯闻、有道德问题的演员坚决不用。另外，国家广电总局明确要求，纹身艺人、嘻哈文化、亚文化（非主流文化）和丧文化（颓废文化）坚决不用。
6 月	国家广电总局发出《关于大力推动广播电视节目自主创新工作的通知》，就加强自主创新、引进模式管理、920 时段编排、总局扶持政策等做了进一步明确规定，这标志着国家广电总局将大力扶持原创节目模式，叫停“天价”引进版权行为。这堪称历届国家广电总局限制令中最细致最明确的一版。

三、电视文化安全系统的不完善

早在 2007 年之前，笔者就曾撰文呼吁：“国家应把电视文化安全提升到国家安全的战略高度来认识和对待，通过立法等形式完善各项管理规章制度。同时，电视文化安全预警机制应当尽早制定和尽快出台，以使电视媒体的从业者和管理者都有着明确的行为准则，既便于进行事前的预警，也能保持事后处置标准的一致性和连续性。”① 然而时至今日，情况似乎并未得到根本改变。

① 孔令顺．国家电视文化安全的两个向度 [J]．现代传播，2007（12）．

其实早在十几年前，中国刚刚加入世贸组织时，就有学者忧心地指出：少数电视机构的决策者或出于自我生存的需求，或受自身利益的驱使，难免抵挡不住国外电视媒体糖衣炮弹的攻击，从而冠冕堂皇地打着“丰富当地人民群众的生活”“增加当地的财政收入”或“缓解当地的财政压力”的旗号，悄然进行国家有关方面三令五申并不允许进行的合作。[①]遗憾的是，一些地方部门非但未能预见这类“合作”对我国电视文化安全存有的隐患与侵蚀，未能及时弥补自己把守的阵地上的缺口，反而对其进行大力保护和支持。这说明，目前我国电视文化安全的防护系统还相当不完善。不管是国内电视文化安全还是国际电视文化安全，普遍缺乏系统的制度保障，只能满足于日常的头疼医头、脚疼医脚的应急处理，无法进行有效的预警或从根本上进行解决。

我们不能否认国家广电总局付出的种种努力和取得的一些成效，但是形势显然并不太乐观，原因诚然是复杂的：一是电视媒体的日新月异，带来许多新鲜的、无法预知的现象和问题；二是由于国家广电总局只能进行全国各级广电局和电视台的业务管理，无法进行人事和财政的制约和调配，导致了很多时候的令行不禁止；但是更主要的原因还是源于国家电视文化安全防护系统的不完善。不完善的后果就是国家广电总局整天忙于充当“消防队”，陷于大量被动的细枝末节的事后处理甚至是事故处理。因此，国家的有关部门应尽早建立专门机构加强调研，设立系列有效参数和指标，以便迅速捕捉危机和先兆，发出有效预警，防患于未然。

---

① 张志君.尽快建构国家电视文化安全预警系统[J].中国记者，2002（4）.

第二节 电视业界责任意识的迷失

从媒体责任论的角度来看，电视的媒体责任是为公众提供一个满足知情权和表达权的平台，提供尽可能及时准确、客观平衡的报道和健康多元的娱乐休闲，同时培养一种和谐的社会价值观。诚然，中国电视为此付出了巨大努力，也取得了辉煌成就，在电视节目的数量、质量和主流价值与情感表达等方面均有了新的突破。然而必须承认，在电视传媒行业整体向好向上发展的同时，也有一些“不和谐”的现象存在，如节目中价值导向的失偏、审美格调的低下、创意创作的跟风等，这些问题背后的根源集中指向了媒体责任的缺失，需要引起我们的充分警醒。是故，本节少谈成就，多谈问题。

一、电视业界人文精神的缺失

“人文精神是以人为本，尊重人、理解人、关心人，将人作为考虑一切事物的中心的价值取向。”[①] 然而，人类对科学技术的追逐一定程度上削弱了对人文精神的关怀，以至于“物质丰裕，精神家园荒凉”，因此，倡导人文精神的呼声逐渐开始在西方社会流行开来。人文关怀是人文精神的必然要求，正如复旦大学俞吾金教授所言：“人文关怀是对人的生存状况的关注、对人的尊严与符合人性的生活条件的肯定和对人类的解放与自由的追求。”[②] 可以说，对人的关注和对人的尊重是人文关怀最为核心的两个层面。

综观今天的中国电视，一个重要的问题就是人文精神和人文关怀的缺失。这主要表现在两个方面，即人文精神的缺位和人文关怀的

---

① 曹永清．军事深度报道的人文透视 [J]. 军事记者，2003（8）．

② 俞吾金．人文关怀：马克思哲学的另一个维度 [J]. 新华文摘，2001（5）．

错位。

1. 人文精神的缺位

所谓人文精神的缺位，简单来说，就是指电视媒体缺乏应该具有的人文精神。这可能是当前电视节目中一个较为普遍的现象，集中反映在以下几个领域。

（1）新闻类节目

在新闻报道中彰显人文精神与人文关怀，是对“以人为本”理念的充分运用与基本体现。电视新闻的人文精神应该体现在关注普通老百姓的生活状态，满足群众精神文化需求，维护群众人格尊严等方面。[①] 虽然近几年电视新闻报道中的人文精神逐渐被重视起来，至少是被比较响亮地提出来，但由于多种原因，目前电视新闻报道中仍存在不同形式的人文精神的缺位现象。

第一，弱势群体。

电视媒体人文精神的缺位，首先表现为对弱势群体报道的缺乏。根据联合国发展普查报告，弱势群体是指“没有权利和权威的人，没有权利和权威而不能构成自己的代理人的人”[②]。学术界一般将其区分为生理性弱势群体和社会性弱势群体两大类。生理性弱势群体有着明显的生理上的弱势或缺陷，比如年龄、疾病等，主要包括残疾人、老年人、儿童等。社会性弱势群体主要是由社会原因造成的，如下岗失业、天灾人祸、战争瘟疫等。实事求是地讲，这一部分人通常是社会中最需要借助电视等大众媒体获得社会认识、理解、支持和关怀的群体。但由于受限于经济、文化、社会等方面的资本，他们往往没有表达自己利益诉求的渠道，也很难发出自己真实的声音。电视媒体作为大众媒介中最为普及和影响范围最为广泛的主流媒介之一，应当担负

① 李建勇 . 广播电视新闻报道中的人文关怀 [J]. 新闻世界，2013（7）.

② 霍米巴巴 . 弱势化：一种新的全球化 [J]. 社会科学报，2002（8）.

起为不同群体特别是弱势群体发声的重任。

目前，我国电视媒体对弱势群体的报道还存在两个方面的不良倾向。其一是漠视：电视媒体作为一个自负盈亏的产业机构，需要面对市场的压力，追求经济效益的最大化，而弱势群体因为缺乏购买力和经济回报等原因就很容易被电视媒体所忽视。其二为偏见：即使是对社会弱势群体的报道，往往也是集中在讨薪、吸毒、暴力等题材上。比如在荧屏上对农民工、失足女的报道等似乎并不罕见，但大多都是戴着有色眼镜的观察和居高临下的审视。长期的议程设置，必然造成人们对这个群体形成贫穷、落后、粗俗、野蛮等刻板印象，从而加剧了他们的被边缘化。

第二，灾难报道。

灾难报道，顾名思义就是对“给人类带来灾难的事件的报道”[①]。因灾难事件具有突发性、显著性、异常性、接近性、重要性、人情味等新闻价值而备受人们关注，灾难报道也因此成为新闻媒体聚焦的高光点。需要注意的是，在这类本该彰显人文精神的报道当中，却不乏各种非同小可的隐忧与问题。

引发“二次伤害”。灾难报道中如果报道不当，极易引发对幸存者和家属的“二次伤害”。比如过度的灾难展示，简单地满足信息传递，单纯地展示灾难苦痛，或者刻意强调灾难的恐怖与血腥等。这种极端的镜头和场景，很容易唤起幸存者及其亲属的痛苦记忆，增加受众的紧张、忧郁和不安情绪。比如在 2008 年汶川地震的相关报道中，不少电视媒体直接展示了不经任何处理的遇难者遗体照片。记者采访时的“二次伤害”也屡见不鲜。比如在遇难者家属极度悲伤的情况下强行采访；拦住刚从废墟里救出来的幸存者，不顾其生命危险，对其

① 程曼丽 . 新闻传播学辞典 [M]. 新华出版社，2013：174.

进行提问。2014 年 3 月 1 日，昆明火车站发生一起严重的暴力恐怖案，个别电视媒体不顾幸存者及受害者家属的悲痛，打着媒体的名义和满足观众需求的幌子，对其进行大肆报道，甚至要求被采访者复述案发过程和各种血腥细节。这种“掠夺式采访”是记者缺乏人文精神甚至是基本人情人性的表现。

“灾难美学”现象。“灾难美学”是指灾难事件发生后，媒体报道时采用文学性、煽情式、夸张化的报道方式，过于强调灾难过后人的情感和情绪，过度放大正面典型的价值和意义，从而弱化灾难事件的客观性和严肃性。比如媒体对于突发事件的现场报道，只是简单粗暴地展示受灾的惨状甚至遇难者的血腥，呈现电影大片式的“灾难美学”或者“暴力美学”，一味追求视觉上的刺激和逼真效果。在强烈地震发生后，电视媒体的报道中多次出现“雅安不哭，雅安挺住”“芦山不哭，中国坚强”等字样，这些空洞的抒情标题，对救灾本身并无太多实际的帮助，而且还会挤压有效信息的生存空间和传输渠道，干扰更有价值的信息的传递。

第三，新闻娱乐化。

在新闻娱乐化的时代语境下，电视的内容生产出现了一系列的“内爆”，出现了由 information 和 entertainment 两个单词合并而成的新概念 infortainment，即娱讯。[①] 复旦大学童兵教授在《新闻传播学大辞典》中将其解释为“媒介用娱乐的方式提供信息和制作新闻，昭示着信息与娱乐合流的新闻现象”[②]。学界称之为“新闻娱乐化”。将某些相对枯燥乏味的新闻用较为轻松娱乐的方式报道出来原本无可厚非，但近几年新闻娱乐化的趋势愈演愈烈，一定程度上导致了媒体

---

① 周宪 . 文化工业 / 公共领域 / 收视率——从阿多诺到布尔迪厄的媒体批判理论 [J]. 新闻与传播研究，1998（4）.

② 童兵 . 新闻传播学大辞典 [M]. 中国大百科全书出版社，2014：128-129.

公信力的下降，最终并不利于电视媒体的长期发展。娱乐化趋势不仅表现在对硬新闻的软化上，还突出表现在过分关注明星名人的八卦丑闻、犯罪、暴力、体育花边等，对民生、医疗、教育等与普通民众生存密切相关内容的关注明显下降，更别提人文精神了。

（2）娱乐类节目

这是一个娱乐化的时代，在充斥荧屏的各类选秀、竞技、歌舞、晚会上都不乏一些明星的身影。在一般人心目中，自带闪亮光环的各类影视、体育明星们平时只能是仰望的对象。但是，在许多竞技类娱乐节目中，他们却常常以游戏“失败者”的身份被捉弄，甚至以吃虫子、泼冷水等惩罚手段来娱乐观众，以此满足观众日常心底深处的一种“不平衡”心理。至于明星们的私生活被报道、隐私被揭露，更是家常便饭。岂不知，明星也是人，他们首先是一个个需要被尊重的个体，而不是一群供大家任意消费的玩偶。

为了赢得观众眼球，个别娱乐节目甚至不惜以丑为美，格调比较低下。2015 年 6 月 27 日，贾玲在东方卫视《欢乐喜剧人》节目中将中国古代巾帼英雄花木兰恶搞成贪吃、不孝、胸无大志、贪生怕死的傻大妞形象。节目播出后，引起社会各界的广泛关注和强烈不满。中国木兰文化研究中心刊发公开信，要求栏目组及主创人员向社会公开道歉。7 月 18 日，贾玲致歉，《欢乐喜剧人》同时宣布停播一周进行整改。艺术创作中可以有“丑”，但应该是美学意义上的“丑”，是为了通过反差来映衬、歌颂真善美，实现“执艺以谏”“随戏寓讽”的文艺功能。然而，当下的许多综艺娱乐节目往往是打着所谓“真实”的旗号，无底线地展示甚至是夸张地展现生活的阴暗面；以“有趣”的名义，迎合部分受众无聊低级的“恶趣味”，不断刷新审美和伦理底线。这些节目以丑为美，以俗为趣，最终将节目沦为真正的丑。

娱乐固然无可厚非，但过度娱乐化产生的危害却不容小觑。长江学者胡智锋教授撰文指出："过度娱乐化所带来的价值缺失和导向失偏，会影响社会核心价值观主导地位的确立以及正能量社会风气的形成；以丑为美、格调低下，给受众审美品格带来极大的负面影响，尤其是给未成年受众的审美及三观养成带来难以逆转的影响；创新乏力、盲目跟风，会影响电视媒体自身的可持续发展，会破坏整个传媒生态的秩序及平衡。"[①]

（3）电视剧

电视剧是亿万中国普通民众的娱乐正餐。"在时代浪潮席卷之下，文化工业产品都表现出标准化、齐一化、程式化，大众传媒文化产品电视剧也不例外。"[②] 在当下，电视剧的生产销售越来越类似于其他工业产品，以追求经济效益的最大化为目的，主动迎合商品化的消费趣味，往往难以兼顾和平衡社会效益，最终导致人文精神的缺失。

大约从 20 世纪 90 年代中期开始，近 20 多年来持续大热的以清朝为历史背景的电视剧，或多或少都存在着夸张虚构甚至于任意篡改的成分。康熙、雍正、乾隆，和珅、刘墉、纪晓岚，甄嬛、如懿、还珠格格，一个个鲜活的面孔向我们走来，以至于有"四爷很忙"的调侃，夸张虚构的故事内容让普通受众根本无法区分哪是正史哪是戏说。这也充分说明为什么阎崇年在《百家讲坛》的《正说清十二帝》深受观众喜爱了，因为人们深受清宫戏的困扰，太希望了解真正的清史了。若往前追溯，电视剧《穿越时空的爱恋》可能是我国第一部真正意义上的穿越剧。明朝的两位皇帝朱允炆和朱棣同时爱上了从现代社会穿越过去的女子，他们甚至情深义重到愿意放弃江山社稷而跟随女子穿越到现代。情节看似能够自圆其说，实则是天马行空的异想天

---

① 胡智锋，郝婀贞．电视节目过度娱乐化问题辨析 [J]. 当代电视，2018（1）.

② 霍克海默，阿多诺．启蒙辩证法：哲学的断片 [M]. 渠敬东，等译．上海人民出版社，2006：33.

开。[①]这些对历史人物和历史事件随意篡改的做法，以增强电视剧的戏剧冲突、吸引观众的眼球为目的，会严重误导观众尤其是知识水平较低的观众，甚至形成错误的民族观和历史观。

还有些现实题材的电视剧以反映社会问题、家庭问题为主，以“裸婚”“啃老”“蜗居”等元素为看点，引起许多普通观众的共鸣。热播电视剧《家产》就是这样一部直面生活现实，反映普通大众悲欢离合的家庭伦理剧。剧中上演了三个亲兄弟之间为争夺家产钩心斗角、反目为仇的闹剧，虽然在一定程度上反映了社会生活以及普通人的价值变迁，但也过度渲染了亲人之间的矛盾纠葛，过分挖掘人性之恶，使电视剧丧失了最起码的人伦关怀。正因如此，有观众感觉看完电视剧后“对家庭失望了，对亲情失望了”。我们相信这应该不是电视剧创作者的初衷，但却是传播的部分效果。优秀的、负责任的电视剧作品，应该更多地发掘人性的光辉，体现人文的关怀。

2. 人文关怀的错位

与人文精神的明显缺位相比，人文关怀的错位显得更为隐蔽，也因此更具危害性。这需要引起电视从业者和电视受众的双向警惕。

首先，人文关怀的泛化。

从理论上来讲，世界上的每一个个体生命都是值得被尊重的。尤其是当电视镜头面对罪犯或者犯罪嫌疑人这一特殊群体时，更应当防止电视暴力和媒介审判的伤害。作为大众媒体，需要深入挖掘他们犯罪行为背后的逻辑，以此警示世人。但这并不意味着媒体就可以打着人文关怀的旗号，站到他们的角度和立场上，对其流露过多的同情和理解。善与恶，功与过，需要有一个基本的是非标准。对犯罪者倾注过多的人文“关怀”，很有可能就此模糊了善恶标准，给受众尤其是

① 何历兰 . 当今我国电视剧人文关怀提升研究 [D]. 华南理工大学，2015.

分辨力不强的青少年带来误导。在电视剧《黑冰》中，女警察鲁晓飞（蒋雯丽饰演）化名汪静雯卧底打入海州药业集团，与集团董事长郭小鹏（王志文饰演）亲密接触后“成功”发展为恋人关系，试图近距离查清集团制造走私毒品以及海州市多起凶杀案件的内幕。剧中的大毒枭郭小鹏博学多识、温文尔雅，温柔地孝敬老母亲，并不顾一切真诚地爱上了汪静雯，其风度气质打动了许多观众，这与相对“冷酷无情”利用其情感办案的警察群体形成了鲜明的对比，这种人物和情节设计就曾引起过不良的社会舆论反响。

其次，人文关怀的异化。

当然，我们也并不否认仍然大量存在心怀良知的电视人，通过节目在切实维护着人的尊严。这只要从《新闻调查》类栏目和山西繁峙矿难、孙志刚等案上就可见一斑，他们是这个社会的良心，也是这个社会的希望所在。

然而，部分电视从业者为了节目的精彩和动人，或为了体现所谓的人文精神而进行人文关怀，为此在节目中精心准备了各种道具，努力进行着煽情的表演，甚至不惜伤害当事人的感情。比如，在一些访谈类节目中，节目组调动各式声光效果，竭力放大当事人的悲伤情绪和悲惨遭遇，以求得现场参与者及观众的潸然泪下，甚至达成现场哭成一片的戏剧效果。这种对“苦情”的苦心经营，在电视荧屏上一度非常流行，似乎这就使节目具有了深厚的人文内涵。人同此心，心同此理。要知道，往别人伤口上撒盐，然后再帮着一点点地擦拭，是一件多么残忍的事情。

国内的综艺娱乐节目尤其是选秀节目一度沦为“比惨大赛”，选手在比赛过程中往往会讲述自己背后的悲惨故事，而且一个比一个惨，似乎取得好成绩的关键不是技艺的发挥，而是看谁的故事最惨，谁赚取的眼泪最多，以此对评委和观众进行“道德绑架”。电视台为了制造噱头，吸引观众，会有意深挖选手背后的凄惨故事，甚至不惜夸大或编造故事情节。比如《中国好声音》的选手徐海星在舞台上一副乖乖学生的清纯造型，其动情演绎的《花木兰》主题曲《自己》也获得了四位导师的转身。徐海星自曝父亲在三个月前去世，此番来唱歌是为完成其遗愿，告慰远在天堂的父亲。这样一下子就把选秀唱歌升华到了生命梦想和孝道传承，以此赚足了观众的眼泪。有网友指出她之前参加《花儿朵朵》，也是含泪透漏“爷爷病重，奶奶病危”，重复打着苦情牌。其实，这种泛滥的苦情故事并不能体现节目的人文关怀，反而有为了博取同情、争夺收视率而造假的嫌疑。

二、电视媒体片面追求经济效益

改革开放以来，随着市场经济的推进，电视媒体遭受了来自市场越来越大的压力和挑战，在发展过程中也出现了受利益驱使淡化媒体责任的问题。中国电视要把社会效益放在第一位，同时尽量兼顾经济效益的平衡。如果必要的时候，甚至需要牺牲部分的经济效益来确保社会效益的实现。然而，在现实的操作过程中，很多电视台为了追求经济利益的最大化，往往有意无意地忽视社会效益。

1. 电视广告

从理论上来讲，电视机构的资金来源可以包括政府预算、基金资助、广告收入、产业经营和受众付费等，但在实际上，当前我国电视台的主要收入来源于广告。电视虚假广告以及过度植入广告的现象泛滥，是电视媒体片面追求经济效益的表现之一。

电视虚假广告主要有欺诈类、夸张类、假冒类以及误导类等几种形式。国家工商总局曾经公布了 2015 年涉嫌违反《广告法》的十大典型案例，其中，侯耀华代言的“十大传世名画”、李金斗代言的手串套组等电视广告榜上有名。“十大传世名画”广告由河北信超企业管理咨询公司制作，在多个电视媒体进行发布。案件当事人在电视广告中反复用“由国际收藏家协会监制”“国家限量发行”“免费发放”等信息欺骗消费者[①]，过度夸大该书画的收藏价值，并且利用知名艺人侯耀华为其进行虚假宣传。后经工商部门调查核实，所谓的“十大传世名画”只是浙江一家工艺品厂生产的印刷品而已，其电视广告涉嫌以虚假宣传误导消费者。类似的医疗类、保健类、美容类广告更是比比皆是，不胜枚举。

“植入式广告”（Product Placement）是指把产品或服务融入影视作品，通过相对隐形的方式对品牌进行传播，以达到营销目的的一种广告形式。植入式广告的兴起得益于电视、电影、游戏等产业的蓬勃发展，因其独特有效的宣传效果而受到广告主的青睐，在影视作品中植入广告已经成为一股热潮。适度的广告植入可以起到潜移默化的宣传促销效果，而近年来在电视媒体上出现的过度广告植入现象已经影响到了影视作品的质量，使观众由吐槽变为反感。在热播电视剧《欢乐颂》中，许多强行植入的广告总会让观众出戏。搜狗、保时捷、大众、依云矿泉水、百岁山、香飘飘、三只松鼠等品牌高密度出现，大到剧中演员开的车，小到演员吃的零食几乎都有广告植入。据统计，《欢乐颂》每集广告量高达 10 个以上，每隔三五分钟就会有一个品牌广告被植入。[②]其中，奶茶等广告作为背景几乎时刻在线，三只松鼠、汽车、矿泉水等广告作为道具大量出现。钟汉良手拿奶茶的海报出镜率极高，有人戏谑地吐槽“奶茶”才是电视剧真正的主角。部分品牌也生硬地出现在演员的台词中，还有一些产品或品牌基本和剧情无关，却让它们硬性出现在画面中，与剧情、背景毫不协调，很容易让人出戏，进而使人对电视剧的好感度大打折扣。综艺娱乐节目中的广

① 涉嫌违反《广告法》的十大典型案例 [J]. 电视指南，2015（10）.

② 范松 . 多模态隐喻的劝说功能及策略——以《欢乐颂》植入式广告为例 [J]. 南方电视学刊，2017（3）.

告植入同样无处不在，甚至被主持人挂在嘴边而喋喋不休。对于电视媒体来说，广告收入诚然很重要，但为了追求经济效益而忽视剧情或节目的整体效果的做法，只会能损害电视媒体在观众心目中的形象，这也是电视媒体对观众不够尊重和不负责任的表现。

2. 收视率

片面追求收视率也是电视媒体追逐经济效益、忽视媒体责任的一大表现。收视率是一个舶来品，起源于20世纪30年代的美国。1996年，央视—索福瑞公司在北京成立，AC尼尔森在上海建立了中国办事处，至此收视率引入中国已经有20多年历史。所谓收视率，是指在一个特定的时间段内，某个电视节目或频道的收看人数占电视观众总人数的比重，一般用百分比来表示。打个比方，假如一个收视市场共有1000名观众，其中有100人收看了《今日说法》，那么，在这个收视市场上《今日说法》的收视率就是10%。中国传媒大学刘燕南教授是研究收视率的专家，她认为："收视率调查是一项基于概率论和数理统计原理对受众收视行为进行的抽样调查，其调查模式和量化标准在全世界基本通用，技术上已经相对成熟。"[①] 收视率是电视媒体用来评估电视节目和衡量传播效果的重要标准，也是我国电视业进行产业化发展的一个标志。收视率数据原本仅为广告商的电视投放提供一定参考，但在现实操作中，由于没有更有效的衡量手段，收视率实际上已经成为多方评判电视节目优劣的基本甚至是唯一标准。近二十年来，我国电视媒体为了追求经济效益，争夺广告资源，唯收视率马首是瞻。这就直接导致了收视率造假行为屡禁不止。除了收视率造假外，各大电视台还争相推出一些内容低俗的节目来博人眼球、追逐高收视率，从而有意无意地忽略了媒体的社会责任。

---

① 刘燕南．再谈收视率造假：缘起、技术与监管[J]．现代传播，2012（10）．

收视率造假的手法一般有三种，分别是“污染样本户”“窃听和截留数据”和“直接篡改数据”①。由于第一种方法技术难度最小、投入最低而成为收视率造假的惯用手法。那么，何为“样本户”？怎样通过“污染”他们来提高收视率？简单来说，样本户就是收视率统计分析公司挑选一批电视用户作为调查收视率的样本，这些样本户或者需要定期填写调查问卷，或者在电视机上安装了收视记录仪，最后由收视率统计分析公司将数据分析整合为收视率。也就是说，大多数家庭的收视情况是被样本户代表的，因此所得到的数据显然并不是非常准确和严谨的。每个城市都会有一定数量的样本户（一般为 300 户，全国共 5 万多户）作为收视率数据的采集源头。具体的样本户是谁属于商业机密，理论上会对电视台严格保密。但一些电视台会想方设法找到样本户，对他们进行收买，让他们每天收看自己的频道，或者仅仅是锁定自己的频道保持开机状态而已，看与不看并不重要。虽然寻找样本户非常困难，但只要找到三五个，甚至是一个，都会对收视率有重大提升。2010 年 7 月，《人民日报》推出了“收视率造假，样本户污染”的系列报道，首次对个别卫视收买收视率样本户的行为进行披露，此次调查也揭开了收视率造假现象的冰山一角。调查称“只要操纵几个样本户，就能够使某地方卫视在该城市收视率翻倍增长”②。比如，如果让某当地卫视的收视率从 0.4% 暴涨至 1.0%，只需要让一两个样本户锁定该卫视节目就可以做到。

由此可见，收视率造假行为之所以屡禁不止，主要包括三个原因：一是难度不高，二是受益巨大，三是违法成本较低。在一个城市里面，只要费些气力，寻找到 300 个样本户中的一两户也许并不是特别困难的事情，更遑论通过其他途径获取样本户的信息。移动互联

---

① 谢培．电视收视率掀起万丈波澜 [J]. 人民文摘，2012（11）.

② 电视收视率发现造假行为 [N]. 人民日报，2010-7-1.

时代，智能手机、平板电脑等移动终端分流了大量的电视用户，电视的开机率和收视率一再下滑，大多数节目即使在卫视的黄金时段收视率也很难达到 1%，而收视率每提升即使 0.1 个百分点往往意味着能带来巨大的广告效益，这就使得一部分人难免在利益的驱使下铤而走险。另外，有关收视率的法律法规和监管机制尚不完善，导致违法违规的风险和成本很低，这就诱使某些电视台及相关利益者敢于造假。除了污染样本外，更为恶劣的是“窃听和截留数据”甚至“直接篡改数据”。收视率背后已经形成了一条电视台、制作公司、广告公司等共同参与、协同作战的庞大灰色产业链。

电视剧作为电视台播出内容的重要组成部分，收视率造假行为尤为猖獗。2016 年 12 月 9 日，由郑爽、马天宇主演的电视剧《美人私房菜》遭到浙江卫视紧急撤档。据悉，这部汇集了当红明星的电视剧因制作方没有购买收视数据，在浙江卫视的收视率仅为 0.117%，创下了浙江卫视的收视新低。这让浙江卫视这个一直排名前五位的优质播出平台一下子掉到了第 22 名，迫使浙江台不得不紧急换上新剧《北上广依然相信爱情》。这个事件在电视业界引起了轩然大波。收视对赌这种严重破坏电视行业秩序的恶性循环行为再次引发社会关注。所谓收视对赌，是指电视台为了争取广告资源、获取经济利益，在和电视剧制作方签订合同时将购片价格和收视率挂钩。电视台与制作方除了协定购买保底价外，通常还会明确收视率播出平台在全国电视台的排名位置。如果播出效果达到或超出之前约定的收视率或排名，电视台会以高于保底价的价格购买，但如果未达到，就会降低购买价格。“根据对赌协议，电视剧购剧价格随着收视排名走低而依次递减，如果跌出一定排名之外，某些卫视甚至可能撤片。所以，少数制作公司顶不住压力，只得选择进行数据作假。”① 购买收视率的造假行为之所以成为行业的潜规则而屡禁不止，主要还是电视剧播出方、制作方以及广告商一味追求经济效益所致。若不及时遏制，影响到的不仅是电视剧的质量、电视媒体的公信力，还有整个电视产业的健康发展。

2018 年 12 月 26 日，国家广电总局开通了“广播电视节目收视综合大数据系统”。初期即汇集了 4000 万有线电视和 IPTV 样本用户的收视数据，后期有望实现全样本覆盖。果真如此的话，将有希望能够彻底铲除“收视率造假”现象。这套系统不仅能提供收视统计数据，还可以此为基础，结合思想性、创新性、专业性等节目品质元素，对节目传播力、引导力、影响力、公信力等多维度建模分析，构建全方位的节目综合评价模型。② 这种系统分析，是自 20 世纪 90 年代收视率调查进入中国以来的一次翻天覆地的彻底变革。如果理想的话，不仅可以彻底遏制收视作假的现象，还将对制片方选题策划、项目规划、演员选择等创作制片的各个环节提供客观准确高效的数据指导。

三、公共领域的话语霸权

德国哲学家哈贝马斯认为，在国家活动和个人事务之间，还存在着广阔的公共领域，也叫作公共空间。在这个空间里，公民可以围绕共同关心的话题自由地表达自己的意见。久而久之，就形成了公众和公众舆论。“健康有序的公共领域，是现代社会的重要标志。”③ 在现代社会中，电视媒介由于能够形象快捷地反映表达公众舆论，就逐步从单纯的传播媒介嬗变为公众代言人和民意代表。

---

① 陈丹．收视率造假为何屡禁不止 [N]. 光明日报，2016-1-25.

② 刘阳．收视率造假，难了 [N]. 人民日报，2018-12-27.

③ 许剑．新闻媒体与我国当前公共领域的构建 [J]. 新闻大学，2003（1）.

通过传递和表达公众舆论，电视等大众媒体可以形成一股相对独立于行政、立法和司法之外的力量，在西方也称之为“第四权力”，可以在调节国家、社会和公民利益三者关系中起到重要作用。然而今天，作为公共领域的中国电视，却存在着程度不同的话语霸权。

1. 公众表达权的剥夺

理想的电视媒体生态，应该让社会各个阶层都能够平等地享有和行使话语权。然而实际上，普通民众是很难有机会走上电视荧屏的，尤其是社会中的一些弱势和边缘群体。由此观之，我们也许不难理解为什么近十几年来《超级女声》类娱乐选秀、《南京零距离》类民生新闻等节目受到普通民众欢迎了。其中当然不排除有人渴望通过电视一夜成名的动机，但更深层次的可能源于电视媒体的话语霸权使人们平时没有合适的途径来接触电视媒体，这是长期被抑制的民众媒介接触权和表达权的集中释放。当然，这种电视上草根形象的塑造也是必须经过电视把关人根据节目需要选择和裁剪的。

国家一直对“三农”问题高度重视，尤其是每年的“一号文件”往往都会聚焦于“三农”问题，这也带动了电视媒体对农业、农村和农民的相关报道热情。然而，这种看似对“三农”问题的关切背后却隐匿着对主体的倾斜。有研究者对“三农”问题报道的传播者、传播内容、传播渠道、传播受众及传播效果进行了全面的分析，最终得出结论，“三农”报道被全方位地边缘化了。作为主角的农民显然应当是“三农”问题报道的核心，但在实际的报道中，农业部门或地方政府却成为报道的中心。这种全方位的边缘化制造了这样一个悖论：政治人物谈论农业的发展，大众媒体讨论农村的问题，城市居民观看农民的命运。[①] 政府与城市成为“三农”问题中的主体与主角，而真正的农村却缄默不语，大

① 李仕权. 表面繁荣下的边缘化实质——对“三农”问题报道热的冷思考 [J]. 声屏世界，2005（10）.

多数农民也有口难言，沦为了电视报道中的“他者”与“配角”。

由于技术和观念的问题，与网络等新媒体相比较，电视在双向沟通和即时互动方面无疑是做得比较差的。互联网络应当算是人类历史上迄今为止最为民主的大众媒介。从理论上来讲，这是一个全球性的交流空间，上至国王总统，下至黎民百姓一视同仁，谁都可以同一时间进入公共领域，占有相同的信息资源，享有平等的表达权利。2018年夏季，震惊全国的吉林长春长生疫苗造假案件，经过网络媒体的反复酝酿和集中表达，形成了社会舆论的强大力量，有力促进了中央高层的关注和问题的迅速解决。网络的这一开放性民主优势，已经成为今天许多民意调查以至于政府决策的重要参考。相比较而言，公众的接触权和表达权在电视媒体上还很难实现。

2. 公众代言人的变调

既然普通民众很少有可能通过电视媒体直接表达自己的声音，那么就只有委托电视从业者来采集和发表公众舆论。可是，电视媒体的从业者们真的有权力代表人民发言吗？即便有，他们又真的有能力如实地转达民意吗？这就是布尔迪厄提出的一个极其尖锐的问题：“谁是话语的主体？”换言之，电视到底代表谁的声音？实际上，他们作为公众代言人所代言的话语已经不再是公众真实的舆论，而是出现了程度不同的“变调”。

先说客观上。作为公众代言人的电视从业者，本身缺乏存在的合法性。电视工作只是社会三百六十行中的一个行当而已，其从业者的资格审查和准入标准并不是出自民众的选举，因此，他们并不具备民众的普遍代表性，不能代表各个民族、区域、年龄和性别的民众。对于他们自己所熟悉和擅长的领域，电视传播的可能是相对客观公正的信息，而对于大多数并不熟悉的领域，他们没有足够的精力、能力或者兴趣进行全方面了解，就只能通过要么道听途说、要么走马观花的方式去了解，大多只能按照一种固有的印象进行例行性报道。还是以“三农”报道为例，目前呈现出截然不同的两个极端：要么戴着有色眼镜，把“三农”问题视为落后、野蛮、愚蠢的同义语，农村就是脏乱差，农民就是矮矬穷；要么发挥想象，把农村生活描绘成田园牧歌般的诗意图景。这些年以东北地区为背景的农村题材电视剧较受欢迎，比如广受城里人喜爱的电视剧《乡村爱情》《刘老根》系列，就只能说是更多地满足了电视人对农村生活和田园牧歌的一种浪漫想象，这种乡村更多的是一种“二人转”式的“伪乡村”。

再说主观上。传播政治经济学的研究表明：在现实环境中，电视的生产和流通被社会政治经济权力阶层所控制，难以形成开放的话语空间和自由畅通的交流渠道。今天中国的电视媒体，已经成为一个独立核算的经营实体，需要面向市场、自负盈亏。因此，在利益驱动下，电视媒体更多地需要迎合受众的欣赏口味，以一种通俗的甚至低俗的节目形式和内容满足观众心理中有些并不健康的欲求。今天的电视人普遍戴着一副特殊的“眼镜”。他们透过这特殊的“眼镜”去看世界，对某些事物选择性视而不见，而对另外一些事物则片面夸大，布尔迪厄认为这种选择原则就是“对轰动的、耸人听闻东西的追求”。至于一些较为高雅和一些有着不同意见的话题，鉴于收视率和政策风险等因素的考虑，电视媒体一般不予涉及。今天，世界范围内以电视文化为表征的大众文化盛行，以虚无主义代替理想主义、以游戏作秀代替文化批判、以感官享乐代替精神追求、以平面复制代替审美创造等生活理念和价值观成为主导当代文化的核心力量。

法国社会学家布尔迪厄在《关于电视》中认为，电视在资本主义社会中已经成为反民主的象征暴力，并且受到商业逻辑的制约。很大一部分人“把自己的身体和灵魂都交给了电视”，因此，电视在当代社会并不是一种民主的工具，而是带有压制民主的强暴性质和工具性质，甚至进一步蜕变为暴力，对其他场域（比如说学术领域）进行干预，颠覆各种传统规则，趋于恶俗。这些犀利的言论，虽然有些偏激，而且资本主义社会的电视媒体和中国电视媒体的处境也有所不同，但其批判思想对于我们解读今天的中国电视媒体仍然有诸多启示。

言论自由被认为是现代民主社会公民的基本权利，电视传媒应当是民主社会的重要组成部分。理想的状态是，电视等大众传媒应当真实全面地表达传播社情民意，成为社会舆论的表达平台和公共空间。遗憾的是，今天中国的电视媒体作为公共领域的重要构成，已经出现了程度不同的话语霸权，这一现状亟待改变。

四、对电视工具理性的防范

何谓工具理性？法兰克福学派认为工具理性是一种思维方式或思想逻辑，是一种理解世界或处理知识的方式。不同的学者对此有不同的称谓：霍克海默称之为“工具合理性”，马尔库塞称之为“工艺合理性”，而哈贝马斯称之为“目的合理性”。简而言之，工具理性就是指作为人类解放力量的科学技术，已经走到了自己的反面，日益成为统治人和奴役人的工具。[①]

1. 技术主义崇拜

20 世纪 50 年代以来，多伦多学派从英尼斯到麦克卢汉，都乐观地看到了电子媒介给人类社会带来的变革和进步，进而描绘出一幅带有明显的技术决定论色彩的未来图景。麦克卢汉甚至认为技术可以改变包括人类自身的一切事物，其“媒介即讯息”和“媒介即人的延伸”的论点，更可视为对媒介技术的欣赏和礼赞。

随着科学技术的日新月异，电视制作的手段也愈加丰富，这一方面极大地提高了电视节目的品质，使过去的很多梦想变成了现实；另

① 孔令顺 . 论《阿凡达》对工具理性的追捧与反讽 [J]. 现代视听，2010（4）.

一方面也在不断颠覆着传统的美学观念，创造着崭新的影像奇观。以4K、AI、VR等为代表的科技进步诚然是电视制作者和广大观众的福音，但同时也要防止陷入技术主义的泥沼，从而产生技术崇拜的神话。瑞士历史学家西格弗莱德·吉迪翁沉痛地提出：机器是什么时候开始掌权的？尼尔·波兹曼在《技术垄断：文明向技术投降》一书中也提出“从技术统治到技术垄断”的观点。

电脑虚拟等数字技术的成熟，使影像的制作不必再依靠真实的拍摄场景。通过电脑生成，上可九天揽月，下可五洋捉鳖，单枪匹马的打斗照样可以转换成千军万马的厮杀，甚至于张冠也可以李戴，从某种意义上来讲，任何夸张的场景和形象几乎都能通过电脑生成。这着实令一些电视人欣喜不已，于是在节目中尽力展示各种特技手段，把节目做得流光溢彩，让人眼花缭乱，至于思想内容、品位格调，倒在其次。许多所谓的电视大片尤其是玄幻类电视剧也在不断通过各种特效营造陌生化的视听体验，刺激着越来越麻木的观众的视听神经。

有些电视剧为了压缩拍摄进度和节约成本，甚至大量使用绿幕的拍摄手法。演员在摄影棚内用绿幕背景完成前期拍摄，后期再由技术人员进行合成，即所谓的“抠图演戏”。2017年年初，电视剧《孤芳不自赏》在湖南卫视热播。然而，刚播出前几集就有网友指出主演钟汉良、杨颖“全靠抠像演戏”。实际情况是，由于主演同时出现的档期有限，很多戏份都是直接在摄影棚内完成的，其中包括一些根本没有危险性的文戏。据了解，《孤芳不自赏》这种情况绝非个例，用绿幕进行拍摄已经成为影视行业的一种新常态，最极端者一部电视剧拍下来男女主角可能都见不了几面。过度依赖技术拍摄制作电视剧，不仅是对观众的不尊重，也是对职业道德和影视行业的亵渎。

2. 科技意识形态

电视微型摄录设备的出现，的确为记者的隐蔽拍摄带来了很大的方便。但这种偷拍偷录，却极有可能导致侵犯被采访者的合法权益、诱导违法犯罪等问题，因而存在着很多法律上和道德上的风险。因此，一般来讲，这只能作为一种正常采访的补充手段，是不得已而为之的无奈选择。然而，今天的很多电视记者，却在使偷拍日常化，其实这不仅是一种对艰苦采访工作的偷懒行为，也体现了一种对技术设备的过度依赖和崇拜，在很多时候更可以折射出电视工作者的镜头暴力意识和一种身份地位上的优越感。

马尔库塞认为，现代科技创造了一个通过对自然的统治来更为有效地实现对人的奴役的世界。科学技术和工艺的合理性已经具有政治的合理性，并且成为政治意识的基础和新的社会控制方式，普遍存在于生产过程之中的科学技术已经成为一种新型的意识形态。也就是说，科学技术的社会功能同意识形态的社会功能是等同的，它具有鲜明的工具性和奴役性，起着奴役人和统治人的社会作用。霍克海默和阿多诺也悲观地认为，判定合理化的过程既向导自由和解放，同时又向导束缚和物化。

人类现代化的过程一定程度上也是技术发展的历程。马克斯·韦伯价值理性与工具理性的二分法认为：技术的进步必然要求工具理性在最大程度上把握和征服自然，从而在很大程度上与人文精神相悖，导致压迫人性，甚至使人为物役，本应为人所用、为人服务的科学技术，最终却反客为主成为至高无上的权威。因此，康德警示人们应当反思科学，限制科学，对工具理性进行适度纠偏，即在科学理性中汲取人文精神的内涵，在人文精神中调用科学理性的要素。

无论何种时代，科技只能是工具和手段，以人为本才应是我们基本的态度。正如哈贝马斯所说："如果我们用技术手段蛮横地将其他知识完全置于自己的支配之下，那就只可能带来灾难。"[①] 因为，不管

① 黄亮华．人文主义视野中的技术 [M]. 北京：中国社会科学出版社，1996：87.

科学有多少已有的和现有正在做的对人类的贡献，科学都无力重新培养起一种彻底尊重生命的态度，建立有效的确保生命意义的主张。

第三节 电视学界责任批评的失范

美国传播学者斯蒂文·小约翰认为："批评就是运用价值标准进行判断。"[①] 具体而言，电视批评就是以电视节目的观看为基础，以相关理论为指导，以各式各样的电视节目以及同节目相关的电视现象、电视思潮、电视受众、电视创作者等为批评对象的一种科学研究活动。[②] 健康的电视批评，可以引导观众进行理性的分析和审美的鉴赏，引领电视行业进行科学的规划与精准的创作，并可以前瞻性地指引电视发展的前途与方向。四川大学欧阳宏生教授进一步将其概括为：电视批评主要具有督导匡正、艺术审美和文化建构三大功能，而每一种功能又具体呈现为相应的电视批评的作用。[③]

从客观上来讲，中国电视六十多年的风雨历程，也始终伴随着电视批评的艰难求索。不管是曾经的辉煌还是无奈的坎坷，都有着电视批评的身影，既有贡献，也有缺憾。今天中国的电视批评，表面上众生喧哗，一派繁荣景象，而事实上整个电视批评理论体系在缺乏稳固根基的情况下，真正严肃的建设性的批评还非常稀少，具有战略性前瞻意义的批评更是凤毛麟角。许多学者都进行了系统的分析和严肃的批评，希望能够随着电视媒体的发展和批评理论的成熟渐趋规范和完善。北京师范大学周星教授认为，宽泛意义上的电视评论和分析数量

---

① 小约翰．传播理论 [M]. 陈德明，叶辉，译．北京：中国社会科学出版社，1999：407.

② 欧阳宏生．电视批评论 [M]. 北京：中国广播电视出版社，2000：2.

③ 欧阳宏生．论中国电视批评理论体系的建立 [J]. 现代传播，2007（2）.

不少，而严格意义上的电视批评质量不高，具有理论价值和思想见地的学术批评更为缺乏，应该是目前电视批评的总体状况，并将当前电视批评的隐忧归结为：政策的不当要求，经济的强悍诱惑，批评行规的失落。[①]欧阳宏生更将其具体概括为七多七少：电视批评中赞扬的多，批评的少；叙述的多，分析的少；思想批评多，艺术批评少；直观感悟多，逻辑推理少；微观批评多，宏观批评少；模糊的概述多，准确的定位少；既定理论运用多，基本理论创新少。[②]

一、电视批评的失范

一方面，电视业界迫切呼唤电视批评的规范和成熟；另一方面，电视学界也对此忧心忡忡，并多方努力。寻找症结所在，是解决问题的根本。造成电视批评现状的原因固然是多方面的，但可能突出集中在批评主体和批评方法两个方面。

1. 批评主体

电视批评质量的高低，归根结底取决于批评主体的能力和态度。就目前而言，进行电视批评的大致可以划分为四个群体：一为电视媒体的管理者，他们的批评具有很强的政策性和导向性，大多以宏观为主；二为电视媒体的从业者，他们的批评多是经验或教训的实践总结，往往具有较强的实用价值；三为电视学界的研究者，这是当前电视批评的主力军，但他们的批评往往理论有余而地气不足；四为广大的普通观众，他们的批评多以时评和随感的形式进行。

电视批评的发展历程大致可以以互联网的出现划分为两个阶段。20 世纪 90 年代中后期以前可视为前互联网时代，由于发表平台和表

① 周星．电视批评的困境与出路 [J]. 当代电视，2007（12）.

② 欧阳宏生．电视文化学 [M]. 成都：四川大学出版社，2006：354.

达空间的限制，电视批评的主体局限于电视业界管理者、从业者、少数学者和极少数电视观众。个别热心观众的意见只能以电话、来信或在报刊上发表小文章等极为有限的方式传达至电视机构。电视管理者、从业者与学者除了学术研讨会和节目评审策划会等内部交流外，与外界进行批评交流的机会和阵地其实也很少，电视批评并不活跃。

从理论上来说，1994 年中国正式接入国际互联网。但互联网真正开始走进普通百姓的生活，恐怕要等到世纪之交三大门户网站（网易、搜狐、新浪）的相继开通之后。互联网时代以来，电视批评呈现出大众化和平民化的趋势，并日渐形成学院派批评和大众化批评两大阵营。“电视批评与网络结合提高了电视批评的社会开放度，在相当程度上实现了电视批评话语权的再分配。”[①] 其实，不仅仅是普通观众找到了表达的出口，更多的人都可以通过网络发出自己的声音。“借助网络这一新媒体的力量，尽可能地将专家学者、电视人、电视受众转化为电视批评的主体，促成其理性思考和平等对话。”[②] 然而，网络虚拟空间的匿名性也导致了大量口水式的情绪宣泄，比如对《奔跑吧兄弟》等热播综艺节目喜欢不喜欢都很正常，但大量赚眼球、骂评式的帖子铺天盖地，这“不仅严重影响了大众的认知审美品位，而且挤占专业精英电视批评的话语注意力空间”[③]。这类批评虽然有时也提供了某种舆情和民意，但毕竟很难列入学理性电视批评的范畴。

对电视进行专业理论批评的研究者主要集中于各高等院校和科研院所，这部分研究者一般都有着较良好的教育背景和深厚的知识储备，出于专业需要或个人兴趣，他们能够密切关注电视发展的方方面面，并与电视业界保持着或亲或疏的交流往来，更有部分研究者曾经

---

① 欧阳宏生，李弋 .21 世纪以来中国电视批评的若干思考 [J]. 现代传播，2010（8）.

② 谭玲 .“网络电视批评”辨义 [J]. 新闻知识，2010（2）.

③ 朱婧雯，欧阳宏生 . 中国电视批评六十年 [J]. 现代传播，2019（1）.

有过电视媒体的从业经历，所以相对来说他们能够较为及时有效地发出自己负责任的声音。但是，我们也应当看到，其中有着相当比例的研究者，其实并没有电视媒体的真正从业经历和相关经验，甚至于跨学科半路出家而来，他们对电视理论与实践也并不够非常熟悉和了解，因此他们的批评很多时候只能从理论到理论进行概念的推演，过于执着于深奥的学理，造成实际上的曲高和寡与孤芳自赏，更不能排除一些主观臆断和推理猜测，仅满足于自说自话、自娱自乐，所以难免缺乏足够的针对性和切实的指导性。

还有一些电视批评学者的心态不够平静和理性，态度、立场不够坚定，也是目前电视批评质量不高的重要原因。“法国传媒界众多专业人士的批评精神和谦逊态度之缺乏，带来的后果是业界形象持续受到玷污，以及公众对传媒可信度的怀疑。”① 如今的大学早已不再是清净的象牙塔，而“对于人文学者来说，独立思考的权利、淡定读书的心境以及从容研究的时间，是最为重要的”②。出于种种压力与诱惑，相当多的研究者，很难安心追求厚积薄发，所出成果也就难免浮躁浅薄。在商业化的时代，学术也不再纯净，而有可能被收买、被异化，甚至放弃应有的独立立场对批评对象进行吹捧，以至沦为金钱的奴隶。因此，更有一些批评者，难以抗拒一时的经济利益或碍于关系情面，从而降低批评的标准，甚至完全丧失学者的道德底线，其批评沦为“红包批评”“夸评”“骂评”或“广告化批评”。还有的完全图解国家政策和有关领导的意图进行批评或褒扬，沦为官方的传声筒和代言人，这极大地颠覆了受众心目中理应权威公信的形象，当然也不利于电视批评的健康发展。

---

① 里埃菲尔．传媒是什么 [M]．刘昶，译．北京：中国传媒大学出版社，2009：68.

② 陈平原．大学公信力为何下降 [N]．中国青年报，2007-11-14.

2. 批评方法

中国电视诞生虽已六十多年，但和一些传统学科相比，电视批评无疑仍是一门新兴的学科。在一门学科的初创阶段，借鉴其他传统学科的研究方法和批评范式，是很自然的事情，况且很多的电视批评者本身就是从其他学科转行过来的。同时，电视作为一门综合性的艺术，对电视的批评也可能会用到文学、哲学、美学、艺术学、法学、经济学、社会学等专业知识和术语，这当然无可厚非。然而，电视毕竟还有着许多内在的个性和特点，需要理论界及时予以研究和总结。如果长期地把电视等同于其他大众媒介或一般的人文社会科学，简单套用常规的批评理论和方法，其实这既是一种学术上的懒惰，更是一种责任心缺乏的表现。这就要求批评者能够跳出传统研究的樊篱，真正把电视当成一个独特的研究范畴。其实一门学科，也只有在形成了自己独特的研究范式之后才能谈得上真正的成熟。还有为数众多的大众化批评只是感性层面上的褒贬判断或情感宣泄，并没有上升到理性或理论层面，也未对电视实践应当如何发展及如何规范提出更多有价值的意见。

众所周知，电视是舶来品。毋庸讳言，目前我国电视的制作水平和理论水准，与发达国家相比，都还有着一定程度的差距。因此，在现阶段，充分借用国外的批评理论和研究方法不仅是可行的更是必需的，如此才能充分发挥我国的后发优势。近20年来，国内批评学者较注意引进西方文化或媒介批评理论，如法兰克福学派、伯明翰学派的相关理论、观点和方法等。这固然是好事，然而遗憾的是，如今我国的电视批评学界，尤其是一些留学归国人员，往往言必称西方，一切照搬西方批评理论和评价体系。还有一些批评者，片面理解西方的理论经典，食洋不化，希望以此为自己浅薄的思想贴金增彩。更有甚者，为了使文章显得博大精深、晦涩难懂，而玩弄概念、故弄玄虚，令人不知所云。许多批评者断章取义地套用西方电视批评理论，没有能够将其与中国的电视实践相结合，仅对西方批评理论进行了简单克隆或嫁接，不管水土是否相服。应该明确，中国电视毕竟有着不同于国外的生存环境和媒介特点，在对国外理论充分借鉴的基础上，一定要对其进行本土化的改造，使之更好地服务于我们的现实需要。同时，我们还应当树立一种文化的自觉。中国悠久的历史文化传统，积累了丰富的审美经验和批评理论，值得我们认真地加以总结研究，应用于今天的电视批评，期待最终形成电视批评的中国风格和中国气派。毕竟，电视不仅仅是一种传播技术，更是一种文化形式。

电视实践的日新月异，很多时候都远远地走在了电视批评的前面。“当代中国热播的电视节目一般具有这样两个特征：人气旺盛且难以用教科书中的电视分类学分类。”[①] 电视批评更多的时候是在总结电视实践的经验教训，满足于零打碎敲的点评，缺乏一种理论上的提升和前瞻性的预测。而理想的电视批评应当“对于创作者来说，它是一种反诘和追问；对于研究者来说，它是一种启迪与提示，从而使得二者之间的潜在对话激活起来”[②]。电视业界与学界现在虽表面上一团和气，实际上却缺乏一种深层次的互动，这不仅不利于电视实践的发展，在本质上也不利于了电视批评的完善。

二、电视批评的规范

电视批评学科成熟的标志，首先是要有自己明确的学科研究对象；其次是要有清晰的学科研究思路和逻辑方法；还有就是要形成自己的学术研究团队和出现该学科的代表性人物。换句话说，标志一个学科开始独立的重要特征，就是考察其是否具有了相对于其他学科的

① 靳智伟.《传奇故事》与电视模式化运营 [J]. 中国广播电视学刊，2006（2）.

② 胡智锋著. 中国电视观念论 [M]. 北京：北京师范大学出版社，2000：134.

学理完整性、对象自足性和人员普泛性。[①]若按照这一标准来衡量，中国的电视批评虽然尚存在着一些不尽如人意的地方，但令人高兴的是，它正朝着科学化和现代化的目标迈进，由无序到有序，由失范到规范，由稚嫩到成熟，尤其是21世纪以来，步伐坚定而踏实。

在电视批评领域，以四川大学欧阳宏生教授为核心的学术团队做出了卓越的贡献，一大批中青年电视批评学者和研究成果异军突起。2006年，欧阳宏生的《电视批评学》出版，这是我国第一部把电视批评作为一门独立的学科并进行系统研究的理论著作，标志着这门学科的真正诞生。"目前这一理论体系涵盖了学术概念厘定、历史及理论资源、方法论和文本文体论、具体批评实践等多个层面内容，具有相当的丰富性和学理性，是目前中国电视批评研究领域的最新最有代表性的著作。"[②]同年底，中国首届电视批评高端论坛在四川大学召开。2016年，欧阳宏生主编的《中国电视批评史》由北京大学出版社出版发行。全书57万字，是国内第一本系统研究中国电视批评发展史的著作，完善了我国电视批评的学科体系。近几年，"伴随着认知传播学的确立，电视批评获得了有益的启发……在自然科学和人文科学研究方法、路径的对接中，电视批评将朝着更为科学化、现代化的道路前行"[③]。从总体来看，欧阳宏生教授带领着团队创作的以《电视批评论》《电视批评学》《电视批评：理论、方法、实践》《中国电视批评史》等为代表的有关电视批评理论的著作，极大地丰富完善了电视理论构架与学科系统。

---

① 欧阳宏生，孔令顺．建立有中国特色的电视批评理论体系——访四川大学新闻传播研究所所长、博士生导师欧阳宏生教授[J]．现代传播，2008（2）．

② 张凤铸．对电视批评学学科建设的思考[M]//电视批评：理论·方法·实践．成都：四川大学出版社，2007：4.

③ 欧阳宏生，战迪．认知传播视阈下的电视批评观[J]．编辑之友，2016（5）．

我国电视批评的队伍不仅有了数量上的壮大，更有了质量上的提高。在一批老当益壮的电视学者的言传身教下，中青年学者已经逐渐挑起了电视批评的大梁，一大批年轻的硕士、博士也开始崭露头角。欧阳宏生教授的弟子谭玲的《网络文化与电视批评》、杨状振的《重组话语：新媒体时代的中国电视批评》等著作相继出版问世。电视的迅猛发展和超强影响力，也开始吸引相关学科研究者的目光，跨学科的研究和成果不断涌现，丰富着电视批评的内涵和外延。一些电视学者也开始有意识地对西方批评理论进行本土化的改造，或者对中国传统的批评理论进行分析整理。黄新生的《媒介批评：理论与方法》、王君超的《媒介批评：起源 、标准、方法》、陈龙的《媒介批评论》、刘建明的《媒介批评通论》、周安华的《现代影视批评艺术》、李道新的《影视批评学》、沈义贞的《影视批评学导论》、袁智忠的《影视批评纲要》、陈犀禾的《影视批评：理论与实践》① 等著作，研究视野逐渐宽广、研究方法日益多元，均对电视批评的发展与成熟奠定了重要基础。

21 世纪以来，随着互联网尤其是移动互联网络的发展，“大量普通网民加入批评队伍中来……使电视批评接近全民参与状态，呈现大众化趋势”②。这些批评虽然大多比较随性随意，甚至不乏情绪化的表达，但偶尔也有吉光片羽的真知灼见。现在很多人在网络平台上观看影视剧或综艺娱乐节目时，已经习惯于打开弹幕，其中的很多评论鲜活有趣、一针见血，个别只言片语的深刻性甚至并不亚于专家学者的长篇大论。现如今，通过微信、微博、知乎、豆瓣等具有社交功能的“微媒体”，全民进行电视批评的热情更是空前高涨，很多热门视频或文章后面的跟帖成千上万，既有即时反馈，也有热烈讨论，当然也有

---

① 晏青．“电视批判”生成与定位再思考 [J]. 声屏世界，2012（6）.

② 欧阳宏生，李弋 .21 世纪以来中国电视批评的若干思考 [J]. 现代传播，2010（8）.

鱼龙混杂的口水骂架和各种蹭流量的奇谈怪论，需要我们认真甄别。为了适应全民参与批评的热情，就连多年来一向居高临下的央视《新闻联播》等严肃栏目，也建立了自己的官方微博、微信和新闻客户端，寻求新的传播渠道和发展空间。

2018 年年末，知名影视学者、清华大学尹鸿教授在央视电影频道推出《今日影评 · 鸿论》栏目，以“学者＋电影＋当事人”的模式，通过对陈凯歌、贾樟柯、刘晓庆等十位电影人的深度访谈，还原串联出改革开放 40 年的中国电影史。学者不能仅仅满足于批评电视的娱乐与庸俗，也要尝试着提升电视的文化与品格。走上电视，传播知识和文化，这也是当代知识分子的责任与使命。法国的布尔迪厄就曾经在电视上批评电视，其演讲稿形成了著名的论著《关于电视》。正如易前良等学者在《美国的“新闻式电视批评”》一文中所言：“电视是大众艺术和产业，对它的言说和讨论，应该在更为公共化的领域内进行。”[①] 早在十几年前，针对电视知识分子的问题，笔者就曾撰文指出：“只有改变当前学术界与电视界之间的巨大隔膜乃至某种程度的互相敌视，在学术与娱乐之间找到一个平衡点，当代中国文化建设才可能得到比较健康的发展。”[②] 中国电视事关每个国民的切身利益，应当有更多的人加入批评的队伍，也欢迎更加多元的批评声音。

当下的网络化电视批评除了受众的 UGC（用户原创内容），还包括专业批评的 PGC（专业生产内容）和各类学术期刊“两微一端”的官方账号的推送内容等。学院派电视批评的学者主要聚集在中国传媒大学、北京师范大学等一批影视传媒专业实力雄厚的传统院校，并辐射全国，其影响呈日益蔓延之势。电视批评的成果集中体现在《现代传播》《中国电视》《电视研究》《中国广播电视学刊》等一大批专业

---

① 易前良，金昌庆．美国的“新闻式电视批评”[J]. 新闻爱好者，2009（21）.

② 孔令顺．电视知识分子：游走在娱乐与学术之间 [N]. 北京日报，2007-1-29.

性期刊上，形成了较为稳定的学术阵地。这些传统的专业期刊也纷纷把最新的研究成果和学术论文做出适度调整后，转移到两微一端的传播平台，并被同好者在移动端纷纷转发，极大地扩大了学术研究的传播面，从而较好地打通了学界与民众的传统壁垒。

第四章

中国电视的政治责任

在法兰克福学派看来，以电视等大众传媒为代表的文化工业以一种隐蔽的方式执行着意识形态的功能，成为建构社会、稳定社会的"社会水泥"，从而保持整个社会机体的顺利运作。[①]媒体的政治属性可谓是与生俱来的。电视作为一定政党、政府、阶级或社会集团的舆论工具，其目的是宣传所属阶级或阶层的政治思想、政治路线，贯彻所属政党和政府的政策法规，为所属阶级或阶层服务，具有较为强烈的政治属性，这决定了履行政治责任是电视媒体的重要使命。

中国电视属于上层建筑的意识形态范畴，这是由社会主义公有制的经济基础所决定，并为经济基础服务的。由于中国特殊的历史和国情，我国的电视媒体是党和政府以及人民的"耳目喉舌"，这更是从制度上就决定了中国电视应当担负相应的政治责任。

第一节　是喉舌更是耳目：上情下达与下情上达

《管子·明法解》中有云："人臣之力，能鬲君臣之间，而使美恶之情不扬闻，祸福之事不通彻，人主迷惑而无从悟，如此者，塞主之道也。故《明法》曰'下情不上通谓之塞　'。"也就是说，以人臣的力量，就能隔离在君臣之间，使好的坏的情况不得传送，祸福的事例不得通报。君主如果迷惑又没有觉悟，这种情况便是被闭塞的君主的世道。是故"下情不上通谓之塞"，所以"明主者，兼听独断，多其

① 欧阳宏生，等．电视文化学 [M]. 成都：四川大学出版社，2006：51.

门户。群臣之道，下得明上，贱得言贵，故奸人不敢欺。乱主则不然，听无术数，断事不以参伍。故无能之士上通，邪枉之臣专国，主明蔽而聪塞，忠臣之欲谋谏者不得进。如此者，侵主之道也。故《明法》曰‘下情上而道止，谓之侵’。”由此可见，“塞”与“侵”都会阻碍下情的上达，长此以往，都会影响到政局的稳定。同理可推，上情如果得不到有效的下达，政令不通畅，同样也会出现危险的政治局面。

当然，不管是上情下达还是下情上达，都需要借助一定的媒介工具，除了国家机关机构的相应组织传播之外，大众传媒无疑扮演着耳目喉舌的重要角色，尤其是深入家庭和人心的电视媒介。作为一种信息容量巨大的视听传播媒体，与其他媒体相比较，电视几乎全方位地展示了人类生活的各个方面和层次，以一种大众性和娱乐性的方式及时甚至即时地现场再现，在政治传播中发挥着独特的作用。

一、上情下达的喉舌

“政治”这一起源于希腊语 Polis 的词汇，始终与人类社会的发展相伴相生。从亚里士多德的“城邦”，到西方社会的“权威价值的分配”，再到马克思主义的“经济基础决定上层建筑”[①]，我们可以看出：政治带有“公”的性质和“决策”的功能。这种“公”的性质赋予了“政治”与生俱来的“权力”并用以“决策”带有“公”的性质的事物。因而，无论是东方还是西方，“政治”都不是一个空洞的概念，在有关它的诸多论断中始终离不开“民主”的诉求。有的史学家甚至把早期雅典的政治称为“民主政治”，在强调“多数人统治”的民

① 王晓冬.党报的传播语态研究[D].山东大学，2017.

主本义中，政治参与成为实现这一本义的直接途径。公民在这种“权力”的实现时，通常以大众媒介作为其重要参与形式。

媒介几乎自诞生之日起就具备了政治属性，甚至可以说，媒介就是政治发展的必然要求，“上情”与“下情”必须依托一定的媒介平台才能得以沟通。《书·盘庚上》曰：“王命众悉至于庭”，就是以口头的方式传播政令，上情下达。

其实，从古至今，政治的传播多以上情下达为主，正襟危坐的官方形象成为一种权威配置，政治之于民众自然就多了些神秘，少了些透明。后来，广播的普及，逐渐将政治传播通俗化，不管是丘吉尔的战时演说还是罗斯福的“炉边谈话”，都成为大众媒介在政治中成功运用的一段佳话。其实直到今天，在国家发生重大事件的关键时刻，往往也是通过广播电视发出最权威的声音。近两年来，不管是津巴布韦还是加蓬发动军事政变，都是在第一时间占领国家电视台。从某种意义上讲，抢占了国家广播电视，就意味着抢占了权威的政治话语权。如果说广播的发明使人类历史上实现了“请把我的歌带回你的家”，那么电视的发明就做到了“请把你的微笑留下”，电视的生动形象、场景直现使政治更为直截了当地走进国民生活。每年元旦的新年贺词、除夕的春晚直播，都成为今天中国政治传播的重要平台和契机。也正是这种全方位再现，使政治的传播越来越走向亲民和日常。

1958 年 5 月 1 日，中央电视台的前身北京电视台成立。随后，上海电视台、哈尔滨电视台、天津电视台等相继开办。电视作为“第三种媒体”后来居上，迅速成为继报刊、广播后的媒介霸主。作为主流的大众媒介，它理所当然地需要承担起政治传播的责任。在电视台开办初期，政治性统率着整个电视管理和运作。一方面是因为 1958 年电视台建立时间恰好处于我国三大改造完成的特殊时期，政治宣传意识较为浓厚；另一方面是因为我国处于建国初期，西方大多数国家尚未与我国建交，固化的苏联模式使得我国电视的发展只能在自我实践摸索中求进，而“政治”导向成为它的主要依赖，即如何搞，怎么搞，搞成什么样子。①

在中国，电视理所应当传播国家意识形态和社会主义核心价值观。“意识形态是阶级社会中由专门的思想家、艺术家在一定的经济基础上，依据一定的阶级和社会群体的利益，有意识地建立起来的一种包含认识、评价和决策三种意识因素的一种系统化、定型化的思想或形象体系。”② 在我国，电视的耳目喉舌功能自然不容更改，然而国家意识形态是不是简单地等同于政治宣传，政治宣传是不是等同于正面宣传，甚至是直接的歌功颂德？这些问题还存在着一定程度上认识不清的混沌状态。③

在我国，电视与政治传播如影随形。对于政府来说，通过电视媒介传播自己的施政蓝图并获得社会民众的认可和支持，可以有效减少国家与社会发展中的“摩擦力”，这个过程通常被称为舆论引导。④ 电视作为受众最广的大众媒介，理应承担起舆论引导的职责，但是达到有效引导舆论的前提是政府和媒体必须具有较高的传播力和公信力：电视节目有广泛的受众，并且受众愿意信任并接受电视媒体的信息和观点。

相对而言，传播力较为容易实现。而电视媒体想要具有公信力，就需要真正替民众说话，为民众办事，将镜头面向普通国民的生存图景，面向真正的现实生活。当电视人达到“为希望而奔忙，为正义而主张，为秩序而思考”的境界时，引导社会舆论的政治使命将会水到

---

① 刘习良．中国电视史 [M]. 北京：中国广播电视出版社，2007：18.

② 张宪军，赵毅．简明中外文论辞典 [M]. 成都：巴蜀书社，2015：23.

③ 胡智锋，等．电视文化新论 [M]. 北京：中国社会科学出版社，2015：23.

④ 朱春阳，杨绪伟．电视媒体如何提高舆论引导能力——以舆论监督为分析视角 [J]. 电视研究，2010（7）.

渠成。反之，如果电视媒体一味地哗众取宠，以偏概全，甚至用戏谑取代严肃，不断挑战受众的心理底线和承受能力，上情下达及舆论引导的功能只能日渐式微。央视的《新闻调查》，作为一档深度调查类节目，注重研究社会真问题，探索观点新表达，以记者调查采访的形式，探寻事实真相，追求理性、平衡和深入的报道，为促进和推动社会和谐进步发挥着不可替代的作用。这样的节目，以实事求是的态度和悲天悯人的情怀为民众解忧，能够最大限度地塑造媒体公信力和权威性，从而实现通过电视媒体监督社会运行、营造和谐氛围的职能。

大事看电视，这是电视台的立台之本，也应成为普通受众的心理预期。尤其是遇到突发事件时，普通受众能够信任那些具有很高权威性和公信力的电视频道，比如央视、凤凰卫视或者 BBC、CNN 等。媒介繁盛的年代，众声喧哗，同时也难免泥沙俱下。应当承认，现在是一个资讯过剩而注意力稀缺的年代，大多数受众可能每日被纷繁复杂的信息所困扰，他们最需要的不再是简单的信息而是对信息的梳理与整合。这就呼唤具有较高公信力的电视台要更多地做调查性报道和解释性报道。因此，一味地与新媒体竞争“新”与“快”是没有出路的，传统电视媒体的优势将更多体现在权威性的“解读新闻”上，如央视的《新闻周刊》与《世界周刊》。从近几年的媒介发展来看，社会上很多新闻事件的第一消息来源虽是网络，尤其是近两年来方兴未艾的微博和微信等新媒体，但终结大多都还在传统媒体，这已经成为一种趋势。

中国电视经过半个多世纪培养起来的公信力是其最大的无形资产，需要懂得珍惜并好好维护，尤其是一些名栏目、名记者和名主持人的品牌效应，更是新媒体短时间内望尘莫及的。品牌是内容品质的保证，更是媒体对受众的郑重承诺，这是传统电视生存与发展的基础。清华大学媒介调查实验室的数据显示，在公众眼中，电视的公信力遥遥领先于其他媒体。在各种媒体报道不一致时，57.7% 的人表示更倾向于相信电视，而只有 14.6% 的人表示更倾向于相信新媒体。电视台在报道的真实性、敏锐性、深刻性、全面性等方面具有自身十分明显的优势，这也将成为未来电视与新媒体在融媒时代相抗衡的重要武器。

经过近四十年的发展，改革开放已经进入深水区，当下的中国正面临着全方位的体制改革和利益调整，贫富分化和文化鸿沟的矛盾愈加突出，城市化进程与底层人群等相关问题构成了当代社会生活的人文镜像。面对复杂现实，人民大众的生活症结如何消解，心理起伏如何平息，都是目前亟须解决的重要社会课题，也是电视媒体政治责任的重要体现。在舆论环境、传播格局、媒介叙事深刻变革的今天，处在内外交困之中的中国电视更需要创新报道形式，借助新兴媒体的传播优势，提升对舆论的传播力和引导力。当然在如今的自媒体时代，几乎人人都有渠道发出自己的声音，表达自己的观点。如果政府信息不透明、新闻不真实，用欺骗取代真诚，用回避替代公开，长此以往必然导致电视的公信力下降。那么无论多么新颖的宣传方式，也只能南辕北辙，无法正确地引导舆论。随着全民媒介素养的提高，电视有无诚意和敬意，受众是完全可以感受得到的。只有恪守媒介职责，新闻理想不灭，且以客观公正、合情合理的新闻报道和节目内容真诚面对受众，这样的电视媒体才能具有高度的公信力和影响力，对舆论的引导力自然就会增强。

近几年来，一种通过电视媒体直播的问政节目在我国各地陆续兴起。此类节目使媒体、政府和民众出现在同一空间，电视作为真正的中介角色出现。节目聚焦民生问题，上至宏观的政治经济建设规划，下至衣食住行等日常生活，直面民众所遭遇的难题，问责政府的落实解决情况，成为一个政府与民众沟通的平台和桥梁。武汉市作为 2010 年在全国率先推行“电视问政”的城市，其纪检部门认为，“电视问政”直击的源头，就是解决庸、懒、散现象。[①]在 2018 年上半年的《电视问政》中，涉及适龄儿童上学划片问题，主持人代表普通民众对教育局局长紧追不舍地发问：“教育划片的方式有些随意是为什么？请家长代表来听政的工作做过吗？您说了很多理由，最后问您一句，距离学生开学还有 20 天，这些问题能解决吗？家长之前进行了多次多方投诉，都没有结果，一直到媒体介入之后，事情很快得到了解决。为什么这些家长百姓的权利不能得到尊重，为什么非要借助媒体的力量来解决呢？”2019 年 3 月 14 日，在山东广播电视台公共频道播出的《问政山东》节目中，山东省生态环境厅的主要负责人也在接受现场问政。这种面对面的形式让不少官员直喊“心情沉重”“惴惴不安”“直冒冷汗”，但这的确说出了广大市民的心声。在尖锐的质问和质疑之下，政府工作的透明度、处理问题的速度、解决问题的力度都得到了有效改善，社会反响强烈，传播效果良好。

这充分说明，中国电视在推动舆论监督、提高政府办事效率等方面还有很大的施展空间。不可否认，在社会矛盾愈加突出、传播技术愈加先进的今天，新闻媒体与政府官员之间的关系更加微妙，政府的积年沉疴在问政之下很容易暴露无遗，面对的传播压力日渐增强。但政府如果处理得当，这种压力也可以转变为动力，成为转变政府职能、让权力在阳光下运行的时代契机。

美国学者格雷厄姆·威廉森（Graham Williamson）认为，传播力是指传播者和受众成功地对信息进行编码和解码的能力。[②]在国内学界，清华大学的刘建明教授可能最早提出传播力的概念：“指媒介的

① 新华网·中国多地官员“出镜应考”电视问政获舆论赞扬 [EB/OL].http：//news.xinhuanet.com/politics/2012-08/30/c.112905916.htm.（2012-8-30）.

② 沈正赋.新媒体时代传播力的影响要素及其建构路径 [J]. 新闻战线，2018（13）.

实力及其搜集信息、报道新闻、对社会产生影响的能力。”[①]由此可见，传播力强调的是媒介对信息的采制能力和受众的接受效果。《我国主流媒体的传播力现状考察——基于对广东、湖北、贵州三省民众的问卷调查》的结果显示，在主流电视媒体系统中，仅有 CCTV 和各省级卫视的传播力较强。那么在资本和注意力日益倾向于网络新媒体的当下，应当如何重构电视媒体的传播力？新旧媒体各有短长。电视能带给受众的是新媒体远不能及的仪式感和权威性。换句话说，电视作为一种比较权威的传统媒体，其传播内容的厚度、深度、主流和理性是远超新媒体的。它能够为受众带来更为丰富的内心情感体验和紧跟时代的价值取向，区别于网络媒体或是自媒体的颠覆、混乱、哗宠取宠式的短暂快感。这就要求在较为纷乱的媒介格局下，电视媒体需要顺应时代和受众的期待，这是一种立场的坚定和职责的坚守。《中国诗词大会》《我在故宫修文物》《朗读者》等一系列文化性、思想性兼具的节目广受好评，可以反映出新一代的受众并非只是贪求欢愉的无知群氓。在社会公共议题等方面，他们的声音更是主力军。只要电视媒体在深刻议题的表达上更加勇敢，制作上更富创意，电视媒体的传播力还将极大提高。

2019 年 1 月 25 日，习近平带领中共中央政治局来到人民日报社的新媒体大厦，就“全媒体时代和媒体融合发展”的主题进行集体学习。中央认为，“全媒体不断发展，出现了全程媒体、全息媒体、全员媒体、全效媒体”，因此，“推动媒体融合发展、建设全媒体成为我们面临的一项紧迫课题”。未来的中国电视，不仅要加强传统的内容建设，更要努力与各种新兴媒体进行深度融合，才能更好地实现传播效果。

---

① 刘建明 . 当代新闻学原理 [M]. 北京：清华大学出版社，2003：40.

二、下情上达的耳目

在今天的中国，电视是一种非常重要的桥梁和媒介，连接着政府和民众，沟通着信息与情感。党和政府不仅可以通过电视及时形象地传播治国理念和政治主张，更可以全方位地了解民情、采集民意。电视媒体成为党和政府耳目的延伸。

1. 新形势与老问题

随着新兴媒体的层出不穷，电视也无奈地被归入传统媒体的行列。在融媒时代探索电视的政治传播，其内容和形式也在不断发生变化。先是互联网的普及与升级，人民网、新华网、央视网等一批中央级传统官媒新闻网站的应用，以及大量网络视频的播放，使得以电视为代表的影像的政治传播功能也部分转移到了互联网上，产生了“无处不传播”“无时不传播”的新态势。当下，许多家庭出现了这样一种尴尬的景观：刷着手机，拿着平板，开着电视。在对比之下，传统电视媒体固有的局限性被越发放大。

一是电视有限的播出时空。虽然随着技术的进步，电视的频道资源不断扩大，播出时间一再延长（很多已经24小时播出），电视节目空前丰富，但也无法与网络媒体几乎无限的时空资源相提并论。尤其是在对具体问题的跟进报道和跟帖讨论上，网络媒体的时空包容性几近无穷。尽管在电视节目中，也会出现比如电话连线、现场采访等形式采写“下情”，但囿于栏目本身有限的播出时段，这种简短的互动显然不能穷尽“下情上达”，更不能实现新媒体阵地中“你一言我一语”的轮番登场式的直接表述，以至于出现大量“下情”堆积在新媒体平台上的现象。这种“堆积”极易形成“兴趣磁场”，吸引受众的汇聚，造成受众的网络分流。一直以来，电视承担的政治责任体现为“喉舌”和“耳目”，电视不仅仅是政策的传声通道更是舆论的监督利器。尽管出现了《一把手上电视》《周末面对面》这种“电视问政”类栏目，但新媒体体现出了更强大的舆情采集能力，电视问政能否真正地与政府工作对接，起到公民希望的“立竿见影”功效还仍需努力。

二是电视反应的滞后性。与新媒体相比较，电视下情上达的速度较为缓慢，尤其在处理政府的危机公关时，电视出现了明显的短板（见图 4-1）。就 2015 年“8.12 天津滨海新区爆炸事故”来说，新媒体阵地率先爆料并迅速发酵，电视的陆续跟进直播也更多只是一种描述性的画面，甚至有些图片和消息皆来自网友，这就使得电视非常被动，只能结合“上情”和现场片段事实以“新闻”的方式表达，这个过程就会造成时间差，给大量的小道消息甚至“谣言”以可乘之机。如若不及时疏导，极易引发社会恐慌等不稳定因素。

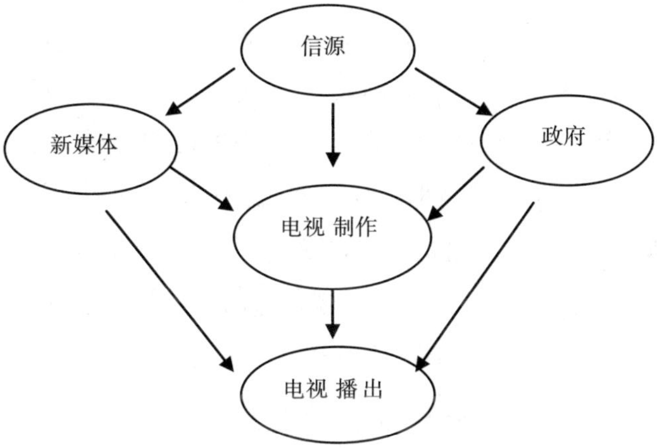

图 4-1：电视与新媒体新闻采播示意图

三是电视的互动性较弱。电视传统上是单向传播的媒体，观众基本上是被动性接收信息的，即使偶有互动也不成规模和气候。网络等新媒体兴起后，提供给了公众一个表达意见、抒发感情的广阔平台，并予以包容和接纳。电视传播的这种固有的弊端也就越发暴露出来。以杭州保姆纵火案为例：2017 年 6 月 22 日，浙江杭州的蓝色钱江 2

号楼18楼住宅突发大火，女主人和她的三个孩子被困火海两小时后不幸遇难。从室内逃生的保姆莫焕晶随后因纵火嫌疑被抓。事发时刚好出门在外的男主人林生斌一夜痛失妻儿。在舆论发酵中，网民的意见除了向保姆追责之外，也对蓝色钱江所属的绿城物业及消防部门救火不当、不及时提出了质疑。对于这样具有很大争议和疑点的突发事件，电视的常规报道只能够达到告知信息的目的，而不能满足公众抒发愤懑的要求。而各类新媒体平台，不再是单一的报道，还能够通过群体讨论形成舆论，加快追责速度，促进事件的良性发展。情绪的合理抒发和舆论的科学引导最终促进了案件的推进和问题的解决。在复杂的社会转型期，财富的分配、阶层的流动等问题无不刺激着公众敏感的神经。当出现重大突发事件后，应该及时通过大众媒体疏导公众情绪，避免事件进一步恶化，这在今天的中国尤其重要。

毋庸讳言，电视作为传统媒体同报纸、广播等一样具有先天的局限性，单向传播的方式使得电视缺乏有效互动。这一方面表现为“下情”依托电视可以上达的方式较少，另一方面表现为“上情”得以下达的速度较慢。显然这些都不利于公民的政治参与。由于生活环境、教育背景和年龄层次等不同方面的影响，这使得以电视的方式介入政治参与的公民人数本身就较少，而新媒体的冲击将这种“少数”变得更为寥寥无几。当下，“两微一端一抖”的井喷式普及，“全民记者”的大量出现，受众一改过去“议程设置”的被动局限，转向新媒体阵地发声诉求。传播资源的泛社会化和传播权力的全民化，让受众获得了更大的自觉性和主动性。电视媒体在政治责任的担负上面临着巨大的挑战。

2. 老媒体与新变化

所谓的新媒体和传统媒体只是相对而言的概念，传统媒体曾经是新媒体，新媒体总有一天也会成为传统媒体。根据媒体发展的历史进行考察，各类媒体间既有竞争也有合作，但更多的是相互补充、协调发展的关系，而不是简单地取而代之。因此，传统的电视媒体正在经历痛苦的凤凰涅槃，但并不会轻易地退出历史舞台。中国电视在政治传播的策略方法上需要有所坚持，有所更新。

一是强化信息权威性。新媒体的优势在于海量的内容和便捷的渠道，而传统电视的优势则在于权威的内容与精良的制作。仔细分析便可以发现，其实当下新媒体上高品质的影像内容大多数还是来自传统电视。现场直播、大型晚会、纪录大片或者是长篇电视剧，没有雄厚的人才、技术和资金保障是很难完成的，而这些都是传统电视的优势，在短时间内普通视频网站或个人尚无法企及。专业制作的影像内容永远都会是传播的主流，高标准、大制作的电视精品，依然能够吸引受众的目光。

二是淡化说教色彩。过去很长时间，新闻类、社教类节目占据电视时空的“半壁江山”，特别是在我国电视事业刚刚起步之时，节目种类非常单一，缺乏娱乐性，还处在一个“新闻纪录片的时代”。各地方电视台虽然在这一时期次第创办，但电视节目拷贝的相互寄送助推了电视内容的同质化、单一化现象，浓厚的政治色彩不言而喻。这一时期，上情的下达远远多于下情的上达。随着我国改革开放的推进和市民社会的到来，电视传媒的视角逐渐开始聚焦于社会舆论之上，出现了譬如《焦点访谈》类“用事实说话”的栏目。可以说，这是“下情”得以在电视上“上达”的重要里程碑，更是民主法治社会进步的一个缩影。随后，《实话实说》类节目开始让普通百姓有机会在电视上说话，民生新闻类节目扎根于老百姓鸡毛蒜皮的日常生活。浙江民生休闲频道的民生新闻类栏目《1818黄金眼》，曾经报道过“提发际线修鬓角花费四万”的新闻，这则新闻中的主人公小吴竟因长相讨喜而走红网络。尽管关注的是民生琐事，但是节目将日常生活表述得欢快娱乐；尽管讲述的是“一地鸡毛”，但也在问题解决中促进了公众对社会信心的增长。选秀类节目更让普通人有机会“秀”出自己，《创造 101》以 50 亿的累计播放量达到了全民热议。大量的综艺娱乐类节目和电视剧在努力淡化政治说教色彩，还普通受众一个相对轻松的休闲时空，传播着这个繁荣进步与矛盾困惑并存的阵痛期的中国。

三是调整传播姿态。中国电视一直是党和政府的舆论喉舌，长期以来也位居大众传媒中的“王者”地位，然而，正是这种强势的存在也形塑了电视口号式、训导式的传播姿态，进而令受众产生了对电视媒体的刻板印象，与之相伴的政治传播也披上了居高临下的外衣：严肃成为电视政治传播的固化印象，主持人似乎永远正襟危坐着宣告天下大事。“‘拽大词，高八度，排比句’串缀起来的新闻稿，成为事件重大的一个典型标志。”[①] 电视的传播流露出过强的政治宣传色彩。而今，即便是作为“国家发言人”的《新闻联播》也走上了亲民之路，转变了其叙事之风，从严肃到亲民，从告知到对话，既是语态的转变，更是姿态的调整。专业的新闻播报感依旧延续，变化的是播音员的表情和语气，贴近民众的口语化表达，加强了与观众的交流和沟通。在节目中甚至播出《四兄弟：母亲，你在那里》的“寻人启事”类的社会新闻，主持人也一改过去“报词器”般的话语风格。特别是《朝闻天下》，以拉家常聊天的口语化表达方式开始了“说新闻”。这为“上情下达”与“下情上达”间构筑了一个良好的交流沟通平台。

三、电视情结与权威需要

新媒体对于电视的冲击当然并不代表“电视已死”，这种媒体间的冲突对抗始终在孕育精彩的未来。纵观我国政治传播的方式，电视

---

① 孙玉胜．十年——从改变电视的语态开始 [M]. 北京：人民文学出版社，2011：40.

有着其他媒介不可比拟的优越性。无论是党的十九大的召开还是地震雪灾等自然灾害，无论是巴黎世界气候大会还是国家领导人的欧美出访，都离不开电视这一媒介的权威报道。

“电视情结”成为电视政治传播的情感发力点。不可否认，这是一个多屏时代，各种大屏小屏都在争夺越来越稀缺的注意力资源。2016 年开年之初，就有舆论称“三微一端”的时代已经到来，“微视频”的普及极大地拓展了电视的概念。2018 年的“抖音”更是火上浇油，迅速风靡全国。有人担心，是不是电视会像报纸那样，在融媒环境下面临“消亡”的危险。其实，在可预见的未来，受众心中的“电视情结”并不会完全改变。就像近两年的春晚一样，家家户户围坐在电视机旁，手里却用各种移动设备等待主持人的“一声令下”，进行“摇一摇”“抢红包”“咻一咻”“抖一抖”，较好地实现了传受互动和媒体互动。电视在国人心中的这种情结不会在新媒体的冲击下瞬间消亡，特别是在重大节日庆典之时更是如此。比如抗战胜利 70 周年的大阅兵、奥运会、世界杯等重大事件，受众对于电视直播的执着和忠诚远远高于网络，这就给依托电视传播政务信息的主体一个很好的启示：经过多年培养，受众对电视的情结还是非常深厚的，用电视收看对重大事件的播送已经成为几代人固有的仪式。大型体育赛事分享的狂欢、春晚团圆的欢聚，这种跨越时空的大场面庆典不是其他媒介能够轻易替代的。电视的存在可以说已经超出了媒介本身的意义，它更代表了一种集体记忆或是不孤独的生活触感。

2018 年年末播出的电视剧《大江大河》，本是一部改革开放 40 周年的献礼剧。然而该剧却能够挣脱传统“高大上、伟光正”的政治说教窠臼，以一种审美甚至是娱乐的方式传递主流的意识形态，成为一种美学意识形态传播的典范。剧集诚意的制作延续了山影的传统，具有打动人心的力量。爱美之心，人皆有之。剧中人物用装满开水的茶缸子熨烫衣服等细节的处理，表达了人们在困窘的处境下对美好生活的向往，洋溢着满满的正能量，感人至深，催人奋进。不仅是时代的经历者，更有不少年轻人甚至是 90 后也在追看此剧，他们终于从影像中看到了父辈们口中喋喋不休的故事和情怀。不过这一次，他们没有再反感抵触，而是选择了理解。该剧使观众从中收获了认知、认同、感动、感怀，有力地促进了几代人之间的和解与共识。2018 年从年初开始，《勿忘初心》《阳光下的法庭》《归去来》《最美的青春》《黄土高天》《正阳门下小女人》《那座城这家人》《大浦东》《外滩钟声》等一批聚焦改革开放、聚焦创业创新、聚焦生活变迁的现实题材电视剧先后播出，得到了越来越多观众的认可，完成了电视对重大时代命题的回应。

数字互联技术带来的信息爆炸，使受众既欣喜于解构传统媒体的信息垄断，同时又困扰于有效信息的搜索和挖掘。当下社会正处于转型改革的“深水区”，人们面对前所未有的诸多问题和挑战，对于环境的未知性和不确定性均较高，对于权威新闻媒体的依赖度仍然较强。从目前新闻评论类节目的收视高于综合新闻节目的现状来看，观众需要的不只是新闻的简单传递，更需要的是对新闻背后逻辑和关系的梳理与解读。从某种意义上讲，媒体是一个国家和地区的面孔和灵魂。中国电视应自觉承担起优秀文化传播和社会价值引领的媒体责任，准确定位自身角色。面对日益丰富多元的社会形态，观众的选择权越来越被尊重。这种尊重需要的是电视媒体对人类和社会的深层认知，和基于这种认知的诚意制作。唯有如此，电视传播的权威才能够得以保障，情结才能够得以维系。

第二节　是门镜也是窗口：电视对区域形象的塑造

对于任何一个区域而言，形象都是该区域文化软实力的重要组成部分，包括对内形象和对外形象。这里的“区域”是一个相对宽泛的概念，大到一个国家和地区，小到一个市县和村镇，空间弹性很大。在我国，国家形象近十几年来受到前所未有的重视，已然上升到国家的战略高度，特别是在对外传播中。国家形象的塑造非常复杂，是一个多维的系统工程，需要国家、社会、组织和个人多层面的共同努力。在区域形象的塑造上，电视媒体既是洞察外部世界的门镜，又是展示自我形象的窗口，其地位重要且无可替代。

一、国家形象：客观呈现与主观认知

从传播学视角来看，形象是信息传递的产物。信息通过一定的媒介传输到大脑，受众通过已有的认知对接收到的信息进行加工，形成“象”，并通过一定的方式“输出”，最后形成“形象”。因此，形象往往是主客观辩证统一的产物，既非绝对客观，也非绝对主观。

西方对于国家形象的认识早于我国。美国学者科特勒等人认为“国家形象是个人对某一个国家的亲身经历、领悟、观点、回忆和印象的总和”[①]。我国学者对于国家形象的认识起步相对较晚，但近几年关注较多。有学者认为是“国家的客观状态在公众舆论中的投影，是公众对国家所具有的情感和意志的总和”[②]。也有学者认为“国家形象是一个主权国家和民族在国际舞台上所展示的形状相貌及国际环境中的舆论反映”[③]。还有学者把国家形象上升为一种品牌传播进行考察。结合我国现状来看，国家形象是一个国家的内部和外部公众对其历史

---

① 范红．国家形象的多维塑造与传播策略[J]．清华大学学报（哲学社会科学版），2013(2)．

② 刘小燕．关于传媒塑造国家形象的思考[J]．国际新闻界，2002（2）．

③ 李寿源．国际关系与中国外交——大众传播的独特风景线[M]．北京：北京广播学院出版社，1999：305．

和现实的政治、经济、军事、文化及其活动成果的综合印象和评价认知体系。

不难理解，一个国家形象的形成是动态变化且多方合塑的。其中既有本国通过各种媒介对自身的塑造即自塑，这通常是正面的，主要展示该国的魅力与风采、精神与传统，等等；还有他国的塑造即他塑，这就相对更为复杂。就中国的他塑而言，在激烈竞争的国际环境中，部分“负面中国”的言论也甚嚣尘上。以影视为例，“将唐人街与帮会活动和地下犯罪相提并论，在美国是一个持久的传统，为后来的好莱坞电影肆意利用”①。以美国为代表的西方强势媒体，所建构的中国的灰色记忆与贫困混乱在很大程度上影响了世界民众对中国的印象与想象。合塑行为的结果与国家之间的竞争博弈密切相关，所以国家形象的塑造往往会受到来自政治、经济、文化等各方面因素的制约和影响，呈现在传媒中的各国的国家形象无论是正面的还是负面的，与该国的实际状况往往存在着各种各样的差异与距离。这也正是国家形象的塑造和传播呈现出复杂性的一个重要原因。

我国是世界文明古国，也是一个负责任的社会主义大国，塑造和传播我国的国家形象非常重要。中国迫切需要打破“西强我弱”的国际舆论格局，扭转“有理说不出、说了传不开、传开没人信”的被动局面。2013 年 12 月 30 日，习近平在中共中央政治局第十二次集体学习时，首次从战略高度明晰了我国国家形象的独特内涵：“塑造我国的国家形象，重点展示中国历史底蕴深厚、各民族多元一体、文化多样和谐的文明大国形象，政治清明、经济发展、文化繁荣、社会稳定、人民团结、山河秀美的东方大国形象，坚持和平发展、促进共同

---

① 李希光，刘康 . 妖魔化中国的背后 [M]. 北京：中国社会科学出版社，1996：237.

发展、维护国际公平正义、为人类做出贡献的负责任大国形象，对外更加开放、更加具有亲和力、充满希望、充满活力的社会主义大国形象。”[①] 这为电视等媒体塑造和传播我国国家形象提供了基本标准和努力方向。

电视对于国家形象的塑造和传播，有着其他媒体不可比拟的优势。首先表现为新闻报道的迅速和鲜活方面。我国领土浩瀚、人口众多，是一个灾难事故频发的国家。每当遭遇突发事件时，西方媒体往往以偏概全甚至借机抹黑我国形象，而我国媒体则经常遭遇西方媒体的打压和孤立。这种局面急需改变。我国媒体需要努力掌握舆论的话语权，全面均衡报道以满足受众的知情权。从传播技巧上来看，要更新新闻理念，优化报道资源，滚动性连续播报，还要善于采用与西方互通的叙事方式，尊重人类共有的精神情感，尽力减少传播隔阂和文化折扣。在危机管理中，电视媒体扮演着重要的舆论中枢的角色，既能满足受众对信息的渴求，又能够及时地将受众的意见反馈，影响政府处理危机事件的态度和速度，完成引导舆论的过程。从某种意义上讲，在当下的中国，“讲好中国事故”可能比“讲好中国故事”更为重要，也更为迫切。

然而，在现行的传媒体制下，中国电视在应对重大突发事件时，其自身的敏锐性和灵活性尚难以得到即时准确的发挥，往往会出现传播失当或失语现象，被外媒牵着鼻子走。2014 年春天，作为当事国，在关于马航 MH370 客机失踪事件的报道中，一些及时权威的信息几乎都是 BBC、CNN、《纽约时报》等国外媒体披露报道出来的，中国媒体则多局限于报道有关失联人员家属情况、搜救进展等。央视新闻频道的系列报道往往情感大于事实，缺乏推动事件进展的重磅信息，

① 姚遥 . 塑造中国独特的国家形象 [J]. 公共外交季刊，2014（2）.

报道框架过于单一，不利于在全球语境下传播中国权威的声音。整体而言，中国电视媒体国际传播的资源较为分散，各媒体之间往往各自为政，既缺乏整合优势，也限制了传播品牌和主流意见的形成。

为了更好地向世界传播中国文化，北京师范大学中国文化国际传播研究院发起并主办了"看中国·外国青年影像计划"。这是一个文化体验与影像创作实践项目，到2018年已经举办八届，已有来自美国、加拿大、英国、法国等55个国家73所高校的508名青年参与，完成了507部短片，共获得90余项各类国际奖项。外国青年通过参加"看中国"活动，最终以影像的方式将他们感受到的中国文化传播到世界各地，为国际青年架起了理解中国的桥梁，实现了文化的交流和沟通。[①] 通过外国青年的视角看中国、拍中国，最终以影像的方式向世界传播中国，应当是一个很好的创意。

国家广电总局为促进中国电视更好地"走出去"，于2004年成立中国电视长城平台，将中国内地和香港等地的优秀电视频道组团向世界各地传播，虽取得了一定效果，但是平台内容同质化非常严重，很少有针对传播对象进行的专业化生产。2011年国新办在国际主流媒体上播放了系列的国家形象宣传片，并在1月17日投放于纽约时代广场。2012年中央电视台英语频道（CCTV-NEWS）完成了在旧金山与洛杉矶的落地，并进入华盛顿特区、马里兰州和弗吉尼亚州的所有有线电视网实现整频道播出，有效用户总数达240万户。[②]2016年，首个以"丝路"为纽带、面向全媒体的全球性电视媒体联盟——丝路电视国际合作共同体成立。2018年首场名为"WISDOM in CHINA"的

① 北京师范大学官网 [EB/OL] https://www.bnu.edu.cn/zhxw/103327.htm.

② 广电蓝皮书：中国广播电影电视发展报告（2012）[M]. 北京：社会科学文献出版社，2012：135—136.

中国原创节目模式推介会在法国戛纳电视节举行。《国家宝藏》《朗读者》《经典咏流传》《天籁之战》《声临其境》《跨界歌王》《明日之子》《功夫少年》《好久不见》九大中国优秀的原创节目模式集体亮相戛纳电视节主舞台，这不仅对中国电视节目模式输出海外具有里程碑的意义[①]，更可以依托于这些节目的国际传播塑造中国的国家形象。这些努力一方面体现出我国对国家形象海外传播的高度重视，另一方面也肯定了电视媒介在国家形象构建中的重要作用。

二、影像中的区域形象

在具体的电视媒体实践当中，除了新闻发生地的客观嵌入之外，通过电视影像传播塑造区域形象，主要还包括以下几种途径：

1. 以区域的自然人文为背景

视觉吸引力和冲击力是影视作品的一大特点。利用视觉元素对区域形象进行塑造和传播至关重要，这也是区域形象最直观的展现方式。很多影视剧在拍摄时为了反映特定的社会文化面貌，往往选取具有代表性区域的自然以及人文景观为对象，利用视觉元素对区域的地理环境、建筑民俗等进行表现与塑造。区域管理者如果能够抓住契机加以宣传，必将有助于扩大区域形象的知名度，带动区域的整体发展。以《鸡毛飞上天》为例，这部浙商题材电视剧借鉴史书编年体的叙事结构，通过剧中三代义乌人坎坷又辉煌的创业历程，折射出国家改革开放的时代变迁。通过人物命运的抗争展现浙江传统的商业精神，让观众在欣赏故事的同时了解浙江地域的人文传统和地理特色，同时也修正了部分受众对浙江商业发展的消极印象。

① 俞亮鑫. 中国电视“走出去”迈出可喜一步 [N]. 新民晚报，2018-4-8.

区域形象的植入式传播，可以采用生动自然的方式，全方位地向我们展示一个区域的形象。影视作品对于区域形象的塑造有着手段的丰富性和表现的多重性，其人物个性、故事背景都可以成为区域形象传播的重要渠道。甚至通过不同的影视作品，也可以为同一个区域塑造不同的形象，多部作品的累积合成共同塑造了一个立体丰满的区域形象。国际化大都市上海向来是影视剧中的常客：民国谍战剧中波谲云诡的十里洋场，都市剧中光怪陆离的CBD，而家庭剧中的上海人则精明算计，婆媳大战一触即发…… 近几年大火的电视剧《欢乐颂》（图 4-2），讲述了同住在欢乐颂小区 22 楼的五个来自不同家庭、性格迥异的年轻女孩，经历了亲情、爱情、友情的种种考验，从陌生到熟悉，相互帮助、共同成长的故事。剧中描绘的就是一个上海的都市形象，有点冰冷有点残酷，展现的是年轻人在奋斗时面对这座城市的种种迷茫。而与之几乎同期播出的电视剧《伪装者》（图 4-3），其中的上海气质便是截然不同的。以抗日战争期间汪伪政府、共产党、国民党和日军之间的斗争博弈为叙事背景，电视剧书写了明家三姐弟各自为心中的信仰而战斗的传奇故事。而此时的上海，战乱纷争，阴谋伪装，充满血腥又充满正义。再追溯到前几年的《双面胶》《我的前半生》《蜗居》等讲述现代上海家庭生活的电视剧，将城市形象聚焦于繁华魔都之

图 4-2：电视剧《欢乐颂》剧照

图 4-3：电视剧《伪装者》剧照

下的世俗人生的现实关照，展现了普通人的恋爱、婚姻与生存。上海题材的电视剧形形色色，历来是影视创作的宠儿，包含了丰富的历史细节和社会元素，可以说上海之所以有十分立体多元的形象，也很大程度上得益于众多影视剧的渲染和建构。

值得注意的是，影视剧对区域或城市的定位与刻画要避免负面的刻板印象。刻板印象主要是指大众对某事物、某区域通过间接经验或部分直接经验形成的片面的感受或看法，而简单地认为这就是事物的整体或本质特征，从而忽视了个体差异和全面把握。一些影视剧在拍摄过程中只表现了特定区域或城市某一阶段或者某一部分地区的生活状况，但由于渲染的方式和比例把握不当，容易导致观众以偏概全，误解为城市全貌，从而产生一种负面的刻板印象，甚至造成地域歧视。首都北京是我国的政治文化中心，近年来在部分电视剧的塑造下成为让人透不过气来的“压力中心”。这种压力有80后的生活就业困境和情感无处可栖的迷茫。《裸婚时代》中轰轰烈烈的裸婚之后，抵不过平静生活里的日夜摩擦。在真实的生活面前，爱情终究无能为力。在这部电视剧中，压力成了北京的代名词，击碎了长达八年的爱情。这里还有70后不惑之年的中年危机。人到中年，已经褪去了年少轻狂的不羁与冲动。电视剧《美好生活》聚焦中产阶层，讲述中年人群的婚姻观念和生活现状。同样，00后也是不可忽视的群体，他们正经历着中学时代的升学压力和青春期的困惑。《小别离》中的小女孩朵朵因为考试焦虑而时常郁郁寡欢。当下教育升学压力同样是电视剧题材中的热点问题。同样的北京城，几代人不同的压力，难免让观众感叹帝都的生存不易。这与《新闻联播》中的首都形象还是非常不同的。另外，系列电视剧《乡村爱情故事》(图4-4)，连续十部展现了东北农民尤其是农村青年的爱情、事业和生活。诚然，它以喜剧夸张的艺术手法为我们带来了很多欢乐，让我们感受到乡村农民的勤劳乐观，但过度对此类生活的渲染，难免会给人造成一种惯性思维和认识错觉，再联系早年间的《刘老根》《马大帅》（图 4-5）等几部展现东北农民的影视剧和大量的东北小品、二人转，似乎提到东北就自然令人联想到土炕、方言、没见过世面的农村人等，这对一个区域的形象建构同样也是不利的。

图 4–4：电视剧《乡村爱情故事》剧照

图 4–5：电视剧《马大帅》剧照

2. 以区域的故事传说为主题

这是区域与影视协同传播的一种较为巧妙的形式。影视剧不仅以区域为故事发生地，以区域特有的文化风貌和自然景观为背景，还以区域内曾经的故事传说为创作素材。《红高粱》系列小说让莫言获得诺贝尔文学奖，继 1987 年被张艺谋改编为电影之后，2014 年由郑晓龙执导的同名电视剧让这一传奇重归大众视野。其情节一反八股式的抗战叙事结构，以独特的女性视角书写抗战背景下的高密民间生活和平凡百姓的民族血性。电视剧的播出使得高密这个地区被赋予了更为深刻的人文内涵：它彰显了中国农民的血性与精神，塑造了冲破道德束缚的女性典范，具有多重的解放意义。其拍摄基地——山东沂蒙红色影视基地被确定为“党员领导干部党性教育基地”，且依托抗战时期的山村风貌，以马牧池所具有的红色历史，全面展示红色文化、影视场景和沂蒙风情，吸引越来越多的人前往参观。一个国家需要影像的巧实力，一个地区也是如此。随着电视剧《红高粱》的热播，山东儿女的情义与担当，齐鲁大地的风土与人情，也在被广大受众所津津乐道。不难想象，这将对山东在国内外的形象塑造与品牌传播具有重要的促进意义。回首山东影视的创作，从 20 世纪 80 年代的《水浒》系列到 20 世纪 90 年代的《孔子》《孔繁森》，再到 21 世纪以来的《大染坊》《闯关东》《南下》《沂蒙》等优秀剧作（图 4-6），鲁剧逐渐形成了主题严肃认真、叙事大气磅礴的优良传统，并用收视率与美誉度证明了即使在“娱乐至死”的媒介环境下，没有“手撕鬼子”等雷人桥段的作品仍然会广受欢迎，也同样诠释了莫言的作品、鲁剧之所以会诞生于齐鲁大地上绝非偶然。

图 4-6：山影出品的部分电视剧剧照

被历史淘尽风霜的城市，一定有着独具一格的风韵。尽管时代变迁，但过往岁月的故事与传奇依旧承载着地域的底蕴和时代的脉动，同样被后人津津乐道。通过电视的影像传播，地域的别样风情也会在新时代的底片上一一呈现。电视剧《战长沙》从一个家族的兴衰离合着眼，讲述了湖南人民面对日本侵略者无所畏惧、勇于牺牲、一心报国的壮烈故事，还原了长沙文夕大火、衡阳保卫战等一系列历史事件，诠释了长沙人民百折不挠的抗争精神和勤劳奋进的优良品质，蕴含着一座城市的鲜活感动。即便现在的长沙是一个充满了青春活力的时尚都市，但通过影视作品的表达，展现了这里曾经经历过的一段惨烈的历史，帮助公众对长沙有更加多元和全面的了解，成功描绘了一幅坚强乐观、敢于拼搏的城市画卷。剧中涉及的天心阁、岳麓山、湘雅医院等，都是长沙非常具有代表性的地标性建筑，富有深刻独特的城市内涵。受众喜欢一部影视作品，往往除了影视剧情本身之外，还包括其中的演员、道具、场景，等等。比如霍建华的出演就吸引了众多 90 后群体，他们之后从对霍建华的好感转移到影视剧，从对影视剧的好感又移情到长沙这座城市。对他们而言，长沙就变得亲切温情起来。在心理学上，这叫作晕轮效应，也即人们所常说的爱屋及乌。因此，一个地方若能成为热播剧的拍摄场地，可能对该区域的形象提升有着巨大影响。

3. *以发展影视产业为带动*

由影视剧拍摄活动引出的影视基地建设、影视文化旅游等，不仅可以拉动地方旅游和经济的发展，更可以丰富城市的文化形象，把区域形象深度植入影视作品中，进行反复传播。典型的如海南的电影公社、宁波象山影视基地、横店影视基地、银川华夏西部影视城等，它们不仅为影视剧组提供了拍摄场地，其本身也因此散发着地方魅力，吸引着旅游者的目光。一部蕴藏区域特色的优秀影视剧会让广大影迷们对特定的旅游景点有生动的认识，进而产生向往；而围绕区域展开的动人故事也会让一些有特定地方情结的人格外感兴趣。就像 2018 年暑期的《延禧攻略》《如懿传》等清宫戏播出后，就为故宫带来了一场旅游热潮。因为影视剧的热播和全民讨论，吸引了众多观众变为游客前往延禧宫一探究竟。再加上《我在故宫修文物》《上新了故宫》等节目的助推，故宫推出2019年春节“故宫过年”的文化体验活动。这种文化旅游成为新的消费时尚，以至于故宫每天8万人的游客限额早早就被抢购一空。近二十多年来，成千上万韩剧迷们组团前往韩国影视剧的拍摄地参观，更早已是司空见惯的事情。

首因效应认为，人们对某一事物的第一印象是决定他们对某一事物态度的重要因素，而人们的态度直接影响了其后续的决策和行动。为了有力地烘托影视作品的人物形象或故事情节，影视剧创作者们对拍摄外景地的选择往往格外慎重。再加上摄影师和美工师们的通力合作，呈现出的自然是城市最美甚至更美的一面。而对于未曾去过该区域的人来说，这一美好形象就将成为他们对该地方的第一印象，这对一座城市或一个区域的良好形象传播具有非常重要的作用。且在影视中加入区域或城市的元素，不会像以往城市宣传片中简单地进行建筑物的堆砌或罗列，而是在影像中由于人物和故事情节的加持赋予城市独特的生命与色彩，同时也会增加该区域当地人和相关者的情感共鸣。近二十年来，湖南卫视强势崛起，其“快乐中国”的传播理念和一系列影响力巨大的节目与主持人团队，有力地塑造了长沙青春活泼、健康时尚的都市形象，很多人由此对长沙甚至湖南建构了与以往历史教科书中迥然不同的形象。很多人甚至选择长沙作为旅游目的地，就为了去传说中的湖南卫视看一看。对于他们来说，这就是一个青春“梦工厂”。这样进行城市形象的植入还有一个优势，就是不会由于宣传的间歇性被人们逐渐淡忘，而是会伴随着这种影视的传播被越来越多的人自然地熟知和接受，甚至可以借助演员或导演的影响力二次传播，具有曝光期长、形象稳定、影响力持久的诸多优势。

区域城市承办或举办一些重要的节庆活动，也是通过影视文化传播区域形象的比较有效的途径。“戛纳国际电影节”让戛纳这座城市因此闪耀，同理还有柏林国际电影节、东京国际电影节以及我国的上海国际电影节、广州国际纪录片节等。“中国金鸡百花电影节”是我国电影界最为盛大的活动，到 2018 年已经由全国 20 多个城市轮流承办了 27 届。每届承办的城市在电影节期间都会成为传播媒体和亿万观众关注的焦点，也可以起到城市形象传播的巨大功效。

三、建构区域形象：电视的责任与使命

电视在国家形象的建构中，既是洞察他国的“门镜”，也是展现本国的“窗口”。一方面，受众希望透过电视这个门镜更全面、更真实地认识其他国家，而该国电视机构则由于种种制约和出于种种目的，总是力图塑造有利于本国利益的他国形象；而另一方面，电视机构又总是希望通过电视这个展示的窗口，向其他国家和人民传递尽量美好的本国形象。这似乎永远构成了一对矛盾，而矛盾的背后无疑是为了维护各自国家的根本利益。

一个国家是这样，一个区域或者一座城市也是如此。城市形象是一座城市的“标签”，是一座城市的人文风情或是自然景象凝结在大众意识中的符号。没有灵魂的城市是没有传播力度的，一座城市应当建立起属于自己的独家记忆。对于独家记忆的印刻就要求深度挖掘城市的历史沿革、文化传统、社会百态，从中萃取表达城市形象的鲜活与古老元素，从而建构相应的传播体系。

大众媒介能深刻地影响一座城市的物质文明和政治文化，城市形象的传播更离不开影视剧的塑造。影视剧可以透过情节与现实联结，能够不分国界、不分地域地让观众在潜移默化中认识一座城市的现代与变革、人文与价值、气质与节奏、光荣与历史。然而，影视剧不能完全成为城市的“传声筒”，也不应仅仅成为城市景观的呈现者，而应该注意到影视作品所表达的城市内涵的独特性。如果简单地将一个

城市最有标志性的地域特色进行浓缩聚合甚至物理拼接，就难免会影响受众对于一座城市的整体认知。唯有将城市的资源整合于一体，全面地通过艺术加工方能赢得观众的真心认可，才有助于一座城市、一个区域，进而一个国家形象的长远塑造和传播，才能真正实现社会效益与经济效益的双丰收。电视媒体既是社会精神状态的建设者和传播者，也是区域形象的塑造者和构建者。

在经济腾飞、城市化进程不断加快的今天，城市与城市之间的竞争很大程度上也是品牌和形象的竞争。从某种意义上来说，区域形象是一种生产力。一个独特良好的区域形象能够将城市的资源、文化或是其他优势转变为巨大的商业价值。西班牙的巴塞罗那就是依托体育实现城市营销的成功案例，1992 年的第 25 届奥运会使其名闻遐迩。如何加强国际形象传播能力，精心构建对外话语体系，是摆在今天电视媒体面前的时代任务和历史使命。

第三节 边界的交错与游移：国家的电视文化安全

美国心理学家亚伯拉罕·马斯洛把人的各种需求从低到高分为五个层次，认为安全需求的重要性仅次于生理需求。一般认为，安全不仅表达了一种客观存在的状态，也是一种心理感受，同时还包括实现安全的途径。而安全的主体既可以是个人和群体，也可以是国家和地区。“国家安全”的概念最早由李普曼提出，由于时代的局限，长期以来几乎变成了军事安全的同义语。随着人们认识的加深，国家安全的内涵也有了极大的拓展。国家的政治安全、军事安全和经济安全的重要性自不待言，而文化安全由于其隐蔽性、长期性等特点，往往被有意无意地忽视。由于今天电视媒体的强大影响和传播特点，并随着直播卫星、网络电视、移动互联等传播技术的日趋完善和普及，电视文化安全已经日益成为影响国家文化安全的重要因素。

一、国内电视文化安全

从理论上来讲，一个国家的电视文化安全应当包括国内和国际两个向度，但遗憾的是长期以来人们更多地关注国际向度，而国内向度则由于种种原因较少被提及，对其重视显然不够。

1. 拟态环境与社会偏见

李普曼认为，在现代社会，人们的行为与三种意义上的“现实”发生着联系：一是实际存在的客观现实；二是传播媒介营造的拟态环境；三是人们在自己头脑中描绘的关于外部世界的图像，即主观现实。在传统社会里，由于传播媒介的限制，主观现实是对客观现实较为直接的反映，而在媒介社会，人们对客观现实的认识很大程度上需要经过媒介营建的拟态环境作为中介。这个道理似乎并不太难理解，如果我们将作为生活原生形态的现实与作为电视观众所接受的现实放置到一个系统之中，就会发现，这中间实际上已经过了“多重的假定”。[①]波德里亚更进一步指出，电视等大众传媒不仅不需要模仿现实，甚至还可以生产出现实：它们塑造着我们的审美趣味、生活习惯乃至整个思维方式。因此，“拟像”比仿真更胜一筹，它比实物之像更为真实。大众沉溺于其中看到的不是现实本身，而只是脱离现实的“拟像世界”，拟像社会就是一个“超真实”的社会。

按照社会学的观点，一个人若要从“自然人”发展成为“社会人”，必须要学习各种知识、技能和规范。由于电视在今天人们生活中的巨大影响以及音像并茂的媒介特点，自然决定了其在人们社会

① 胡智锋.电视美学大纲[M].北京：北京广播学院出版社，2003：15.

化进程中的重要地位。可见，电视媒介的传播偏好，直接影响到人们对生存环境的认识和评价。今天，偏爱“怪力乱神”的新闻价值和“星、腥、性”的娱乐价值取向，在给受众带来新鲜感和娱乐性的同时，也在悄悄地塑造着民众对社会生态的认知。

不错，从理想的角度来看，电视媒体应当全面公正、真实客观地传播每个国家和地区的信息，以利于受众掌握关于这个世界的真实图景，从而形成正确的世界观。然而，由于电视媒体分属不同的利益集团，必然受到政治、经济、文化等各方面利益的制约，从而在报道题材的选择、评论观点的确定等方面呈现出各自不同的价值取向。因此，受众通过电视媒体所看到和认识的外部世界，只是一个被选择和建构的“媒体世界”，与真实的世界有着一定程度的差异。所以，电视媒体只能充当我们紧闭国门而洞察其他国家和地区的一个“门镜”而已。既然是门镜，就难免视野不够开阔，角度受到制约，甚至于内容还有些变形。更为重要的是，人们通过电视媒体获得的对于国内和国际环境的不准确的认识，必然导致形成许多偏见，这种种偏见基础上的决策和行为，正是这个世界许多矛盾与冲突的发源地之一。①

2. 文化认同与国家认同

一个人的文化认同和国家认同并不是先天具有的，而是后天习得的。这个学习和培养的途径固然有许多，但在视觉图像繁盛的今天，电视的影响不可忽视。然而，“当观众拿着遥控器选取着各式各样的信息的同时，每一次转台即经历了一次时空的错乱……属于地域的独特性已不再存在，人们丧失了地方感与空间感”②。人们长期生活在这种拟态环境里，很容易造成文化精神的迷失。

---

① 孔令顺．论国家电视文化安全的一体两面 [J]. 国际关系学院学报，2008（4）.

② 李天铎．想象空间与认同破裂：媒介全球化的后果？ [M]// 孟建，等．冲突、和谐、全球化与亚洲影视．复旦大学出版社，2003：69.

而这种文化认同基础上的国家认同，对于一个国家的重要性是不言而喻的：它不仅是国家借以凝聚国民的核心力量，更是一个国家借以证明自身合法性的基本依据。在人类历史的发展进程中，同一民族通常都具有共同的精神结构、价值系统、心理特征和行为模式，人们正是在这种共同的文化背景中获得了归属感和认同感，成为一个“想象的共同体”。因此，文化认同始终是维系社会秩序的黏合剂，是培育社会成员国家统一意识的深层基础。[①] 国家认同是自我认同的一部分，对国家的认同也是对自己身份的一种确认。正如亨廷顿所言：“国家利益来源于国家身份（认同）。我们必须先知道我们是谁，然后才能知道我们的利益是什么。”

随着世界平坦化程度的提高，追求同质化的经济对民族文化独特性的消解和对国民国家认同感形成的影响也相应地增强。随着大量黄皮白心的“香蕉人”（即东方人种西方思想）出现，文化习俗和价值取向也面临着同质化的危险。其实各个群体的人之间最大的区别是文化上的，而不是生理或物质上的。因此，一个国家如果缺乏鲜明的文化特色，在国际舞台上自然是面目模糊的。一个没有文化核心而仅仅以政治信条来界定自己的国家，同样也很难做到长期的安定团结。

二、国际电视文化安全

1. 文化霸权与文化版图

在现行的世界信息传播秩序下，发达国家往往拥有较多的话语权，成为跨国信息流动的单向度流出方，形成某种文化霸权，而广大的发展中国家则基本是单向度流入方。更进一步来讲，所谓的全球化

---

① 杨玉玲、文化认同：最坚固的国防 [N]. 光明日报，2005-4-20（10）.

其实就是一种“美国化”，“全球化长了一张美国面孔，有着一副美国神情，充满了美国味道”。

在葛兰西看来，“文化霸权”这一概念，其实并没有强制统治和接受的意思，而应是以服从和同意为基础的统治权，即“一种非暴力的文化意识形态控制手段，它需要通过社会中的大多数自觉自愿的认可赞同来实现”①。权威、服从与合法性是文化霸权得以形成的必要条件。实际上，文化霸权是一种新型的殖民主义，即文化帝国主义。文化帝国主义作为当代西方社会的一种强势话语，不仅对西方世界的公众形成了一种怀柔统治，更主要的是作为文化扩张的一种具体策略，已对第三世界国家构成了一种文化侵略，从而导致了第三世界国家本土文化的变异甚至消失。②

美国的强大，其实不仅仅体现在政治、经济、科技和军事上，更体现在通过影视塑造的美国文化上。“美国文化，不管是阳春白雪还是下里巴人，其传播的力度与当时的罗马帝国不相上下——且颇有新意。罗马及苏联的文化影响止于其军事力量的尽头。但美国的软力量统治着一个日不落的帝国。”③那么，何谓软力量？约瑟夫·奈认为：软力量就是通过吸引而非强迫或收买的手段来达己所愿的能力，即我们所说的软实力（Soft Power）。因此，资产阶级文化霸权的形成，并不是靠把自己的意识形态强行灌输给从属的阶级，而是需要依靠被统治阶级自觉自愿的赞同。

据统计，目前笼罩在中国上空的卫星电视频道有上百家，已经获准在三星级以上宾馆及一些涉外等特殊社区落地的就有30多家。如若再考虑上网络电视、影碟光盘以及小规模卫星天线的泛滥等因素，

---

① 孙晶．文化霸权理论研究[M]．北京：社会科学文献出版社，2004：2.

② 王一川．批评理论与实践教程[M]．北京：高等教育出版社，2005：188.

③ 杰弗．谁害怕“大块头”先生？[J]．国家利益，2001（夏季刊）．

中国的电视领空实际上早已不再固若金汤，电视文化版图也出现了不同程度的游移。国家之间的电视文化边界出现了模糊和交错，必然会冲击国家的电视文化主权。维护国家的电视文化安全，最终目的就是要维护国家文化主权，防止他国电视文化对本国民族文化的侵蚀，以及抵制相对立的意识形态和价值观念、行为方式的渗透与影响。

电视文化主权面对的最大威胁毫无疑问就是文化霸权。在关贸总协定的谈判中，面对美国以影视为主要工具的文化霸权，法国和加拿大等国敏锐地意识到国家和民族文化独立的重要性，坚决反对把文化列入一般性服务贸易，并最终确定了“文化例外”的六条标准。

“文化因不同而冲突，冲突是文化多样性寻求平衡的方式，冲突也是推进文化向前发展的动力。因此，文化冲突是文化多样性存在的常态。”[①] 所以，我们一方面应当对这种有可能威胁国家电视文化版图和文化主权的冲突保持时刻的清醒和足够的防范，另一方面也应当看到这种冲突将会长期而普遍地存在。

2. 中国电视的国际传播

通常而言，人们对一个国家的认知形成是一个复杂的系统。对于一般人来说，通过切身感知的可能性并不是太大，而更多是基于新闻报道、影视观赏或是社交媒体复合形成的一种综合感受，再辅以自身的文化背景和教育经验对接收到的直观信息进行整合重塑，从而内化为自己的间接经验，完成对一个国家的形象认知和想象。电视媒体作为对外传播的重要窗口，在国家形象的传播与塑造中发挥着不可替代的重要作用。

电视的对外传播，可以从周边的国家和地区开始，由近及远，分类进行。从理论上来讲，卫星电视的信号大多都可以覆盖周边的国家

① 沈卫星．论全球化与中国文化多样性 [D]. 北京师范大学，2006：52.

和地区，从传播技术上实现了这种空间传播的可能。最重要的是，周边国家和地区与中国有着千丝万缕的政治、经济、文化甚至是军事的联系，形成了密切的地缘共同体。电视媒体应从“周边传播”[①]开始，有步骤、有区别地走向更远的国度和世界，承担“人类命运共同体”建设的影像责任。

电视剧是当今电视媒体上的最主要的节目样式之一，可能也是普通受众消磨时间最多的收视客体。[②]改革开放四十年来，随着我国电视剧制作水平的提升，很多优秀电视剧比如《红楼梦》《三国演义》《西游记》等经典作品也开始漂洋过海，陆续走出国门，特别是《还珠格格》更是风靡了整个东南亚。2001年我国正式加入WTO后，更是从国家层面相继出台了一系列文化“走出去”的战略部署，如《关于广播影视走出去工程的细则》《关于进一步加强和改进文化产品和服务出口工作的意见》《关于鼓励和支持文化产品和服务出口的若干意见》等，极大地促进了中国电视的对外传播。2010年由中日合拍的《苍穹之昴》登录NHK卫星高清频道；2013年《媳妇的美好时代》在坦桑尼亚获得了较高的收视率，成为打开海外输出的非洲突破口。相较于传统的古装剧，这种现代家庭伦理剧的传播更有助于海外受众真切地了解到中国的现实生活。2015年《琅琊榜》也在韩国、日本等国家和中国台湾、香港等地区持续热播。据统计，2016年中国影视产品和服务贸易出口额达6亿美元。2018年，“中国剧场”成功落地菲律宾国家电视台，播出菲语版的《鸡毛飞上天》。风靡整个

---

① 近几年，北京大学陆地教授开展了有关“周边传播”的研究，认为“周边国家的传播，有利于减少周边国家对我国的不信任，消除他们对我国发展强大的恐惧感，争取更多周边国家的理解和认同。”详见陆地，等．周边传播的概念和特性——周边传播理论研究系列之一[J]．现代传播，2015（3）．

② 孔令顺．全球化视阈中电视媒体对国家形象的塑造[J]．现代视听，2010（8）．

2018 年暑期的《延禧攻略》也已输出 70 多个国家和地区，在海外同样掀起了追剧热潮。

尽管我国是电视剧的生产和消费大国，但是不可否认，相较于美剧、英剧、韩剧、日剧等，我国电视剧在国际传播上依然处于自娱自乐的、较为尴尬的状态。我国电视剧的“走出去”主要集中在东亚和东南亚等地区，在欧美国家主流媒体平台上的播出相对较少。在思考我国电视剧如何“墙内开花墙外香”的同时，也应该认真研究为何美剧、英剧或是韩剧在我国广受欢迎：韩剧《太阳的后裔》《来自星星的你》等在中国创下收视热潮的记忆依旧清晰，美剧《生活大爆炸》对当代青年的思想影响依旧深刻。《甄嬛传》曾经在美国 Netflix 网站付费播出，然而欧美国家的受众却似乎并不太买账。长达 76 集、备受国民热捧的电视剧在美国却被剪辑成 6 集，匆匆播完。我们必须承认，东西方语境的巨大鸿沟，语言的所指与能指发生了一定偏转，电视剧想要真正深入海外受众，让欧美市场认可，似乎也并非易事。这是任何国家电视剧开始“走出去”时可能都要面临的困境。影视剧的走出去当然要尊重异国他乡受众的文化需求和审美习惯，但若一味地迎合海外受众而丧失了中国气度和中国特色更是令人忧心的。较为可喜的是，电视剧与电影还是有着很大的不同。或许是因为有关电视剧的国际性奖项较少，电视剧的制作相比较部分电影直奔国际大奖而去的来说，“功利性”显得并不是那么强烈，毕竟很少有电视剧是专门为“走出去”和获奖而制作的，这就使得制作方在考量取材风格时更多地还是考虑了中国受众的口味。这固然值得肯定，但也的确会给国际传播带来障碍。

若从历时性的角度加以考量，每一次技术的革命性进步都带来了传媒格局的重组，而新时期以数字网络和卫星电视等为代表的技术进步则打破了民族国家的地理边界，带来了传播的全球化。从理论上来讲，电视媒体几乎可以随时进行全球的现场直播，实现“天涯共此时”的同步体验。2003 年，全球的人们就通过电视直播，共享了伊拉克战争的“饕餮盛宴”。《越狱》《反恐 24 小时》等热播美剧的迅速蔓延，奥运会、世界杯等事件的电视和网络直播，使人们似乎已经习惯了这个日益平坦的“地球村”。地球虽然是圆的，但世界已经变平了。

三、国家电视文化安全的维护

在葛兰西看来，统治阶级主要用两种方式进行统治：第一，以实力直接强制控制，即霸权统治的方式；第二，领导权的方式，也就是通过社会主要团体积极同意而取得的道德和哲学的领导。[①] 二者的区分大致相当于中国传统政治思想中的“霸道”和“王道”。

我们通常将“强权政治”与“文化霸权”联系在一起，认为前者是后者得以盛行的基础和前提。在“文化霸权”这一概念中的霸权，其实并没有强制统治和接受的意思，而是以服从和同意为基础的统治权，即“一种非暴力的文化意识形态控制手段，它需要通过社会中的大多数自觉自愿的认可赞同来实现”[②]。概括地来讲，权威、服从与合法性是文化霸权或领导权得以形成的必要条件。而究其实质，文化霸权是一种新型的殖民主义，也就是帝国主义在凭借武力实施经济掠夺之后，转而使用文化手段向第三世界国家实施文化渗透和扩张政策。从这个意义上来看，后殖民主义又可以被称为“文化帝国主义”（Cultural Imperialism）。因此，文化霸权的说法并不是非常确切的，有时会产生歧义和误导。

当今世界，国与国之间的竞争不仅是政治、军事和经济之间的竞

---

① 孙晶．文化霸权理论研究 [M]. 北京：社会科学文献出版社，2004：2.

② 孔令顺．动画片《孔子》的文化学研究 [J]. 中国电视，2010（2）.

争，还有文化之间的竞争。一个普遍的现象是，与现实的地理版图相比较，国家之间的电视边界出现了模糊和交错，导致国家的电视主权也受到一定程度的冲击，电视安全从而受到威胁。维护国家的电视版图安全，最终目的是要维护国家主权，防止他国电视对本国民族文化的侵蚀，以及抵制相对立的意识形态和价值观念、行为方式的渗透与影响。意识形态领域的安全是文化安全的核心部分。

在国家层面上，我国越来越重视国际传播的建设。十七届六中全会上“加强国际传播能力建设”首次在国家层面被提及。党的十八大以来，以习近平同志为核心的党中央领导集体高度重视意识形态领域的安全。2013 年 8 月 19 日，在全国宣传思想工作会议上习近平明确指出，能否做好意识形态工作，事关党的前途命运，事关国家长治久安，事关民族凝聚力和向心力。2014 年，首次将“加强国际传播能力”列入政府工作报告；2015 年，政府工作报告又一次提出国际传播能力建设。2016 年 2 月 19 日，在党的新闻舆论工作座谈会上，习近平明确指出了党的新闻舆论工作在新的社会实践新的时代条件下的职责和使命。2017 年习近平总书记在十九大报告中明确提出“构建人类命运共同体”，要推进国际传播能力建设，讲好中国故事，展现真实、立体、全面的中国，提高国家文化软实力。①纵观国家的方针政策，国际传播始终占据重要地位，而电视在国际传播中承担着更为重要而鲜明的政治责任。

英国前首相撒切尔夫人和美国前国务卿希拉里在任时都曾说过类似的话，不能输出价值观的国家不能算是一个强国。习近平总书记在文艺工作座谈会上也曾言：“没有中华文化繁荣兴盛，就没有中华民

① 习近平．决胜全面建成小康社会 夺取新时代中国特色社会主义伟大胜利——在中国共产党第十九次全国代表大会上的报告 [J]. 中国经济周刊，2017（42）：68-96.

族伟大复兴。"[①] 如果一个国家只有物质文明，缺乏精神文明，那么这个国家就不可能长期屹立于世界民族之林。作为四大文明古国的中国，是不缺乏优秀文化的。如何对内树立文化自信，对外消除文化偏见，都有赖于我国文化软实力的增强。保卫思想文化和意识形态领域是一场没有硝烟没有刀光剑影的斗争，守卫国家民族的文化领土要居安思危，未雨绸缪。对于国家的电视文化安全，我们不仅需要有一个清醒的认识，更需要做出切实的努力。

① 习近平．在文艺工作座谈会上的讲话 [M].// 习近平总书记重要讲话文章选编．中共中央文献研究室编，2016：184.

第五章

中国电视的经济责任

大多数经济学家都认可，适度借助大众传媒是市场经济顺利运行的必要机制和手段。施拉姆在《大众传播媒介与国家发展——信息对发展中国家的作用》中指出："如果没有有效的传播，现代工业化所需要的技术、教育和经济基础就无法建立。"弗雷德·西伯特等三人在著作《传媒的四种理论》中也认为，传媒具有为经济制度服务的功能，可以利用广告沟通买卖双方的商品和服务，并保持经济独立。电视作为大众传播媒介中重要的组成部分，与经济发展相互支撑：一方面，它以传播行为推动着社会经济的发展，另一方面，电视产业也是文化产业的重要组成部分。

第一节　经济社会的强力推手

一、电视与经济的关系

1. 处于金融经济与文化经济中的电视

中国传媒大学周鸿铎教授认为，传媒经济是以传播媒介为中心或为主导而形成的各类经济活动的总称。西方国家因为拥有相对发达的传媒机构、成熟的产业市场所形成的庞大传媒经济，故其传媒经济方面的理论研究也较为领先。有关电视经济的研究，美国加州大学经济学与政治学教授伯恩斯坦于 1960 年出版的《电视片生产与发行经济学》一书中首次明确提出了"电视经济学"的概念。在中国，周鸿铎于 1990 年出版的专著《广播电视经济学》可能是中国第一部传媒经济学领域的著作。

约翰·费斯克在《理解大众媒介》一书中根据马克思主义政治经

济学的商品交换价值和使用价值理论提出两种经济，即金融经济和文化经济。费斯克将电视置于这两种经济系统中，并给出下表进行解释（表 5-1）：

表 5-1：金融经济与文化经济两种经济系统中的电视生产与消费 ①

	金融经济		文化经济
	1	2	
生产者	演播室	节目	观众
商品	节目	观众	意义 / 快感
消费者	经销商	广告商	观众自己

两种经济系统中都涉及生产和消费两个流通环节，在金融经济系统中又包含两个阶段：金融经济阶段 1 指演播室根据市场规律与受众需求制作电视节目，将电视节目售卖给经销商（电视台）；金融经济阶段 2 是指电视台播出节目，由此而产生的观众作为商品被卖给广告商。这一过程较为直观地展示了电视台的盈利方式。在文化经济系统中，流通的商品并非实物而是意义与快感，观众自身变为产生意义与快感的生产者，这种意义与快感源自电视台的节目，而消费快感与意义的无疑也是观众自身。

总的来说，在金融经济系统中体现的是交换价值，流通的是金钱；而在文化经济系统中体现的是使用价值，流通的是意义与快感。从整个过程中可以看到，电视产品的生产和消费最终是以受众为核心的。而对于怎样吸引受众，则引出下面将要涉及的问题，即注意力经济。

① 费斯克．理解大众文化 [M]. 王晓珏，宋伟杰，译．北京：中央编译出版社，2001：43.

2. 电视的必要因素：注意力经济

在信息革命与数字技术发展的促进下，电视在普通民众日常生活中占据着重要的地位。从某种意义上来说，甚至于电视就是生活。正如前文提及在两种经济系统中实际的核心是受众，无论是资金流向电视媒体还是流向广告商，似乎都最终取决于观众的好恶。戈德海伯（Goldhaber）在题为《注意力购买者》的文章中首次提出“注意力经济”的概念，他认为“获得注意力就是获得一种持久的财富”①。注意力经济的本质是争夺越来越成为稀缺资源的大众注意力，这种注意力因其能够影响社会资源的优化配置而变得越发重要，它也可以说是一种“眼球经济”。与受众相伴相生的注意力已经变成一种可供交易的商品，其再生成本几乎可以忽略不计，但所带来的经济效益却是倍增的。

对于电视来说，用来衡量受众关注度的重要指标是收视率。电视节目的收视率高就意味着广告主愿意投入更多的广告费用给电视台，也就意味着电视台能实现更好的经济收益。此种原理就像报刊要靠发行量、网站要靠点击量实现经济收益一样。但在媒体融合的浪潮下，电视机不再是人们收看电视节目的唯一渠道。在这样的语境下，如何持久抓住观众的眼球，成为电视台要考虑的最重要的命题，或者说这始终都是电视台的生命线。在收视率的作用下，一方面激发了电视制作者的创新意识，使电视节目不断迸发活力；但另一方面，为了迎合观众也造成了严重的节目同质化现象。如“超级女声”一炮走红后，各种选秀类节目便纷纷效仿登场。如何在社会效益与经济效益之间保持平衡、互相促进，在未来相当长的一段时间内，都是电视工作者要面对的重大难题。

---

① 郑小窗．能动司法对互联网产业的影响分析——以网络服务提供者侵权责任认定切入[M]// 社会中的法理（第九卷）．北京：中国法律图书有限公司，2017.

3. 电视的进阶因素：影响力经济

现代传媒经济运作的盈利点在于二次售卖，二次售卖的关键点就是注意力。但随着媒介竞争的加剧和民众媒介素养的提高，仅仅“注意”已经变得越来越不足，还需要从“注意”延伸为“态度”和“行为”，这就需要影响力。北京师范大学喻国明教授曾提出“影响力经济”才是传媒作为产业的经济本质，传媒之于市场的价值大小关键在于它通过其受众所产生的社会实践和社会发展的“影响力”。[①] 对于电视来说，其市场价值的体现在于，电视通过其播出的节目与广告在多大程度上能影响到人们的社会行为与社会决策，使人们做出市场消费的决策。换句话说，成功的影响力塑造可以影响受众的认知、态度与行为等各个环节。而电视能否形成影响力经济是两种要素相互交融的结果，一个是注意力，另一个是公信力。如果说注意力主要体现在观看方式和受众反应上，那么公信力则体现为电视节目的专业性和权威性。只有这二者形成融合，才能最好地对目标受众进行“黏合”。如果说注意力经济多数作用于电视与受众，那么影响力经济才是最终导致电视、受众与市场产生关系的关键。影响力经济要求树立创新节目理念，找到新的节目形态，发现新的价值体系。中国电视的可持续发展，需要将注意力经济转向影响力经济。

二、电视对社会经济的推动

1. 电视产业的稳步增长

电视产业对经济的直接影响表现为拉动经济总量增长，进而影响国民经济的发展。2016 年，广播电视产业实现稳步增长，虽然增幅

① 喻国明. 影响力经济——对传媒产业本质的一种诠释 [J]. 现代传播，2006（1）.

持续放缓。全年广播电视行业总收入达 5039.77 亿元，比 2015 年的 4634.56 亿元增加 405.21 亿元，同比增长 8.74%。从下图（见图 5-1）中可看出，自 2010 年至 2016 年，全国广播电视行业收入仍然可以保持稳步增长。然而近两年来，由于整个媒介环境的急剧变化，传统电视产业的收入开始下滑。合理而充分的就业，是经济发展的重要保障。经过六十年的积累，广播电视庞大的产业基础，对稳定和拉动就业有着一定的贡献。仅以 2016 年为例，全国广播电视行业从业人员为 91.93 万人。如果再算上周边产业的发展，整个广电行业对社会的就业安置还是起着较大的作用的。

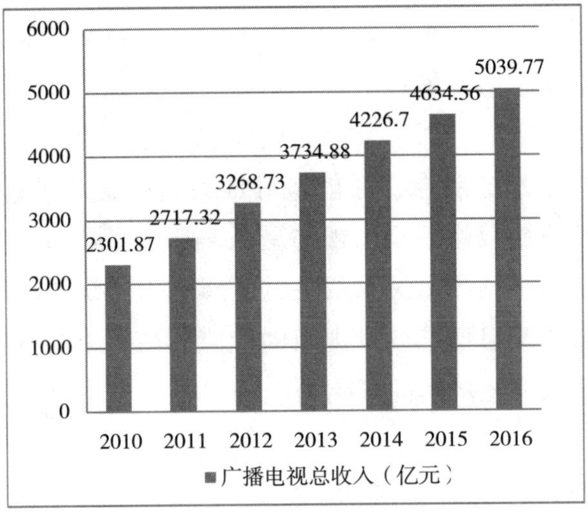

图 5-1：2010–2016 年全国广播电视行业总收入情况

数据来源：《中国广播电影电视发展报告》（2017）

改革开放以来，我国政府出台实施了一系列推进广播电视行业改革与发展的政策措施，广播电视行业正在进行深度改革和产业转型。一般而言，广播电视产业的收入主要包括广告收入、影视交易收入与固定资产投资等，各项收入带动的相关行业也对经济发展起着不可替代的促进作用。除了对经济增长的直接贡献外，电视产业也间接刺激消费。随着我国经济的快速发展，人民生活水平显著提高，恩格尔系数持续下降，在满足基本物质生活需求后，第三产业的消费所占比重将越来越高，其中有关电视文化产业的消费比重也逐步增加。

随着互联网的不断迭代更新，国家也相继出台各项政策推进现代化信息传播和媒体融合发展。电视媒体需要与时俱进，通过构建“电视＋互联网”双受众市场媒介战略以获得全新价值增长点，探索媒体融合的运行规律，以规划运营视频节目和广告信息，及时掌握用户最新的消费心理和行为方式，从而抢占传播制高点，赢得更为广阔的市场空间。

2. 对经济社会的传播报道

自 20 世纪 80 年代开始，电视就因其覆盖广、影响大、观众多、内容丰富、传播速度快等优势成为我国第一大媒介。早期大众传媒受众的知识文化水平相对较低，人们往往更愿意通过接受门槛较低的电视来了解周围社会环境的变化，《经济信息联播》等电视新闻报道在人们的经济活动中起着巨大的指导作用。

我国的社会转型以经济体制改革为基本推动力。电视作为大众传播的重要媒介，大量报道了经济发展的新形势、新特点和新趋向。尤其是在新时代下，电视围绕转方式、调结构、稳增长、“大众创业、万众创新”、供给侧结构性改革等经济热点，进行重在信息分享、解疑释惑的经济报道，引导大众关注新常态下的新机遇。一方面，对双创、经济发展新旧动能等话题，主动进行议程设置，对大学生创业、投融资机制改革等主题进行报道，并推出系列专题，营造良好的经济氛围。另一方面，进行经济政策和整体形势的权威解读，引导受众认清当前经济发展规律，加深对党和政府一系列政策的理解，主动对接国家和社会的重大需求。

从经济学的视角来看，大众媒介的参与使得市场得以顺利运行，这尤其体现在案例解读和信息沟通等方面。比如，中央电视台的《焦点访谈》就经常通过典型个案对经济话题进行解读，地方电视台对地方经济进行系列报道和案例分析等。2014 年，中央电视台财经频道推出大型青年创业实战公开课《创业英雄汇》，希望“为创业者实现梦想助力，为华夏大地如火如荼的‘双创’助力，为中国经济发展助力”。节目汇聚了柳传志、俞敏洪、雷军等中国优秀的企业家担纲创业导师，并邀请众多知名投资人一起给正在成长路上奋斗的创业者以具体的指导和切实的帮助，把脉创业路上普遍存在的症结与难题。[①]从整体上看，《创业英雄汇》有益于提高创业意识、发扬创新精神、引导主流价值观，这充分体现了电视媒体对于经济责任的担当，对于之后财经节目的发展具有一定的参考价值。

电视媒体对经济社会与经济活动的报道可以搭建受众与市场之间信息的桥梁，并起到市场监督的作用，对信任重建具有积极影响。经济学家普遍认为，信任是市场经济得以存在和发展的重要因素。市场交易中的信息不对称造成市场经济体制中信任的损害与缺失，经济报道通过沟通信息能够减少信息的不对称，增加市场透明度。曝光经济生活中的市场失序与行为失范，可以促进政府监管和行业自律。在市场经济改革的过程中，各种钻制度空子的投机行为大大损害了普通民众的利益，媒体报道对其进行披露和监督具有很强的必要性。一般来说，信任可以分为法治性信任与道德性信任。大众媒介通过经济报道对市场的运行规律进行分析与解释，对政府及监管部门出台的政策规章进行专业的指导和解读，可以唤起公民的信用意识，促进公民树立起适应现代社会的契约精神。[②]电视媒介也可以使公民了解维护自身权益的合理途径和方法，促进信任的发展，以重建并维护社会的主流

① 徐小兰．创业英雄汇：电视财经节目践行社会责任的范本 [J]. 中国广播电视学刊，2017（4）.

② 苏菲．电视经济报道与社会信任重建 [D]. 复旦大学，2005.

价值观，弥补市场失范行为所造成的损失。

早在1964年的《大众传播媒介与国家发展——信息对发展中国家的作用》一书中，施拉姆就提出“有效的信息传播可以促进经济和社会的发展，加速社会变革的进程，减缓变革中的困难和痛苦”。自1991年开始，中央电视台财经频道每年制作播出的“3·15晚会”，揭穿过无数骗局、陷阱与黑幕，很大程度上维护了经济环境的公平正义，唤醒消费者的维权意识，有效规范了市场秩序。目前我国比较有影响力的专业性财经类频道主要包括央视财经频道、上海第一财经以及全国各省市级电视台的经济频道、生活频道和财经频道等。随着市场机制的逐步发展与完善，报道逐渐涵盖社会经济的各个方面，从生产领域到流通领域，再到消费、投资领域，逐渐能够较为全面地反映经济活动的全过程。

3. 广告与品牌的良性互动

1941年7月1日夜间2点29分，世界电视史上的第一支广告播出。这是由美国宝路华钟表公司（Bulova Watch Company）以9美元的价格，向全国广播公司旗下的WNBC电视台购买的棒球赛播出前的10秒钟广告时段。该广告的内容十分简单，仅是一块宝路华的手表显示在美国地图前面，并搭配了公司的口播旁白：“美国以宝路华的时间运行！”①

广告是市场经济的产物。在市场经济的条件下，广告具有引导生产和消费，促进经济发展的作用，当然同时也具有文化传播、教育引导等社会化功能。从经济学理论视角来看，媒体广告可以节约社会交易成本。首先，这很大程度上节约了人们选择商品的时间、精力与费用。其次，传媒广告在引导消费的同时还创造了消费，刺激商家扩大

---

① 杨祺君．浅析中外影视广告创意制作比较[J]．湖北成人教育学院学报，2013（1）．

商品生产，而更高层次的理性消费和更高质量的合理生产，有利于社会经济资源得到有效的配置。

广告通过在电视中的播出，一方面可以实现商品信息更大范围内的传播，完成企业与消费者之间的信息互通。受众在这里成为消费者，通过广告了解与商品相关的更多信息，比对选择所需商品，完成消费行为等。而另一方面，广告活动也可以为商品流通和市场交易提供依据。商家可以依此计划商品的供给，以避免盲目生产和囤积。电视广告的播出更为企业提升了品牌知名度与认可度，进一步引导消费。广告对受众进行了品牌印象的认知和加深，可以说，很大程度上人们通过电视广告才知道自己应该购买什么商品，以及何种品牌的商品。广告包含的丰富商品信息比如性能、特点、价格、售后服务等，实际上可以形成受众对商品的认知，培养受众对商品的态度，并最终刺激消费者形成购买行为。同时，广告使消费者需求的价格弹性变小，通过培养消费者对商品的喜好度与忠诚度来增强用户与品牌间的黏性。这样的结果是，即使商品价格出现较大浮动，对消费者行为的实际影响也会降低，也就是说，消费者对心中认定的品牌，不管价格高低起伏大多还是会坚持购买。苹果系列手机价格的不断攀升，对忠实“果粉”和追随者的影响其实并没有那么其他商品那么大，因为这已经成为一种符号性消费。对于企业与企业之间，通过广告的形象竞争，促使企业不断完善自我管理，优化用户体验。广告已经成为各企业之间争夺市场和消费者的重要手段之一。

一般来说，发达国家广告费用占 GDP 的比重约为 2%，而我国 2014 年的广告经营额虽已达到 5606 亿元，但在 GDP 中的占比仅为 0.88%。这一方面固然反映了我国广告行业还有很大发展空间，但另一方面也充分说明，对于品牌塑造和商品宣传，我国企业还并未充分认识到和发挥好电视等大众媒体的广告作用。企业与媒体之间尚没有形成良好的融合与互动关系，尤其是电视媒体在企业品牌宣传方面的产业价值还没有真正地被发掘出来。大众媒体实际上可以被视为企业的重要战略资源，电视媒体对企业影响力的塑造尤其是不可替代的。作为第一媒体的电视拥有最广泛的受众群体资源，能够深入千家万户，声画同步的影像方式可以将企业品牌与产品生动形象地展现在大众面前，极具说服力和诱惑力。十几年前的 2002 年到 2003 年间，蒙牛、伊利、光明三大乳企同时进行电视广告宣传，不仅成功塑造了这三大品牌，也让消费者愿意为牛奶而买单，培养了普通民众消费牛奶的生活习惯，最终带动整个乳品行业的迅速扩容。

2017 年起，中央电视台开始对原有的广告招标模式进行颠覆性创新，推出了“国家品牌计划”。除了配置《新闻联播》《焦点访谈》等王牌新闻节目广告资源外，还为入选企业定制“中央电视台国家品牌计划 TOP 合作伙伴 / 行业领跑者宣传片”和企业品牌故事等，在央视各频道高频次播出，全面彰显国家平台的传播价值。首批就有海尔、万达、格力、云南白药等 20 余家企业入选。2019 年年初，国家市场监管总局认为“国家品牌”计划涉嫌违反《广告法》《反不正当竞争法》和《消费者权益保护法》等法律，约谈中央广电总台，并责成北京市市场监管局依法立案调查。《广告法》中明确禁止在广告中使用国家机关名义和“国家级”用语，而使用“国家品牌”的说法，容易使消费者以为国家为企业背书。消费者出于对新闻媒体的信任，对入选“国家品牌”的企业产品会更加信赖。特别是个别问题产品通过缴费入选，更是引发社会广泛质疑。其实，“国家品牌计划”除了商业部分外，还包括公益部分，比如“广告精准扶贫”和“重型装备制造业品牌传播”项目，也都取得了较好的传播效果。央视的初衷也许是为了更好地承担国家媒体的社会责任，但作为经营的主体，不管是企业商家，还是电视媒体，都应该依法经营，这是市场经济健康发展的基本要求。

在激烈的市场竞争环境中，更多的企业开始关注公益广告营销的作用。公益广告可以为企业树立积极健康的形象，传播良好的企业文化。中央电视台 2013 年《春节回家》系列公益广告，吸引了 30 多家企业竞相冠名。可见，在一则精良的公益广告中也可以挖掘出巨大的商业价值。在这种方式下，电视媒体既可以为社会公益提供资金支持，又给予了企业参与公益的机会，使企业树立具有社会责任感的形象，同时还可以推动社会、企业和受众的互动，促进文明的传播。同样的道理，还有一些企业更具眼光，积极投资拍摄公益广告，使得公益广告与公司从主题到创意都产生了自然的联系，实现无缝嵌入。蒙牛集团拍摄的《生态草原》、中国平安拍摄的《平安中国 和谐为本》等，都是传播效果良好的典型案例，既取得了社会效益，也赢得了公司声誉。[①]

4. 对经济环境的塑造与建构

电视是地域形象塑造和文化传播的重要媒介，无论是城市形象片、宣传片、纪录片还是电视剧，都可以建构和塑造公众对该地区的认知，从而改善经济发展的舆论环境。一部有吸引力的影像作品，足以形成民众对某一地的旅游热潮，拉动当地旅游经济的发展。20 世纪八九十年代，《雪山飞狐》《新白娘子传奇》等台湾电视剧拍摄组前来大陆“跨海取景”，这不仅提升了长白山、杭州西湖等地的知名度，也掀起了港台剧来内地（大陆）取景的热潮，促进了两岸电视剧的投融资和当地旅游业的发展。长期以来，电视台播出的介绍西藏的大量宣传片与纪录片，引发了人们对西藏的兴趣和向往。通过话语的神话建构，使得西藏与心灵、净化等语词相勾连，也从某种程度上塑造着西藏这一地区的文化形象。人们纷纷前往西藏希望得到灵魂的净化，“心灵之旅”甚至成为西藏旅行的代名词。更有大量的影视剧组、艺

---

① 王天霜．电视公益广告：媒体责任与品牌塑造的双赢 [J]. 视听界，2013（9）.

术家和摄影爱好者前往西藏采风，有力地拉动了西藏的旅游业发展。韩剧《冬日恋歌》的热播，曾经吸引大量受众去当地旅游，体验风土民情，外景地江原道当年的旅游收入达到100亿韩元。

除了塑造城市形象、引发旅游行为以外，电视也潜移默化地建构着某一地区的经济形象。如上海大都市的金融经济中心的形象建构，除历史因素以外，来自电视传播的有关上海的影像感知力量也不容小觑。当人们不能通过实际到达某地形成直接印象之时，对一个城市的认知和想象往往是通过影像来完成的，而最为普遍且具有贴近性的就是电视传播中的电视剧和宣传片。城市形象宣传片是利用影像表现手法，对城市品牌形象的定位和所触及的城市特色形象有重点、有秩序地进行创意设计制作而成的广告片。2003年张艺谋执导的成都形象片《成都——一座来了就不想走的城市》播出后，成都的都市形象开始快速进入全国公众的视野，并成功建构了“休闲之都”的印象。电视剧则通过依附城市场景、植入城市文化、融入城市主题来让观众认识一座城市。如电视剧《欢乐颂》以五位年轻白领在上海工作生活的故事展开，使受众在观剧之余也能够深切感受到上海的都市景象。从某种程度上说，电视剧通过对剧中城市环境的描摹与展现，会形成某地的环境画像。也就是说，这不仅会对某地的政治、经济、文化环境有一个形象的展现，也是塑造经济环境的一种巧妙方式。虽然电视剧拍摄出于成本的考虑和影视技术的进步，可能越来越多的场景会通过影视城或者布景特效等取代实景拍摄，但不随技术而改变的是，电视剧依然必须为自己的故事设定一个特定的环境背景，并通过形式和内容传达出地域形象和经济文化环境。

5. 对周边产业发展的促进

还有一些产业的发展，非常需要借助电视进行传播。体育产业就与电视媒体的发展几乎保持同步，电视媒体已经成为传播体育赛事的最重要的手段。比如美国的NBA之所以能够成为世界性体育产业，很大程度上需要归功于电视的全球传播。1973年，美国哥伦比亚广播公司买下了NBA比赛三年的电视录像播映权。虽然并不能进行实况转播，但对NBA来说已经至关重要。[①]NBA发展至今，每年有190多个国家和地区的电视台用41种语言向全世界现场直播全国明星赛，因此成为世界性的体育赛事。电视媒体与体育产业的关系日益密切，相似的推动与推广更可见于奥运会与世界杯足球赛等各大体育赛事。虽然在当前新媒体迅速发展的背景下，只要有互联网，体育直播可以在多种终端实现，并不再局限于电视机一种终端，但对于重要体育赛事与重大事件直播，受众仍旧更愿意选择高清大屏的电视机。正是通过电视媒体，很多重大体育赛事才能够走进千家万户，进而风靡全世界。

热门电视剧带来的潮流与时尚，也深深地影响着市场消费。许多成功的韩剧在电视中的播出，引发了亿万国人对韩星的喜爱与追捧，进而扩展至对明星所穿所用的效仿而引发的模仿性消费，形成声势浩大的“韩流”。2013年韩国电视剧《来自星星的你》在国内热播，剧中女主角所用的化妆品与所穿的衣服在电商网站热销，很快成为爆款。相似的情况还发生在2016年《太阳的后裔》播出时，剧中角色的穿着搭配引发时尚潮流，使观众消费剧中同款的狂热经久不息，并带动了整个社会的流行消费趋势。

热播电视剧的独立元素也可以带来巨大的市场商机。音乐、剧本等作为电视剧的重要组成部分，往往会伴随着电视剧的热播而广受欢迎。世纪之交的电视剧《还珠格格》已经成为很多人心目中的经典，其主题曲、片尾曲和插曲传唱一时。由台湾制作人左宏元操刀、上华唱片出品的同名电视剧原声带也畅销海内外，取得辉煌业绩。《大明

① 岑传理．体育节目如何适应体育产业的发展[J]．现代传播，2002（4）．

宫词》《雍正王朝》等电视剧剧本也纷纷出版发行，赢得了很多电视剧拥趸的青睐。热播电视剧的影视同期书，在图书市场中也受到广泛的欢迎和喜爱。尤其是近些年来，许多电视剧都是由大IP改编而成的，这些故事一旦被改编成电视剧播出后，许多曾经被冷落的图书往往立刻就会成为热销产品，甚至于不断加印而洛阳纸贵。当年《甄嬛传》在各大卫视播出后，万人空巷，此后的轮番播出皆收获了较高收视率。该剧的热播提升了这部长篇小说原作者流潋紫的知名度，小说《后宫甄嬛传》更是受到了出版商的追捧，连续加印仍供不应求。2018年流潋紫的另一部作品《如懿传》同样创造了电视收视率与图书销售量的双丰收，同时拉动了电视和出版产业。

近几年，影视衍生产业快速发展。影视企业积极拓展经营空间，提升影响力和竞争力。中影集团与香港安乐影业、美国福克斯公司等多家公司签署了战略合作协议，开拓了涵盖玩具、模型、家居用品、服饰鞋帽、3C数码产品和文具等电影衍生品，中影自有品牌“工农兵”系列产品也就此开发[①]。上影集团开拓了游戏授权业务，与第三方合作衍生品开发等业务形态，自主研发了动画电影《大闹天宫》中的孙悟空形象手伴等，并与线上销售平台及肯德基等餐饮企业广泛合作，其衍生品销售收入超过500万元，动画片《大鱼海棠》的衍生品销售收入已经超过5000万元。以上电影行业的思路与做法值得电视行业认真借鉴:《喜羊羊与灰太狼》《熊出没》等动画片的周边产品也有着巨大的市场价值，尚等待科学系统的开发。实际上，电视传播的经济功能远不限于如上行业，其对于诸多产业的发展都有着巨大的促进作用，深刻影响着受众的消费行为选择，并与电视的产业发展形成良性的互动。

---

① 姜天骄，韩秉志.第九届中国“文化企业30强”(二)，[N].经济日报，2017-5-12.

第二节　国有资产的保值增值

一、电视行业国有资产的构成

由于体制和习惯的原因，广播电视经常并称，很多政策管理和数据统计也都往往放在一起。广播电视行业是相对比较特殊的行业，其技术含量非常高，且更新快、消耗高、投资大、重设备。由于广播电视台的经济基础是固定资产，资产的保值增值就成了重中之重。

电视机构的国有资产是指各级各类电视台所占有的、使用的或在法律上确认为国家所有能以货币计量的各种经济资源的总和，包括固定资产、流动资产、无形资产和其他资产等。其中既有经营性资产，也有非经营性资产。[①]就电视台而言，固定资产虽然表面上占比很大，也较为容易计算，但品牌和版权等无形资产可能才是最为宝贵的资源和财富。这些要素与其他资本要素相融合，且具有相对独立性，在提高价值的同时，又使资产范畴的外延进一步扩大。正是这些无形资产的存在，在一定程度上改变了资产的运行方式和增值过程。电视台的固定资产、流动资产和品牌资产三者相互作用，密不可分。[②]

在社会生活中，存在于纯粹的公共物品与纯粹的私人物品之间的物品，被称为“准公共物品”。电视产品供社会成员公共使用或消费，具有非竞争性和非排他性，因此具有一定的准公共物品属性。虽然电视的传播需要占用一定的频谱资源，尤其是早期的开路电视，而这种频谱资源是相对稀缺的资源，具有公共物品的非排他性与非竞争性特点。然而，随着电视传输技术的进步，加密技术的发展，有线传播和

① 易炳途．试论加强和改善广播电视国有资产的管理 [J]. 中国广播电视学刊，1997（3）.

② 林涛．从资本整合到资本运营——关于广电集团化的一点思考 [J]. 中国广播电视学刊，2002（3）.

付费观看成为可能，电视产品也就具有了一定的排他性。同时，电视产品的生产者能够通过广告市场，售卖受众的注意力资源，从而获取广告收入。受众的多少和品质直接影响了广告收入的高低，这也意味着电视产品具有一定的竞争性。此外，广电产业也被认定为一种典型的自然垄断型行业，具备范围性经济与规模性经济的特点。电视产品拥有接近于零的边际成本，当以一定的成本生产传播了电视产品，并不会因为受众的增多而增加新的成本。在收视率较高的情况下，甚至可能垄断行业的收视份额。所以，电视产品应归类于自然垄断型公共物品。[①] 由此可见，电视产品是可以由市场供给的非竞争性不充分的准公共物品，这种性质决定了电视资产能够实现保值增值。

二、电视媒体资产的保值

在中国，对电视产业的管理，实际上就是对国有资产的一种管理。简单来说，就是对国有资产的占有、使用、收益与处置等环节进行管理，最终达成国有资产的保值和增值，这是国有资产管理的根本目标。

1. 盘活电视内容资产

电视内容资产是电视机构通过独家制作、联合摄制、购买版权等形式拥有或控制，并可以带来经济利益的节目资料。这里涉及两个核心特征：一是电视内容资产由特定的主体所拥有和控制，二是电视内容资产必须具有经济价值。电视内容产业的获利与规模经济和范围经济密切相关。

在电视产业中，规模经济是一个极其显著的特征。规模经济又叫

---

① 关于电视属于准公共物品部分，参考了刘大海．广电行业国有资产管理研究 [D]. 暨南大学，2013.

规模节约，是指在一定的产量范围内，随着产量的增加，平均成本不断降低的现象。于电视台而言，当电视节目服务的受众增多，则节目收视率增加，电视产品的收入得以补贴成本甚至创造利润，其平均成本得以降低，也就获得了更高的经济效益。范围经济是指通过生产多种产品而实现的经济，在电视节目生产中也很常见。电视人为特定节目采集的素材，也可以运用到其他节目中。收视率高且稳定的电视节目首播过后，可以安排各种形式的重播。这可以很大程度上实现资源的充分利用，降低制作出品的成本。[①]

前文提到，电视节目必须为电视媒体实际控制且能创造经济利益，才可以称之为内容资产，但是由于技术的局限，电视台的很多节目资料并未很好地进行资产化，造成了很大的资源空置和浪费。电视台如果要实现将节目资料整体转化为内容资产，需要满足如下两个基本条件：

其一，数字转换。在数字时代的今天，电视台数十年发展积累下来的海量内容资源已经成为与各类新兴媒体竞争的最大本钱。这些资源的汇集能填补内容市场的缺口，为内容市场提供大量专业的音视频节目素材。另外，电视节目生产一直以内容播出为主要目的，播出后往往就存入片库，作为资料保管。通过数字化转换和编目，可以将其作为新节目生产的重要素材。如此便具备了原创内容资源多次销售获益的机会。以香港 TVB 为例，其积累的片库资源现在仍在内地和海外市场播出，其版权收益获利颇大。视频内容市场的扩大催生了很多内容制造公司，其实最大的内容制造机构应当是电视台。无论是经验性还是专业度，电视台都要比内容制作公司或新媒体公司更具优势。目前，电视台需要盘活本身已有的优势资源，挖掘节目的价值潜力，

---

① 吴丰军．电视内容资产的经济学分析 [J]. 现代传播，2008（12）.

以实现版权价值的最大化。

其二，版权明晰。明确版权归属才能合法保障版权收益。电视台库存节目资料的版权构成非常复杂，其中既有自制节目，也有外购节目和交换节目。在外购节目中，有的拥有独家的版权，有的是联合版权；有的拥有永久版权，有的则是某段时期的版权；有的买断全部版权，有的仅拥有部分版权。在自制节目中，电视台也并非全部拥有完全版权，情况非常复杂，需要认真甄别，分类对待。如果电视节目资料的版权问题不清晰，就很难进行市场开发，甚至会引起重大争端，经济效益更是无从谈起。

2. 防止国有资产流失

在市场经济的大背景下，电视媒体的改制与转型一直在不断推进，这有利于电视行业的健康发展，也是大势所趋。但在市场化过程中需要高度重视国有资产可能流失的风险。这既包含决策方面，也包含不少人为因素。首先，对于陌生领域的决策失误造成的国有资产损失。课题组在调研中发现，有些电视台在转型中遇到困惑和迷茫，想尽快完成经济指标，于是盲目跟风热门行业，有投资做房地产的、做电商的、做娱乐的甚至是做物业的，结果因为长期做电视行业的领导层对新领域的不熟悉，大都是拍脑袋的决定，有些项目甚至在启动前连经营计划书都没有就仓促上马。这样的决策失误加上专业团队的缺失，注定投资失败的概率很高。其次，对于新媒体转型探索中造成的重复开发成本。现在大部分的电视台都在开发新媒体的平台和客户端。从新媒体的团队组建，到技术端的实现，再到应用开发和宣传推广，这条探索之路是非常耗费人力财力和物力的。很多有些实力的电视台在尝试建设“中央厨房”，实际效果姑且不论，至少成本非常高昂。各家独立投入，存在一定程度上的重复开发和资源浪费。尤其是一些较小的电视媒体，对各类新媒体采购不甚熟悉，市场信息又不对称，在技术和服务供货商的挑选与议价中缺乏经验，容易造成国有资产的流失。再次，利用金融资本市场制造国有资产保值增值的假象。随着媒体的上市热逐渐升温，一些媒体利用不太规范的注资、入股等手段，造成当年或短期的媒体业绩虚假繁荣现象，但随着时间推移，主营业务的薄弱会慢慢将国有资产流失的本质暴露出来，但可能为时已晚，损失很难挽回。最后，一言堂现象等人为因素也非常值得重视。在电视行业里，个别台长等领导一言堂的现象还是较为普遍存在的，一些经营负责人借改革、改制之名，行侵吞国有资产之实，影响同样不容小觑。近几年来，已有多位省市电视台的主要领导干部因为经济问题落马，教训可谓深刻。

3. 电视媒体资产的资本运作

电视产业如果努力进行资本运作，就可以形成整个行业的市场流通，促进资源的合理配置。要保障电视媒体资产的保值，除了盘活电视内容资产和防止国有资产的流失外，还应该有较为成熟的资本运作。电视媒体资产的保值一方面需要确保电视自身已有的资产收益来源，另一方面需要对资产进行合理化管理，这需要充分发挥市场机制对于社会资源的配置作用。电视行业的财产管理应该与国有资产管理紧密联系起来，顺应社会化发展要求，建立现代企业制度。

兼并与收购是电视媒体资产运作的主要方式，世界上很多大的传媒集团都是通过兼并中小传媒公司以扩张自己的。在中国的国情环境下，电视媒体更多采用政策指引下的合并方式实现资源整合。2018年年初，中央三台的实质性合并是电视产业新发展的一个有益探索，为地方广播电视媒体的整合发展提供了重要思路。

广电行业也在积极与金融市场合作，吸收社会资金，促进自身发展。1994年上海广播电视局下属的东方明珠股份有限公司成为中国第一家由传媒发起设立的股份有限公司。1999年，湖南电广传媒的上市在全国引起轰动，掀起一轮传媒投资的热潮。此后更有多家电视机构与业外资本联合投资经营。这对于传媒产业的资金积累与证券市场的丰富发展都有着重要意义。

4. 构建电视媒体资产管理系统

内容是电视媒体的核心资源，构建电视媒体资产管理系统是保证资源增值的有效途径，既可以提升电视媒体的竞争力，也可以促进电视媒体从传统到现代化的转型。中央电视台音像资料馆（即中国广播电视资料馆）在这方面有着较为前瞻的眼光和较为成熟的经验。大约从 2004 年开始，该馆就启动了大规模的内容资产的数字化转换、编目和存储工作，主要供央视各部门进行素材调取和使用，完成内部结算。笔者曾经以节目总审的身份深度介入此项工程，参与了大量的标准制定和内容审核工作。构建电视媒体资产管理系统，其依据有三：

一是抢救资料。电视机构拥有着具有较高经济价值和社会价值的节目内容资产，但没有形成有效的管理。在电视台建台至今所保存的磁带里，有大量珍贵的历史资料，但由于时间跨度大、存储媒介各异等原因，资料难以被直接读取，或者出现磁化、损伤等问题，抢救任务非常严峻。而这些资料当年的制作人员日益年迈，如果不能及时抢救，将会遗失这些内容中的关键信息，造成无法弥补的遗憾。

二是共享资源。共享的核心就是要实现既有资源的互通有无和重复利用，从而达到盘活内容资产的目的。同一素材上载后可以被若干个编辑终端使用，有利于增加产量与降低成本。

三是战略转型。在数字化和信息化的趋势下，无论是对于传统媒体还是新媒体来说，内容问题始终是其重点与难点所在。从一方面来看，传统媒体具有更多的内容资源，这给新媒体造成了一定的挑战。但从另外一个方面看，这也为传统媒体带来了战略转型的基础与契机，转型重点之一就在于完善媒体资产管理系统。①

---

① 这一部分参考黄河．我国电视媒体资产管理现状考察 [J]. 电视研究，2009（6）．

三、电视媒体资产的增值之一：广告收益

1979年1月28日，上海电视台宣布开始“受理广告业务”，并于当日播出了“参桂补酒”的广告，这是中国大陆范围内的第一条电视商业广告。近40年来，电视业与广告业相辅相成：电视成为广告的重要传播渠道，而广告则成为电视的基本盈利模式。在长期相互依存、共生共荣的磨合演进过程中，电视商业广告逐渐形成了四种相对稳定的生存范式，形象地来说，即“放养”“认养”“领养”和“生养”。①

1.放养：相对原始的粗放式投放

所谓“放养”，就是广告主对广告的具体播出时间和位置、传播方式与策略并没有精准性规划与合约式管理，而是根据电视媒体的具体情况随机灵活播出的，双方仅签订有大致笼统的播出合同。用今天的标准衡量来看，这显然是一种相对比较原始的粗放式投放模式，然而却有着历史的必然性与合理性。

第一，这缘于电视媒体的巨大影响力。20世纪80年代，随着电视机的逐渐“飞入寻常百姓家”，电视的影响力日益扩大，尤其是1983年“四级办电视”②政策的实施后，使电视迅速成长为“第一媒体”。中央、省、市、县以至于很多企业和学校都纷纷创办电视台，

---

① 这一部分内容详见孔令顺，张雪慧.电视商业广告的四种生存范式[J].徐州工程学院学报，2016（5）.

② 1983年3月31日召开了第十一次全国广播电视工作会议，会上提出了“四级办广播电视”的方针：除了中央和省级办广播电台、电视台以外，凡是具备条件的省辖市、县旗都可以根据当地的需要和可能开办广播电台、电视台。市、县广播电台电视台的任务主要是转播中央和省级的广播电视节目，也可以播出自办节目，共同覆盖各市县。边远省、自治区的地区一级，如有需要和可能，也可以办广播办电视，参加四级混合覆盖。

电视频道种类也日趋丰富。电视媒体越来越受到广告主的青睐，甚至成为商家客户的首选。

第二，这缘于广告时段的相对稀缺。那个时候，电视频道普遍没有上星，地域化分割和局限非常明显；有线电视尚未普及，发射接收内容主要依靠微波开路，普通家庭一般也就能够收看到中央一套、本省和附近县市等共计四五个频道。因此，相对于社会的巨大需求，电视的广告时段依然成为紧俏的资源。在广告交易中，电视媒体自然成为相对强势的一方，从而形成较为明显的卖方市场，广告主普遍缺乏议价能力。

第三，这缘于商品经济大发展的需求。改革开放伊始，市场经济迸发出勃勃生机，大量的商品需要通过广告推向市场。电视广告形象活泼、迅速快捷，与 20 世纪 80 年代的精神气质不谋而合，因此体现出良好的传播优势。俗话说，萝卜快了不洗泥。这个时候的电视台广告部，成为众多广告客户争相公关的对象。能够被电视台排上广告播出已属不易，广告客户哪还来得及挑肥拣瘦？

第四，广告播出时段差别不明显。由于电视传播观念的局限和电视传播技术的制约，这个阶段普通电视各频道每天的播出时间非常有限，大多仅为五六个小时，一般都集中在晚间时段。因此，几乎每个播出时段都是“黄金时段”，具体广告时段之间的差别远远没有今天这么明显和巨大。

第五，这缘于电视内容的阶段性制约。在中国电视发展的早期阶段，电视内容的播出都是以节目为单位的。虽然也有一些电视栏目，但是栏目本身的时间长度不一，播出时间也没有固定化和规范化。后来，由于电视节目大量增加，栏目种类日渐齐全，央视才率先提出“栏目化”的策略：1984 年，开始尝试栏目化播出；1985 年，全台 80 多个栏目全部实行栏目化播出。随后，这种栏目化制作和播出的模式才开始在全行业推广。皮之不存，毛将焉附。这也就意味着，在真正栏目化之前，电视广告的存在方式也只能是相对随机的，而无法绑定栏目化生存。

毋庸讳言，这种放养模式存在着诸多弊端，但在电视商业广告的早期阶段却大放异彩，诞生了诸如“燕舞收录机”“来福灵农药”等大量脍炙人口的经典案例。时至今日，这种放养范式虽然式微，但依然部分存在，比如附赠的非黄金时段广告或者资源置换的广告时间，等等。

2. 认养：表面有主实际无责的投放

所谓“认养”，即广告主对电视频道具体广告时段的购买，双方有着明确的关于广告位置、时长、形式和频率等内容的合同约定。广告主占有相应的电视时空，具有名义上的拥有权，但并不对广告所在时段的电视节目的内容拥有话语权，即不介入电视内容的生产与传播。具体而言，大致包括两种操作形式。

其一，购买广告时段。众所周知，不同的电视台和电视频道，以至于不同的广告时段，由于收视率和传播力的差异，其广告价格有着天壤之别。坊间戏称的“央视一黄”（即中央电视台一套黄金时段）的广告价格即长期高居榜首。具体到《新闻联播》《天气预报》《焦点访谈》和黄金档电视剧前后的广告资源，历来都是广告主争夺的对象，也是央视每年广告招标的重点，历史上的诸多“标王”即产生于此。收益越大，风险也就越大。“秦池”是1996和1997连续两年央视广告的“标王”，它曾经以3.2亿的价格拍下《新闻联播》后的黄金五秒。然而“秦池”的这种辉煌成为昙花一现，至今令人叹惋，类似的案例还有孔府宴酒、爱多VCD、步步高等。这种“孤注一掷”的认养式投放需要广告主很大的智慧和勇气。如果缺乏对市场的精准把握，很容易造成无法弥补的损失。需要指出的是，高收视也并不必然意味着高回报，甚至有可能因为广告品牌与时段栏目品性的不和谐而造成传播效果的不理想。民生类新闻栏目大多因其贴近性而受到当地民众的欢迎，收视率和话题性普遍较高，但也因其偏好怪力乱神的故弄玄虚和鸡零狗碎的家庭纠纷而备受诟病。曾经有休闲食品和家用电器斥巨资购买了一档民生新闻栏目的中插广告，栏目的收视率很高，但对产品的销售拉动却并不理想。后据深度市场调查分析，每当家庭或邻里矛盾的高潮时，总是出现中插广告。长此以往，广告品牌自然就与不和谐的家庭生活联系在了一起，从而使消费者产生了购买的逆向意愿。

其二，冠名电视节目。可以被冠名的电视节目包括日常性常规栏目和一次性短期节目。冠名的形式使广告内容与节目内容无法进行简单的物理性切分，虽然理论上能够实现多次传播，但由于广告品牌与冠名节目在很多时候并没有必然的内在联系，这就有可能会因产品消费群体与受众群体的部分错位而造成广告的较大浪费。“立白洗衣液”对《我是歌手》的冠名，虽然也使得立白洗衣液的知名度有了很大的提高，但广告品牌与电视栏目的文化品质与情感诉求却有着很大的错位，洗衣液的购买使用者与电视内容的核心受众之间更是有着不小的差异，因此很难认为这是一种理想的冠名方案。“999 感冒灵及 999 小儿感冒药”和“伊利 QQ 星”对《爸爸去哪儿》第一季和第二季的冠名、“加多宝”对《中国好声音》的冠名等，由于广告品牌与栏目内容都有着某种或强或弱的联系，观众的接受度自然相对较高。冠名不仅扩大了广告品牌的知名度和曝光率，无形中也塑造着品牌形象。《爸爸去哪儿》是一档亲子旅游类节目，萌娃们是受众的重点聚焦对象。节目的核心受众群也与“999 小儿感冒药”和“伊利 QQ 星”牛奶的消费群相对一致，产品成为美好生活的象征。爱屋及乌，节目的拥趸出于对孩子们的喜爱，很自然就会购买冠名品牌的商品。与其他硬广告相比，冠名使广告与节目内容融为一体，后期很难通过物理方式简单祛除，因此不管是通过何种方式的重复播放，冠名的效益都将持续体现。

认养是一种回报率较高但风险性也较大的广告投放范式，需要广告主和节目方相互有着较为深刻全面的了解。众所周知，“999 感冒灵及 999 小儿感冒药”以 2800 万这一较低价格对《爸爸去哪儿》第一季的冠名就被视为捡了市场的一个大漏，其独到眼光备受赞誉。当然，有机遇就会有风险，认养的直接成本和潜在风险比放养显然更大。《“伊利 QQ 星”爸爸去哪儿》第三季冠名费拍出 5 亿天价，比第二季增长了近两亿；《“韩束”非诚勿扰》新一季的冠名费也高达 5 亿，再次刷新了中国电视广告史上的投放新高。这样高成本的前期投入对于广告商来说绝对是一种押宝：如果遇到节目收视率低、话题达不到预期以及其他诸多不可预知的问题，这种高投入就可能造成较大的浪费。另外，冠名广告的强制性接受也可能引起受众的反感。毕竟，并不是所有的品牌都适合成为节目的冠名商。《优酷全娱乐》是一档娱乐资讯类节目，但是冠名商却是避孕药品牌“毓婷”。这对于扩大商品品牌的知名度或许有些帮助，但对于提升节目的美誉度似乎就毁誉参半了。

3. 领养：广告与节目的交叉融合

所谓“领养”，即广告主虽然并不是电视节目或栏目的“生父母”，但可以通过部分参与电视内容的生产以及传播，从而成为“养父母”。这一范式使广告品牌与电视内容能够实现相互融合，通过情节设计使产品成为内容的有机构成，可以在不打断剧情或者影响节目进程的前提下，以潜移默化的方式影响受众，一定程度上可以淡化广告色彩。

领养以植入式广告样式为代表。植入式广告就是指将产品或品牌及其标志性的视觉符号策略性地融入电视节目内容之中，在节目的正常进程中，给观众留下产品或品牌的印象，从而达到营销的目的。当前荧屏常见的植入式广告，按区分度标准可以细分为如下两种类型。

第一种就是我们最常见的显性植入，即直接植入。比如在电视剧《一起来看流星雨》中以台词和实物形式体现的大量广告。我们看到了豪门子弟长达八分钟的赛车，全校学生同穿某一品牌运动衫，超市里只卖一种洗发水，等等。这种简单粗暴的广告植入，极易引起观众的反感。因此在电视剧播出期间，就有网友调侃道“流星雨是在喊观众回家看广告”。

第二种是相对隐性的植入，通过巧妙设计，产品或者品牌LOGO自然融入节目之中，与节目浑然一体，甚至成为节目本身不可缺少的一部分，较难被观众察觉。《爸爸去哪儿》第一、二季中的英菲尼迪汽车和第二季中的马自达汽车，成为爸爸和孩子们出行的专有座驾。汽车在节目中大量出现，让观众在欣赏节目的同时了解到汽车的性能。通过爸爸之口同受众传递乘车体验，该广告显得毫无违和感，成为一种较为成功的广告植入。按照大卫·奥格威品牌形象论的说法，当产品极大地丰富以后，顾客就不会再因为产品的功能而去购买该产品，因为获得这种功能性的满足太容易了，他们会因为一种良好的感觉和印象而实施购买行为。所以，触发他们产生购买动机的是产品的文化内涵，这种内涵可以给顾客一种良好的感觉，这种感觉包括顾客所认同的物质利益和心理利益。[①] 所以，相比较而言，电视剧《何以笙箫默》中海马汽车的植入就略显牵强，因为在实际生活中，海马汽车的品牌定位与电视剧中人物的身份地位似乎并不相符，从而让受众有一种不真实的感觉。

从广告心理学的角度分析，植入式广告体现出很强的渗透性，甚至能够与电视内容水乳交融，成为节目不可分割的部分，从而减弱了受众对广告行为的心理排斥。通俗地理解植入式广告，就是要把广告做得不太像广告，让观众在没有任何戒备心理的情境下悄然接受。在综艺节目《花儿与少年》中，这种植入性广告已经越来越柔软：比如

---

① 蒋旭峰，杜骏飞主编．广告创意与文案 [M]. 北京：中国人民大学出版社，2006：4.

在姐姐们换衣服时，“明星衣橱”的广告就会适时出现，并且给出适当的搭配小贴士，以服务性的内容和形式消解掉观众的不适。《爸爸去哪儿》第一季节目中曾经安排几个孩子洗衣服，“蓝月亮”品牌的洗衣液因为孩子们的天真使用而戏剧化地成为情节的一部分。当然，这种植入式广告需要艺术性地把握好质与量的分寸问题，否则将适得其反，甚至殃及节目本身。

4. 生养：广告与电视的混血结晶

所谓“生养”，是指广告主自始至终都参与电视内容的研发、制作和传播的全过程，使节目内容生来就具有广告主的部分基因。这种范式需要广告主与电视制作机构进行深度合作，因此需要投入大量的资金与服务，甚至与制作方联合攻关，力争将广告品牌形象等元素完美地融入节目中去，最终实现二者的利益共享和荣辱与共。

今天的受众有太多的方式可以避开广告，所以生养式投放可能是广告主与电视媒体合作的最为理想的方式，“因此出现了广告朝电影（电视）制作方向发展的动向”[①]，但这对于广告内容的表达有着更为苛刻的技术和创意要求。如果做得巧妙，就会不着痕迹地把品牌和产品推销给受众，甚至直接转化成购买行为；如果处理不当，节目整个变成一部广告片或宣传片，受众恐怕很难接受。

从宏观上来讲，国家应当是最大的广告主。用电视的手段讲好中国故事、传播中国声音，进而塑造中国形象，是一种最大意义上的广告传播。然而当前，一些电视产品并没有能够完整、准确、积极地向世界介绍改革发展中的中国。中国的影视剧出口，长期以来主要是历史题材和武侠题材的古装剧，国外的受众通过大量“皇上加奴才、拳头加枕头”的涵化式培养，顺理成章地就认为中国是一个贪婪好战的

① 费尔顿．广告策划与创意 [M]. 陈安全，译．北京：中国人民大学出版社，2005：224.

国家，中国人大多也都自私自利、愚昧落后。长此以往，对中国就容易形成了一种负面的“刻板印象”，认定中国是一个“危险”的国家。美国的好莱坞可谓是一个熟练运用电视文化巧实力的成功范例。一百多年来，好莱坞影像不仅在经济等硬指标上获得了巨大的成功，更通过非强制的文化吸引力，把美国精神和价值观念传播到了世界各地。

从中观上来看，一座城市或者一个地区都可以通过电视节目来传播其正面的形象。随着电视连续剧《红高粱》的热播，齐鲁大地的风土与人情，山东儿女的情义与担当，也在被广大受众所津津乐道。与历史剧和古装剧相比较而言，现实题材的电视剧当然是更为容易进行广告渗透和承载的电视文本，也相对更受广告主的青睐。电视剧《人到四十》中就植入了大量的广告品牌，比如无处不在的比亚迪汽车和苹果电脑，等等，其实对于“天津”这座城市品牌的植入可谓是该剧最大的广告。通过这部长篇电视连续剧，一座充满情感和魅力的现代化都市进入人们的视野，使大多没有去过这座城市的受众建立了对天津的温暖记忆，并部分修正了许多去过该城市受众的刻板印象。①

从微观上来说，优秀的企业或者品牌都可以考虑通过与电视的“联姻”来“生养”节目。早年的动画片《海尔兄弟》就是一部企业和电视台“计划生育”的优秀作品。励志的海尔兄弟历尽千辛万苦，跨过重重阻碍的冒险精神也成为海尔集团的生动写照。现有的一些企业的纪录片和宣传片便体现出这种追求，但大多由于广告色彩浓厚而艺术性欠缺导致传播面不广。安徽卫视曾经推出的《大黄山》纪录片，可以视为“生养”模式的一种尝试。放眼来看，我国的一些世界500强企业或者是许多百年老字号，都有着非常丰富的历史甚至是传奇的故事，不妨做些这方面的努力与尝试。

---

① 孔令顺．现实题材电视剧的困惑与突围 [J]. 中国电视，2012（10）．

从总体来看，不管是电视商业广告的放养、认养、领养还是生养范式，都只是一种相对的区分，“大体须有，定体则无”。在实际的操作中，常体现出复杂多元的存在，往往几种范式交织在一起综合使用，很难做绝对的区分和认定。其实，许多品牌购买的都是套餐式的组合广告形式，可能既是冠名商，也在节目中植入许多软广告，同时还在节目前后或中间插入部分硬广告，以实现综合立体的覆盖，提高广告的覆盖率。

统计数据表明，国内 90% 以上的电视媒体，产业结构中总收入的 90% 以上来自广告。以湖南卫视为例，2017 年湖南卫视广告招商的硬广资源，包括《我想和你唱》的插播位序广告、《金鹰独播剧场》的第一、第二集片尾位序广告，以及《快乐大本营》《天天向上》的插播位序广告（套装）等，标底总价为 10.68 亿元。现场招标总收入 12.5 亿元，溢价 17.26%。

广告给传统电视机构带来了巨大的利润，但是在媒介融合的新环境中，这种盈利模式也面临着极大的挑战。2016 年，电视广告收入为 1004.87 亿元，同比下降 5.66%（见图 5-2）。究其原因，一是网络的分流。互联网巨头企业（BAT）携资本优势在新兴媒体和传统媒体领域大肆扩张、争夺优质资源，媒介融合的态势也正在发生逆转。据调查，“广告投放向视听新媒体迁移的趋势明显：2007 ～ 2012 年，中国网络视频广告市场规模增幅有 3 年超过了 120%，大大超过同期电视广告收入的增长幅度，视听新媒体分得的市场蛋糕越来越多。”① 近几年，这种趋势更是有增无减。二是政策的约束。不断调整的“限广令”日益压缩电视广告时长，纵然单位时间内广告费可能有所上涨，但在有限时长内涨幅也极为有限。三是电视广告的到达率越来越

① 张玉玲 . 视听新媒体时代：变化刚刚开始 [N]. 光明日报，2013-6-13.

不容乐观。传统收视行为大多通过切换频道等方式来绕过广告。在节目资源必将更加丰富的未来，受众势必掌握更多屏蔽广告的手段，电视媒体和广告主急切需要进行广告传播范式的调整和升级。传统电视媒体如果要寻求持续稳定发展，对于产品内容、服务理念和盈利模式的创新就显得格外重要。

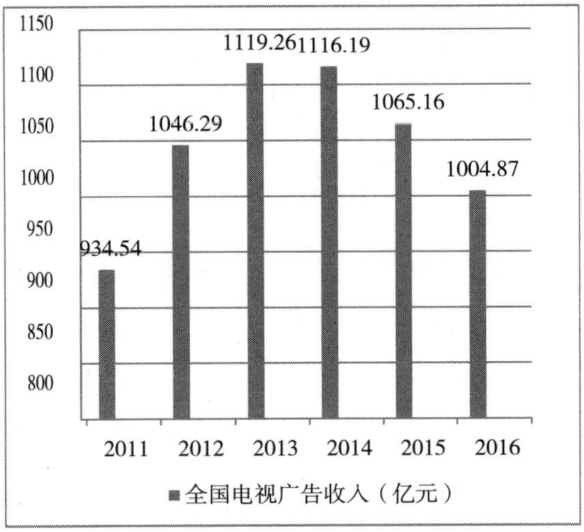

图 5-2：2011-2016 年全国电视广告收入情况

数据来源：《中国广播电影电视发展报告》(2017)，中国广播影视出版社

在全媒体转型的背景下，电视产业要不断完善和推动自身的结构调整与升级。目前中国大多数电视台的基本收入仍然都是来源于广告，而新媒体的广告总收入已经远远超过传统媒体。事实上，传统电视过度依赖广告的单一化盈利模式已遭遇重大挑战，这需要引起传统媒体的高度重视与积极行动。

四、电视媒体资产的增值之二：多元化经营

多元化经营（Diversification）的概念最早由美国战略管理专家安索夫在《多元化战略》一文中提出，1957年发表在《哈佛商业评论》上，主要是针对企业经营的产品种类数量而言的。在数字技术的支撑下，广告收入早已不应该再是电视媒体唯一的盈利模式，电视机构还可以涉及宽带传输、视频点播、远程教育、生活服务等业务，以取得多元收入，降低营业风险。①

多元化经营应该以原有的主业为依托，以稳步拓展经营领域为原则，既不可过于激进，盲目追求短期经济利益，也不能过于保守，以免错失发展良机。从内部挖潜而言，电视媒体可充分利用电视节目的知名度衍生相关产品，形成产业链；也可充分利用已有资源，进行二次开发获取新的价值；还可出租设备、卫星、传输线路等，利用有线电视网络开展各种增值业务。从外部拓展而言，电视媒体可通过跨媒体甚至是跨行业的产业融合发展，全方位扩大业务领域。总之，电视媒体在进行多元化经营的过程中，要立足产业和资源优势，扬长避短，循序渐进。

从历时性来看，中国电视的资源补偿方式从最初的财政拨款，到被广告收入全面取代，始终过于倚重某一类型的资金来源。如此单一方式造成的结果，必然是脆弱的抗风险能力。在媒介融合的大背景下，广告商逐渐移情新媒体平台，投放媒介愈加多元化，电视已经不再是广告主的宠儿。近几年来，传统电视机构多方探索创新广告经营模式，强化线上线下互动，广告经营呈现出一些新的态势。比如，上海台“阿基米德”App相继与湖北、贵州、江西、辽宁、广

---

① 刘斌．成本·收益·制度创新——从新制度经济学的角度看广电产业制度创新[J]．现代传播，2007（2）．

西等60家电台签署合作协议，带动“短音频”发展战略和直播样态的改变。

上海东方传媒有限公司（SMG）是第一家获得国家广电总局正式批准进行广电制播分离的单位。其旗下开办有20多家独立的子公司，如上海文广、五岸传播等，开始引入市场机制，不断扩大经营领域，并实现了跨区域的发展。SMG将业务拆分成五大块：动漫、娱乐、财经、新媒体和电视购物，以形成“全媒体战略”的新框架。其品牌栏目“第一财经”衍生出跨行业发展业务，如与道琼斯合作开发道琼斯第一财经中国600指数，设财经公关进行论坛、会展等业务；东方龙手机电视与中国移动、中国联通、中国电信开展合作。SMG不断开拓传媒产业之外的产业融合，多元化经营使其能够迸发出新鲜活力。因此，拥有众多媒体资源和传播渠道的传媒集团能够形成广播、电视、互联网、IPTV、手机等多媒体、多平台的传播，以满足受众日益多样化和聚合型的需求。

在新的传播形势下，电视行业产业链的构建显现出前所未有的重要性。早在2004年，国家广电总局和商务部就联合颁布了《中外合资、合作广播电视节目制作经营企业管理暂行规定》（总局44号令），允许外资入股国内广播电视节目制作经营企业，可以制作除时政新闻节目以外的专题、综艺、动画等广播电视节目，这体现出较之以往更加开放与宽容的态度。沉浸在过往经验、凭借先天优势垄断播出平台的各级电视台，势必要面临一场重大挑战，迫切需要重新审视电视节目生产、交易、播出与管理各环节，并探寻出一条最符合中国特色的产业链布局。电视的内容产业链，总体上包括资本、生产、流通三个核心环节。有学者针对广播影视数字内容产业价值链模式的构建，提出内容产业价值链包括：数字内容资产库、节目生产制作平台、内容产品交易平台、媒体内容运营平台、受众及消费市场、版权管理与控制等几个环节。[①] 这些对产业链的重新思考与建构，意味着电视需要开拓多元化经营的新路径。

从 2015 年全国广播电视总收入分类构成来看，当年电视广告收入的增幅下降，但有线网络收入、收视费收入、付费数字电视收入持续增长。全国广播电视网络收入 866.06 亿元，同比增长 4.07%，其中，有线电视基本收视费收入 475.15 亿元，增长率比 2014 年的 55.29% 下降了 0.43 个百分点。三网融合业务增长迅速，达到 84.53 亿元，同比增长 45.82%，在网络总收入中的占比为 9.76%，其他收入为 236.15 亿元，占总收入构成的 27.2%。（见图 5-3、图 5-4）2016 年，全国有线网络总收入达 910.26 亿元，比 2015 年增长 5.1%。可见，有线网络是比较具备开发价值的广播影视固定资产，其增值服务能力有待进一步盘活，继续做大做强，以实现全国互联互通。当下视听媒体发展迅猛，网络视频广告成为全国网络广告市场增幅的最大领域，2016 年在线视频行业的广告市场规模达到 375 亿元，同比增长 30.7%，它成功的重要因素之一就是其多元化的商业模式。电视传统的经济模式就是注意力经济与创意经济，虽注意力经济着力较多，但对创意经济的开掘目前还处于初级阶段。在互联网与媒介融合的背景下，如果电视媒体的经营思维不能互联网化，那就很难摆脱传统的路径依赖。

---

① 宋培义，黄昭文．中国广播影视数字内容产业价值链模式构建 [J]. 现代传播，2014（5）．

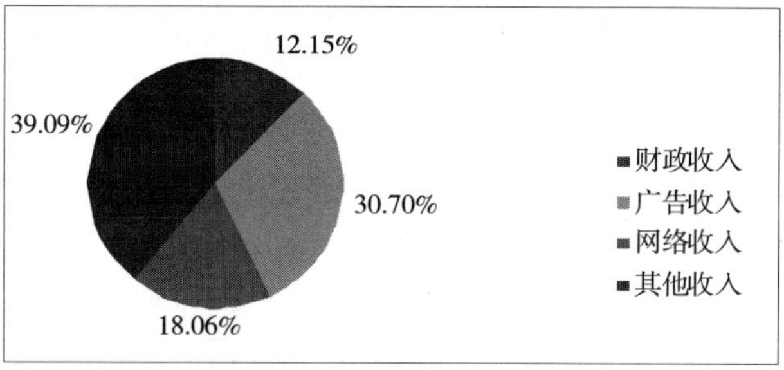

图 5-3：2016 年全国广播电视总收入分类构成情况

数据来源：《中国广播电影电视发展报告》(2017)，中国广播影视出版社

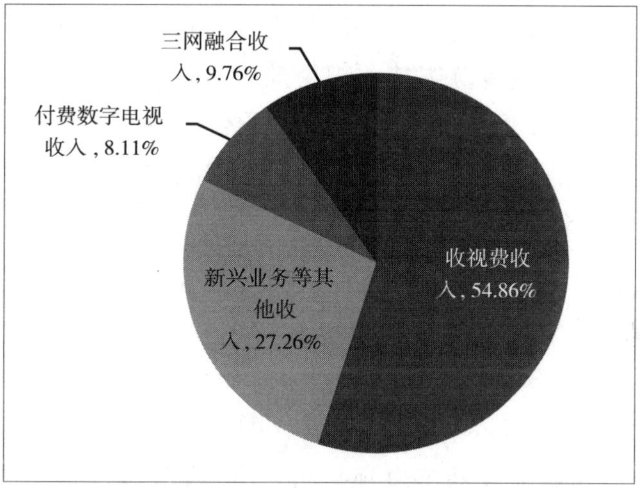

图 5-4：2015 年全国有线广播电视网络收入构成

数据来源：《中国广播电影电视发展报告》(2016)，中国广播影视出版社

在“互联网 +”的时代，各传统电视机构要积极实施“广电 +”行动和“宽带广电”战略，打通线上线下服务，完善节目内容与相关产业链。对电视行业来说，就是形成以内容为核心，电视业务与周边各类相关业务、相关服务融通共生的广电产业新的价值链条。如湖

南电视台打造湖南卫视和自有新媒体平台芒果TV两个强势平台，构建以优质内容IP为核心，业务向影视、动漫、图书出版、网络社交、游戏等相关领域延伸，以形成芒果电视产业的生态圈。实施台网融合计划，推动湖南卫视观众向芒果TV用户转变。湖北电视台则通过“频道+渠道”“节目+产业链”的方式探索产业发展新模式，利用电视频道的传播效果与影响力，结合销售渠道，使电视产业触及“三农”领域，线上打造节目品牌，线下进行农资销售、绿色农产品销售，打造电视+农业产业链的新模式。①

如今，电视等传统媒体遇到了巨大的挑战。一直以来，传统媒体拥有内容、人才、渠道等方面的优势，但是在网台分离的趋势下，受众大量流失，尤其是具有消费力的年轻用户的流失量日趋增加。为了挽回流失的注意力，传统媒体不得不研发购置更先进的设备和技术，招揽更优秀的人才，而这又将带来成本的较大提升。在这种收入与支出越来越不对等的形势下，更需要进一步打通传统媒体产业的附属链条，优化产业结构。

令人欣喜的是，已经有一批有线网络龙头企业通过资本运作和资产重组延伸产业链，走出“渠道+平台+内容+用户+终端”的全产业链发展之路，从单一有线电视传输商向全业务综合服务商转型。如歌华有线实施“一网两平台”战略，即“互联网+全媒体应用聚合云服务平台+高清交互数字电视平台”，电视院线、电视游戏、歌华云平台、广电大数据等项目，围绕主营业务，构建“跨网、跨屏、跨终端、跨应用”的云服务平台，形成互动电视、手机电视、互联网电视、IPTV、华数TV等多种业务集群式发展。又如，国网公司与30多家省市有线网络公司联合成立中国广电大数据联盟，共同搭建全国

① 谢耘耕．中国传媒资本运营若干问题研究[J]．新闻界，2006（6）．

广电大数据平台，并建立收视数据调查分析机构。还有，多省市开展互联互通平台建设，16 家省市有线网络公司与相关机构合作组建“中国电视院线”，覆盖用户超过 1200 万户。

2015 年全国广播电视创收收入为 3952.27 亿元，同比增加 316.76 亿元，增幅为 8.71%，增幅比 2014 年下降 3.4 个百分点。这是近 10 年来，广播电视创收收入增幅首次低于 10%。（见图 5-5）增幅下降的原因一方面是宏观上中国经济总体放缓，另一方面是来自视听新媒体与新业务的冲击。对于电视资产来说，不仅要实现保值，也要尽最大的能力增值，以保证在经济下行与新媒体冲击的双重夹击下重新焕发活力。

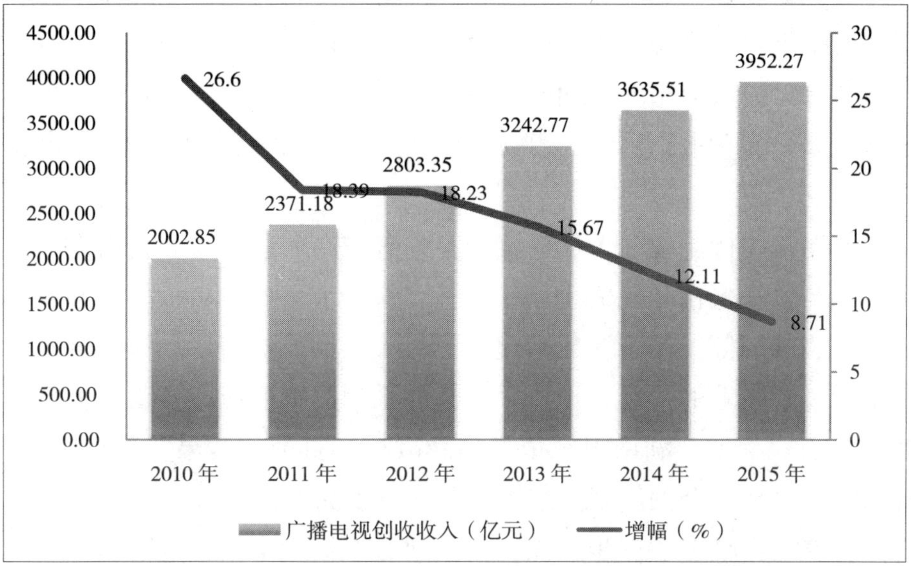

图 5-5：2010-2015 年全国广播电视创收收入及增长情况

数据来源：《中国广播电影电视发展报告》(2016)，中国广播影视出版社

五、电视媒体资产的增值之三：打造电视品牌资产

品牌资产是品牌名称附着在产品上的附加值，它能够通过高度的品牌忠诚、产品溢价、低价格弹性、较低的广告销售比率以及贸易杠杆等为企业创造更多的利润。[①]电视品牌资产的内涵主要包括品牌知名度、品牌形象和品牌忠诚度三个方面。

如今，提高电视品牌知名度是电视台增强竞争力的一个重要举措。一旦建立起了受众对于品牌的信任，就能够强化电视台与观众的对话连接，更好地发挥品牌的价值。一个正面的品牌形象不仅对于电视台很重要，对于广告商也是意义重大的。稳定的品牌形象是构建品牌资产的重心，也是在媒体竞争环境中立足打拼的核心武器。观众往往会基于对于品牌的忠诚而做出选择。当观众忠诚于某一电视台或电视节目时，就会第一时间选择持续观看，为电视台赢得恒久的关注度和更多的品牌资产。忠实观众越多，电视台的品牌资产当然也就越高。

电视媒体行业的一个优势就是，具有较高的影响力和公信力，这也使得与电视机构相关的台名、台标、知名节目栏目名称，乃至独有的声音、画面等“品牌”元素蕴藏了巨大的商业价值。如中央电视台纪录片《舌尖上的中国》形成了独特的系列品牌效应，带动了多个产业的发展。又如，湖南卫视依托品牌战略，打造“芒果”系列产品，提高竞争力和受众关注度，成为知名的电视品牌。

随着媒介融合的逐步加深，在激烈的市场竞争中，电视媒体品牌面临的挑战也越来越大：一方面是优酷土豆、搜狐、腾讯、爱奇艺等视频网站全面进军节目的播放和制作；另一方面，跨国传媒集团也在逐步迈向中国视听市场。在与新媒体、互联网、国际传媒巨头的竞争

---

① 王新新，赵军．国外电视品牌资产研究述评 [J]. 外国经济与管理，2009（10）.

中，我国传统电视台打造自己的品牌愈加艰难，但也更为迫切。媒介融合背景下要加强电视媒体的品牌建设，首先需要把握媒介融合的趋势和特点，整合资源优势，使品牌节目适合多屏观看和跨屏传播。其次要设立专门的品牌评估机构，建立一套适合中国国情的电视品牌评估体系。最后，要通过内容本土化、频道专业化、节目产品化等手段，力争打造具有较大影响力的国际品牌。

当然，有规模有实力的电视机构还可以进行传媒资本运营，但资本市场风险较大，需要慎之又慎。在未来，这可能既是传媒业竞争不断加剧的必然选择，也是盘活传媒资产的重要手段。[①] 湖南广电和上海广电在这方面有着一定的尝试和不错的回报，可供后来者借鉴。

第三节 文化产业的重要构成

一、电视产业的顺势而为

文化产业被誉为21世纪的“朝阳产业”和“绿色产业”，成为各国各地区竞相发展的战略性产业和提升国家竞争软实力的基础与路径。据考证，1944年法兰克福学派的代表人物霍克海默和阿多诺在《文化产业：欺骗公众的启蒙精神》一文中第一次提出文化工业 / 文化产业（Culture Industry）的概念，此文后来被收入《启蒙辩证法》一书中，成为经典之作。

电视产业是指在充分开放的市场和允许多种经济成分参与竞争的条件下，围绕电视这一核心所形成的产业，涵盖节目制作、节目播

---

① 上海交通大学谢耘耕教授在此方面有着较好的研究，可参见谢耘耕 . 中国传媒资本运营若干问题研究 [J]. 新闻界，2006（6）.

出、节目发行、广告经营、网络铺设、终端建设等多个环节以及以电视为依托的其他多元经营。电视产业是文化产业的下属类目，当然也是文化产业的重要组成部分。

近十几年来，国家传媒产业政策和法规频出。国家“十三五”规划建议明确提出，到2020年文化产业要成为国民经济支柱性产业。[①]这也就意味着电视产业作为文化产业的重要组成部分，在“十三五”期间的经济增长中被寄予厚望。在多年的呼唤和多方的努力之下，《电影促进法》终于在2017年3月1日开始实施。经过多年的高速发展，2018年中国电影票房达到创纪录的610亿元。影视行业的繁荣刺激了资本的敏感神经，各路资本争相涌入这个市场，虽一时生气勃勃，但也乱象丛生。

二、电视产业的价值实现

1985年，迈克尔·波特在他著名的《竞争优势》一书中第一次提出了价值链的概念，被广泛接受并引入相关领域。电视产业的价值链是以电视内容为核心，以报纸、广播、电视、杂志、互联网等为发布渠道，以制作、发行、广告等一些相关产业开发为工业流水线的商业价值运作体系。

欧美等发达国家从一开始就把电视当作产业来经营，他们认为源于提升企业竞争优势的价值链管理理论同样适用于电视产业经营。由于电视产业的特殊性，我国对电视产业改革和发展非常谨慎，国内对电视产业的研究起步也相对较晚。胡正荣教授认为要盘活我国的电视产业必须进行产业结构调整，培育和完善价值链结构，丰富赢利模

---

① 清华大学发布传媒蓝皮书《中国传媒产业发展报告（2016）》[J]. 中国广播，2016(6).

式，并带动外围相关产业发展等。[①] 李良荣认为我国的电视产业链过分依赖广告经营，对版权保护不够，对版权市场开发更加不够，因此需要加大惩治力度，保护节目版权，并且要对节目流通市场进行调节和规范，更应该借此提出切实可行的电视产业价值链优化策略。我国原有的价值链已经不太适用于今天的电视产业，因此需要进行流程再造，实现价值链向高附加值转移，并建立自身的核心价值优势。传统媒体需要从粗放的播放方式向专业的生产方式转变，并从内容联动向更高的合作方式发展。基于价值网的模块协同，要树立为客户服务的观念，不断提高自身的综合竞争力。必要的时候还可以考虑实施战略联盟，推动协同发展。

在电视台与受众的交换关系中，受众收看喜欢的节目以及节目所搭载的广告，而制作节目的电视台则获得了受众的注意力并将其化为收视率；在受众与广告商的交换中，受众被节目的广告影响以后，购买了广告商的商品或服务；在电视台与广告商的交换中，电视台得到了资金，而广告商得到了搭载广告的载体，获得了受众的注意力。总的来看，通过交换的资金流，我们可以了解价值的流动（见图 5-6）。资金流从广告商流向电视台，在电视台这个环节转换成电视节目和搭载的广告内容，并流向观众。观众通过电视节目了解了广告中的产品，并在广告的影响下购买了产品，资金又从观众流回了广告商手中，从而保证了“电视台—观众—广告商”这一循环盈利模式的不断回环往复。在资金流流动的同时，与之反向流动的是注意力流。广告商通过电视台得到观众的注意力，而电视台正是通过广告商提供的经费生产出吸引观众的电视节目。广告商利用电视台提供的观众注意力向观众出售产品，实现了之前广告投入资金的回收。

---

① 胡正荣，张锐. 论电视产业结构调整——盘活中国电视产业论系列之一 [J]. 现代传播，2003（2）.

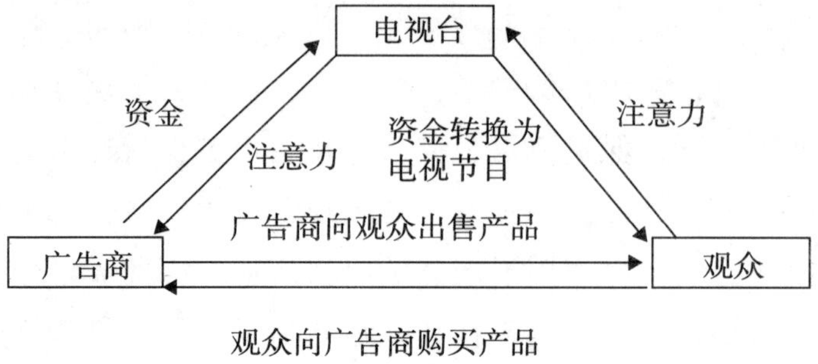

图 5-6：电视与观众交换关系示意图

电视产业的价值链从节目制作开始，经过制作、编排和播出，完成一个回路；观众通过收看节目提高收视率，电视自此形成影响力，实现价值的隐形增值；观众基于对电视台的信任，购买了在节目中搭载广告的商品或服务；由于广告投入带来的促销增值，广告商进一步加大产品生产和电视广告的投入，电视台在节目制作成本不变的情况下，通过循环销售取得更多利润。这就构成了一种较为理想的良性循环。

三、电视产业化的反思

在世界电视产业化蓬勃发展和国内电视产业化方兴未艾的语境下，我们更需要对此保持着高度的警醒，以防止其可能带来的负面效应。①

1. 电视产品与艺术作品

北京师范大学胡智锋教授把中国电视的内容生产划分为三个时代：20 世纪 50 年代到 80 年代是以宣传品为追求的年代，80 年代中期到 90 年代中期是以作品为核心追求的年代，90 年代中期以来是以

① 这一部分内容详见孔令顺．电视文化产业化的反思 [J]. 现代视听，2011（3）.

产品为核心追求的年代。对宣传品的评价标准主要是导向，即它是否实现了正确的导向和较好的宣传效果；而作品的评价标准主要看它的创新价值，比如它的独特性、原创性、个性；而作为产品，其评价标准就转换成它的市场价值的实现，比如较高的收视率、较强的广告拉动能力或者市场的回收能力、开发能力，以及能否形成产业链、创造市场价值，等等。当然这三个阶段并不是截然断裂的，三种节目形态的区分也并非是面目清晰的，而更多呈现出一种胶着状态，尤其在中国今天复杂的语境下。

既然如今的电视内容生产被视为一种产品，就意味着要遵循工业生产的一般规律，而这个规律就是标准化和可复制性，就像一切商品那样同出于一个模式。霍克海默和阿多诺在《启蒙辩证法》中对这种缺乏个性的文化生产进行了深刻的描绘："千百万人参与了文化工业强制性的再生产过程，而这种再生产过程，又总是在无数的地方为满足相同的需要提供标准的产品。"文化产业中的影视作品，都绝对是模仿化、模式化的，文化工业使一切文艺作品的内容与形式、整体与部分从属于同样的格式，所有的作品都是一个风格的。在文化工业中，"材料以及它的最后的因素，都是通过同样的工具和它所变为的特定的语言形成的"。于是，文化作品就表现出毫无个性、毫无风格的陈词滥调，如人们在看电视剧时，刚看了个故事的开头，就基本可以猜出故事的发展和结局。"甚至逗乐的技术、效果、幽默讽刺方式，都是按一定格式考虑设计出来的。"[①] 电视连续剧、系列剧的生产，都严格遵循着相对固定的模板，以便进行大规模的生产，从而形成了若干种类型片。这种制作往往都是多人分工协作、各写各自的部分，最后组合成片。不过，通过一些巧妙的设计，这些电视产品又显示出一

---

① 霍克海默，阿多诺．启蒙辩证法 [M]. 洪佩郁，等译．重庆：重庆出版社，1993：113、117.

种似是而非的个性风格，仿佛每一种产品，也是每一个消费者，都是适得其所的。其结果很自然地掩盖了文化工业的意识的标准化控制。这是说，文化产品标准化的程度越高，它似乎就越能见出个性。个性化的过程反过来反倒蒙住了标准化的过程。①

然而，真正艺术的价值，在于其独特性与唯一性。本雅明认为："即使最为完美的复制品也不具备艺术品的'此地此刻性'——它独一无二的诞生之所。体现着历史的恰恰正是这一独一无二性，而非它的任何其他方面；而艺术品的存在又受到历史的制约。"这种"原作的此地此刻性亦即其'原真性'""复制过程中所缺乏的东西可以用灵晕这一概念来概括：在艺术品的可复制时代，枯萎的是艺术品的灵晕。"②

再就是，艺术作为超越现实世界的精神产品，还具有一种乌托邦性质，它能够唤起人们对现实的批判和对自由的渴望。而电视文化产业制造了一种"机械上可以进行再生产"的现实通行的文化风格，通过热烈追求形式与内容、内部和外部、个人和社会的同一最终使模仿绝对化，不仅制造了技术上特定的同一语言，进而通过强制影响到整个民族语言，而且都以同样的方式影响人们傍晚从工厂出来，直到第二天早晨为了维持生存必须上班的思想。因此，尼采认为现代文化有两个特征：其一是现代人用五光十色的昔日文化碎片，掩盖自己的贫乏和枯竭，由此造成虚假的繁荣；其二是现代人因为贫乏和枯竭，盲目追求刺激。在他看来，现代文化说到底是"病态社会"的产物，真正的文化成就日益被如火如荼的商业主义和大众民主蚕食。布尔迪厄也痛心地看到：20 世纪 50 年代，电视关心的是文化品位，可到了 20

---

① 陆扬，王毅著．文化研究导论 [M]. 上海：复旦大学出版社，2006：91.

② 本雅明．技术复制时代的艺术作品 [M]. 胡不适，译．杭州：浙江文艺出版社，2005：88 — 89、92.

世纪 90 年代，电视最终不过是为了满足人们的“偷窥癖”和“暴露癖”。这种情况到了 21 世纪，变本加厉。

不过，同为法兰克福学派的本雅明却有着独特的见解。他认为：“从原则上来说，艺术品从来都是可被复制的。”[①] 复制技术恰恰是满足了现代人渴望贴近对象，通过占有对象复制品来占有对象本身的欲望。如是众多的摹本代替了独一无二的存在，被复制的对象恢复了青春。即便机械复制是千篇一律取代了传统艺术的独一无二，但由于它能使受众在自己的环境中欣赏作品，从而赋予所复制对象以现实的活力。

本雅明在《技术复制时代的艺术作品》里，提出人们对艺术作品的接受有两种不同的侧重方面：一种侧重于艺术品的膜拜价值，这是传统艺术；另一种侧重于艺术品的展示价值，这是现代艺术。现代艺术的展示价值意味着艺术实践从早期的仪式中解放了出来，通过机械复制而为大众所有。也就是说，在技术复制时代，艺术作品的展示价值开始整个压倒膜拜价值，艺术作品不再笼罩在神秘光辉里高不可攀，而越来越接近日常生活，满足大众展示和观看的需要。

其实，本雅明与阿多诺在这里关于“技术复制”的概念是不尽相同的。本雅明指的是对艺术品的大量复制，可以使更多的人能够近距离欣赏以至于占有艺术品的摹本，这是一种对艺术的普及。而且，由于受众并非是完全被动的，他们基于自身的理解同样赋予了作品以不同的意义。阿多诺所极力批判的是另外一种复制，这种复制的客体是完全为了大规模生产而制作的。为了市场的普适性和受众的一般口味，这些产品往往泯灭了个性，以一种通俗甚至是庸俗的趣味来吸引更多的购买者。

---

① 本雅明 . 技术复制时代的艺术作品 [M]. 胡不适，译 . 杭州：浙江文艺出版社，2005：84.

2. 电视商品与意识形态

电视文化产业的标准化生产和消费性、商业性以及娱乐性，不仅扼杀了电视艺术的独创个性与生命，抑制了电视文化消费者的想象力和创造力，而且还可能进而影响到主流意识形态的传播。

阿多诺说："文化工业的整体效果是种反启蒙的效果，其间本应是进步的技术统治的启蒙，变成了一场大骗局，成为束缚意志的桎梏。"[①] 这里的反启蒙指的是启蒙运动倡导的科学和理性进步的信仰，在文化工业的时代已经反过来成为扼杀人类自由的帮凶。文化工业因此毫无疑问就是削平个性、腐蚀大众意识的东西。观众向电视拱手交出他们宝贵的闲暇时光，在五光十色的伪个性中牺牲其创见和创意，导致思维的钝化。

从根本上看，虽然消费者认为文化产业可以满足他的一切需要，但从另外的方面看，消费者认为他被满足的这些需求都是社会预先规定的，他永远都是被规定需求的消费者，只是文化产业的对象。因此，大众在文化工业中占据的其实不是主位而是客位，他们不是机器的主体而是附件。消费者并非如文化工业鼓吹的那样焕然就是皇帝，他们不是主体而是对象。文化工业生产什么商品，取决于这种商品能够实现什么市场价值。利润的追逐决定了文化形式的性质。说到底，文化产业乃是一种商品拜物教的结果，其产品从一开始就是为了交换和销售而生产的，并未考虑到真正的精神需要。同时，人们在认同和消费这种标准的文化产品时，毫无知觉地陷入了马尔库塞所谓"虚假的满足"之中，这是因为人们并没有意识到他们真正的需要未得到满足。

霍克海默和阿多诺对资本主义的文化产业进行了深入的描述和批

---

① Adorno. The CultureIndustry [M]. London：Routledge，1991：92.

判，他们试图提醒人们："文化产业"作为资本主义国家机器的一部分，时刻在扮演着自己既定的角色，其文化欺骗与意识形态统治的目的隐匿在大众娱乐和技术制造的新的感性对象之中。文化产业的作用是麻木心灵，强制推行资本主义的秩序。而这被强制灌输给大众的秩序，就是现存社会的秩序。这就是文化产业的意识形态，它替代了大众的意识乃至无意识，容不得任何出格的、不同的、反对的思想方式。因此，文化产业是资本主义统治集团虚假的意识形态的欺骗，实际上灌输的是标准化了的形式和情感。

法兰克福学派对晚期资本主义文化深刻的批判精神，以及强烈探求以文化救赎人生的使命感，真诚而令人感动。即使在今天，他们的许多思想仍然具有启示意义。不过，对他们的指责和质疑也不断出现，比如他们的批判只是限制在意识和精神领域，而缺乏实践性和实证性，以及虚假的需求与真正的需求到底应如何进行区别等方面。

法兰克福学派所担心的统治阶级利用文化产业进行意识形态控制的顾虑对于今天的中国电视来讲其实并不是问题。因为中国电视的国有性质，决定了它既是党和国家的耳目喉舌，原则上也应当可以代表人民的心愿意志。国家的利益与民众的利益从根本上可以视作是一致的。真正得到重视的问题倒是在于，电视文化产业的商业化、消费化性质可能会导致主流意识形态对民众的影响不足，甚至出现某种程度上的边缘化，这反而可能才是值得我们真正忧虑的。

20 世纪 90 年代以来，尤其是进入 21 世纪以后，中国电视的产业化趋势日益明显，很多地方都曾经出现了形式不同、规模各异的广播影视集团。这些集团大多是在当地主管部门的行政捏合之下匆匆组建的，重规模而轻效益，只满足于表面上做大，而很难实际上做强。经过一阵轰轰烈烈的集团化之后，大家发现它们其实还是各自为政、貌合神离，并没有产生如预期般优势互补的整合效应，反而出现了相互掣肘、地区垄断的不良反应。因此，身兼三职处在夹缝之中的中国电视身份不明、体制不清，往往使其在现实的处境中左右为难，举步维艰。

一般认为，今天的中国文化大致可以划分为三个层面：主导文化、精英文化和大众文化。电视不仅是大众文化最好的载体之一，同时也是滋生大众文化的温床。今天的大众文化，不但“在规模上超过了任何其他文化，而且还在以各种‘文化暴力’的方式掠夺着其他文化资源”[①]。

布尔迪厄认为电视等大众媒介是一个被经济场通过收视率加以控制的“新闻场”。通过收视率这一压力，经济向电视施加影响，而通过电视对新闻场的影响，经济又向艺术、政治等其他场施加控制力。在目前中国严峻的市场压力之下，对收视率的追逐必然要求电视节目尽力满足观众越来越苛刻的胃口，等而下之者甚至不得不片面迎合部分观众庸俗的观感欲望，以至于收视率被斥为“万恶之源”。顾此难免失彼，在迎合观众、满足市场的同时，部分电视媒体就自然弱化了对国家主流意识形态的传播，同时也放弃了对电视文化品位的恪守，于是主流文化和精英文化在电视产业化的洪流中有被日益稀释化和边缘化的趋势。有学者指出，一方面电视把一切事件都非政治化，另一方面它又可以把非政治事件政治化，这种双重功能使得电视成为民主社会中的一个危险的符号暴力。

不同专业和领域的学者对电视的产业化进行了深刻的反思和认真的批评，虽不乏过激之处，但的确应当引起中国电视的管理者、从业者和研究者的高度重视和足够警惕。电视文化产业，首先是文化，然后才是产业。

---

① 周宪．中国当代审美文化研究 [M]．北京：北京大学出版社，1997：84.

第六章

中国电视的文化责任

从口语传播时代、文字传播时代、印刷传播时代，一直到电子传播时代，媒介越来越多地承担了个人记忆与社会记忆的责任，并改变着文化的传承方式。尤其是作为电子媒介的电视，更是以声音和图像等综合性的技术手段影响着人们对文化的感知体验，在潜移默化中塑造并维护和扩展着民族的“文化版图”。在文化产业大发展的今天，中国电视对文化责任的担负更甚往昔。然而“在市场化、产业化的浪潮中，在娱乐至死的环境下，电视媒体出现了为社会诟病的诸多问题……严重损伤了中国电视的口碑与形象”[①]。中国电视只有在更大程度上承担自身的文化责任，才能更好地重归理性与重塑尊严。

第一节　对本土文化的爬梳剔抉

施拉姆认为：所有的电视都是教育的电视，唯一的差别是它在教什么。那么，中国电视应当承担怎样的文化责任？我们在探讨这个问题之前，恐怕还是要先从“文化”概念的本体入手。

一、文化与文化记忆

什么是文化？《易·贲卦·彖传》中有云：“刚柔交错，天文也。文明以止，人文也。观乎天文，以察时变；观乎人文，以化成天下。”

---

① 胡智锋.创意与责任——中国电视的本土化生存[M].北京：中国传媒大学出版社，2010：285.

这段话强调了治国者应将指导天下人遵循既定的规范作为治国方略。这里的“文”与“化”体现了“以文教化”的意思。刘向在《说苑·指武》中云：“圣人之治天下也，先文德而后武力。凡武之兴，为不服也。文化不改，然后加诛。”这里是将文化作为一种治理天下的手段。文化在《现代汉语词典》中的解释是：人类在社会历史发展过程中所创造的物质财富和精神财富的总和，特指精神财富，尤其偏向诸如文学、艺术、教育、科学等层面的精神财富。[①]有关文化的概念历来众说纷纭，我们可以将文化分为广义与狭义两个层面，广义文化是指全体社会成员在长期的历史实践中，所创造并持有的生产、生活与斗争的观念和行为方式，及其所创造的物质财富和精神财富的总和。狭义文化主要指社会意识形态及其所适应的社会制度与社会组织机构，也泛指一般知识和高尚的文明的娱乐休闲活动。[②]

中国有着五千年的文明史。正如著名学者余秋雨所言，中国文化是“一种应该选择的记忆”，“只要唤醒一种记忆，也就是唤醒了一种文化”[③]。基于文化记忆的文化认同是身份认同的关键所在。不管是作为个体还是群体，“我是谁”都是一个重要的哲学问题，需要予以严肃的回答。在人类历史上，作为一个独立的个体和主体的“我”的发现，或许是最具创造性也最具解构性的行为。但成为“我”是一项永远不可能停止的身份规划和记忆工程。在充满冲突和断裂的多元社会，作为一种朴素的认同，文化记忆或许可以为我们维护自己的身

① 现代汉语词典 [M]. 北京：商务印书馆，2016：1371.

② 史仲文，胡晓林 . 中华文化精粹分类辞典·文化精粹分类 [M]. 北京：中国国际广播出版社，1998：1.

③ 余秋雨 . 中华文化的记忆 [J]. 国学，2007（9）. 余秋雨于 2007 年 2 月 6 日在解放日报报业集团举行的第八届“文化讲坛”上的发言，原题为《中华文化 一种应该选择的文化》，载于《解放日报》2007 年 2 月 9 日。

份、维持自我之连续性提供重要支撑。可以说，没有文化记忆，就没有文化认同。

文化记忆既是一个静态的结果，又是一个动态的过程。通过存储、传承和延续等过程，文化随着人类的历史发展被记录和记忆，之后通过二次挖掘与重新解读，呈现出新的文化样貌。有研究者认为，在后现代理论语境中，文化记忆最为重要的功能在于塑造并强化身份认同。一方面，通过保存代代相传的集体知识来确证文化的连续性，并以此重构后人的文化身份；而另一方面，通过创造一个共享的过去，再次确证拥有集体身份的社会成员，在时间和空间方面都向他们提供一种整体意识和历史意识。① 声画合一的电视媒介既可以记载普罗大众的集体知识，又能够为族群创造一个共享的过去，是文化记忆的主要责任方和贡献者。由此可见，文化记忆是一个整体的概念，是基于多种文化形式的集中统一。不同的文化形式建构了文化记忆的不同层面，而视听综合的电视已然成为文化记忆中最为闪亮的部分。

与人类历史上的大部分时间不同，信息技术的突飞猛进使得人类记忆越来越依赖于外界的数据存储系统，而人类自身的记忆能力却逐渐弱化，记忆机制也日趋退步，进而导致与传统记忆方法的脱轨和分离，即记忆危机。正如丹尼尔·夏克特所说："记忆危机产生于 19 世纪，并因近年来电子传媒的巨大进展而加剧。现在，最重要的社会记忆都是由传媒的电子档案加以贮存的，而不是由个别的记忆者和叙事者的头脑加以贮存的。随着电子编码信息的大量涌现，老年人的叙事职能已大为削弱。"② 代际传承的文化记忆逐渐让渡于传播媒介，尤其

---

① 张晶，谷疏博．文化记忆、崇高仪式与游戏表意：论原创文化类节目的美育功能 [J]. 现代传播，2018（9）．

② 夏克特．找寻逝去的自我：大脑、心灵和往事的记忆 [M]. 申春，译．长春：吉林人民出版社，1998：353.

是声像并茂的电视，更是包含着丰富的历史细节。

这种记忆危机既存在于历史真实与符号再现之间几乎永远无法完全弥合和跨越的鸿沟，又存在于试图用现代影像语言符号再现历史真实的建构者，比如导演、编剧、演员等表述记忆的主体自身所带有的主体性局限和认知的倾向性，而这种倾向性是难以回避的。每一个具体的社会个体都是生活于细致而微的社会文化网络之中的，不可避免地会受到自身认识的局限和社会环境的制约。

美国人类学家葛登·马特维斯认为全球化带来了一个囊括各民族文化的“文化超市”，人类在其中既可以是买家，也可以是卖家，能够自由选择其他民族各式各样的文化，同样也在为他人供应本土文化。但“文化超市”中的商品的原有文化属性越来越淡化，很难说清哪种文化属于哪个民族。① 从“民族认同”到“超市化文化认同”的转向带来了人类身份识辨的困难，文化的碎片化和商品化也加剧了受众文化消费的即时性和随意性，文化原有的灵韵在日渐消失，神圣感大打折扣。

在全球化的语境下，一方面世界变得越来越平坦，地球村要求实现市场的一体化和标准的统一化，另一方面更加强调“民族的才是世界的”。因此在事实上，全球化在某些方面可能会导致不同民族和国家间文化差异性的消失或减弱，在另一些方面却可能将某些特质文化的属性加强，因此，在当代文化认同的问题呈现出了更加复杂的状态。② 以“9·11”事件为代表的“文明的冲突”逐渐引起世人的深思，

---

① 郑晓云．文化认同论 [M]. 北京：中国社会科学出版社，1992：14.

② 2017 年 11 月，笔者在“粤港澳大湾区电影发展战略高端论坛”上发表了《粤港澳大湾区文化认同中的电影责任》的论文，这里引用了发言的部分观点。具体可参见戴剑平．新时代背景下地域电影发展的新概念、新体系和新思路——“粤港澳大湾区电影发展战略高端论坛”学术研讨会综述 [J]. 当代电影，2017（12）.

后全球化浪潮风起云涌，从“英国脱欧”到“美国优先”，文化的发展显然并非单向度地行进。另一位美国人类学家乔纳森·弗里德曼认为，中心化的世界体系比如世界霸权、帝国主义和现代性等的衰落与以民族为基础的文化认同的增长呈现的是一种相反相成的关系。这种关系表现在民族性的文化基础上的“边缘的”认同于中心主义衰落时会得到强化。这为电视的文化责任问题提供了现实的可能与理论的支撑。

二、本土文化的电视化传承

从社会学观点来看，人生而处在一个复杂而多变的文化体系与社会系统当中。一个人必须学习各种知识、技能和规范，经过社会化的过程，才能取得社会生活的资格。[①]美国文化人类学家本尼迪克特在《文化模式》一书中也论述过这种观点：“个人生活的历史中，首要的就是对他所属的那个社群传统上手把手传下来的那些模式和准则的适应。落地伊始，社群的习俗便开始塑造他的经验和行为。”[②]在此基础上，人们的行动彼此之间产生的某种内在联系，就是人们生活圈子的文化模式。著名社会学家费孝通也认为：生活在一定文化历史圈子的人对其文化有自知之明，对其发展历程和未来有充分的认识，并将这种现象称为“文化自觉”[③]。由此看来，文化自觉建立在价值认同的基础上，生活在一定文化圈子里的人，对自己所处圈子的文化有认同感

---

① 胡智锋，等．电视文化新论 [M]. 北京：中国社会科学出版社，2015：102. 笔者撰写了其中的第三章《电视文化角色论》，此处引文即出自该章。

② 本尼迪克特．文化模式 [M]. 王炜，等译．北京：生活·读书·新知三联书店，1988：5.

③ 1997 年，费孝通先生在北大社会学人类学研究所开办的第二届社会文化人类学高级研讨班上首次提出“文化自觉”。

和归属感，并以此作为自觉调整个人行为方式的标准。

从社会变革的角度看，中国经历了漫长的封建社会，形成了以小农经济为基础的乡土社会。在这种以家族为生活单位的文化圈子中，文化认同的建立（人的社会化过程）需要通过“家长”们的耳提面命进行填鸭式的文化学习。在这种比较单一的父传子（这里的“父”不仅仅指父亲，而是代表着“家长”）的文化传承方式中，作为传者的“父”与作为受者的“子”，以口语抑或文字（比如上层阶级的成文家规）作为媒介，通过强制力（包括父权、族权和拥有军队威慑力的皇权）保证文化的延续。随着社会变革——小农社会瓦解、工业社会建立，从封建社会直到进入今天的社会主义初级阶段，中国逐渐从“乡土社会”向“现代社会”转型。

经过从农业社会到工业社会的变革，伴随着技术的发展，特别是媒介技术的进步，文化认同的建立方式不再局限于单一的、强制性的“父传子”模式。人们在从婴孩到成人、从“自然人”到“社会人”的过渡中有了更多非强制性的学习途径，人们或主动或被动地通过大众媒介进行文化的学习和传承。美国学者 G. 格伯纳的“培养分析”研究认为，大众媒介能够影响人们对现实的认识和理解。报纸、广播、电视、网络这些大众媒介无时无刻不在提供着人们社会化所需要的知识、技能和规范，在长期的、潜移默化的过程中，人们通过媒介传达的信息修正了对现实的认知，更新了对文化的体验。“培养分析”尤其强调了电视媒介在社会成员形成文化认同过程中的作用——现代人从幼年时期就与电视生活在一起，电视渗透到了社会的各个部分（包括儿童、低学历者以及贫困阶层）[①]，起着重要的文化认知和传承作用。

---

① 郭庆光 . 传播学教程 [M]. 北京：中国人民大学出版社，2011：206.

历史学科讲究“史料记载”，文化研究也是如此。文化的传承需要载体，故宫建筑群是明清文化的载体，“三孔”（孔府、孔庙、孔林）是儒家文化的载体，清明上河图记载了宋代的民风民俗，这些是静态载体的文化记录。安塞腰鼓是陕北文化的载体，那达慕大会是蒙古文化的载体，泼水节表现了傣族的传统文化，这些是动态载体的文化记录。其实，不管是静态还是动态的文化载体都充当了记录文化的媒介。我们中国有着灿烂的青铜文明，“四羊方尊”“后母戊鼎”等精美的青铜器可以作为“史料记载”成为青铜文化曾经辉煌的证明，今人凭借对青铜铭文的“解码”，了解古人进行“编码”那个时代的文化气象，这里的青铜器就充当了传播媒介，架起了今人与古人文化之间沟通的桥梁。这种担任“桥梁”作用的传播媒介是文化传承的“第一手资料”，一旦被破坏，比如某些历史人物故居的损坏、某些历史亲历者或者文化传承人的去世，文化就有可能出现断层。中国历史上曾经出现过几次“灭孔”运动，许多孔庙文庙被破坏，祭孔活动也被禁止，许多古老的祭孔仪式、舞蹈因此消失，造成文化的消逝与断裂。因此，在“第一手资料”之外，还需要“第二重保障”对文化进行记录，媒介技术的发展与应用提供了这种可能。

拉斯韦尔在《传播在社会中的结构与功能》一书中认为，大众传播具有社会遗产传承功能。媒介传播将历史和文化进行复制和记录，使得“个人记忆”的功能被放大。在电子媒介出现之前，口语、绘画、文字等媒介由于对文化的记录在传播过程中容易出现偏差，比如上文说到青铜文化时代的镇国之宝“后母戊鼎”，学者在对鼎腹内壁的铭文进行“解码”时存在巨大学术争议。尽管该鼎最初被郭沫若先生定名为“司母戊鼎”，但学者建议将“司母戊鼎”更名为“后母戊鼎”的声音一直不绝于耳。2011 年 3 月底，中国国家博物馆展出时将其改以“后母戊鼎”为名。究竟这件国宝原本的名字是什么其实已很难定论，这也反映出后人在对前人留下的“文化信息”进行“解码”时，由于不能得到非常完整准确的信息，只能加入自己的想象和推测，因此也就难免像面对“结绳记事”的“结”一样，知其然而不知其所以然，只知“结”的存在是记录重大的事情，而不知“结”记录的这个事情的本来面目。

电视以影像为载体，通过对文化进行影像记录，完成对文化传承的影像保护，便于全景式还原文化的本来面目。中央电视台中文国际频道（CCTV-4 亚洲）每周一至周六晚 18：45—19：00 播出的《国宝档案》节目，从 2004 年 10 月 4 日播出到 2019 年已经 15 年了。这 15 年间，《国宝档案》以电视影像的方式，对国宝级文物的来历、去向、现存状况等进行纪实性的探寻，以第一手的资料，在带领观众走近国宝、了解国宝的同时，为国宝进行建档，留给后人“宝贵”的文化资料。近年来，《中国成语大会》《中国诗词大会》《朗读者》《国家宝藏》《见字如面》等文化类节目的崛起，受到了观众的积极响应与热烈追捧。节目充分展现了中华历史文化的魅力，不断满足人民群众日益增长的精神文化需求，也在潜移默化中增强了文化自觉与文化自信。电视的文化传承不仅仅是对文化的静态载体如建筑、器物和自然景观等的简单记录，更对文化的动态形态进行了保护和传播，如仪式、表演和文化故事等。2006 年 5 月 20 日，山东曲阜的祭孔大典被列入第一批国家级非物质文化遗产名录。其实早在 2005 年，中央电视台就开始直播祭孔活动，对这种向“先贤”表达敬意和追思的文化活动进行了全方位影像记录。

随着电子媒介的出现与发展，文化的记录传承手段从单一走向多元，其中，电视通过对文化载体从声音、图像等多方面进行文化信息的全方位记录，实现了对这些信息的大量复制和广泛传播，使得千百年后的人们可以通过电视影像直观体验到横亘历史时空的文化风貌，得到“穿越时空”的文化体验，并在这种文化体验中，获得损耗较少的文化信息。这是电视媒体通过影像记录功能对本土文化进行文化传承的重要部分——尽全力记录文化的本真面貌，尽力修正错位和误解，并在电视化传承中传播文化精神。

中国的相声界遵循着古老的文化传承方式——拜师学艺。拜师之后，徒弟跟着师父学习手艺，也就是“说学逗唱”等相声表演的方法和技巧。依赖这种言传身教的基本规矩，相声艺术一代代传承下来，而精神文化的延续也多来自这种“传”“帮”“带”的传统方式。正如资深焊接专家彭存利在纪录片《大国工匠》中所说：“我把我的技艺，我的技术，还有我的经验，一代代去传给他们。”对身在这些艺术圈子、技术圈子，抑或统称为文化圈子中的人来说，传承的可能是“术”，而对于通过电视观摩见证这些文化圈子的人，他们可以通过电视影像的记录、剪辑和播放，跟随影像的节奏融入节目之中，体会电视所传承的文化精神。纪录片《大国工匠》，纪录的不仅仅是这些技术人员的精湛技艺，更记录下了这些大师们的“工匠精神”。电视将原本在狭小圈子里流传的、仅为少数人才感受到的工匠文化，展现在大众的眼前，使得人们接触到并关注起这些“术”，从而体悟到这些“术”背后的文化精神和民族性格。

2016 年 1 月 7 日，中央电视台纪录频道（CCTV-9）首播的纪录片《我在故宫修文物》中的木器修复师屈峰也曾说道：“中国古代人讲究格物，就是以自身来观物，又以物来观自己。古代故宫的这些东西，是有生命的。”他认为修复文物的过程，就是跟文物交流的过程，是对文物的体悟。“文物是死的，要文物干什么，要文物的目的就是让它传播文化。”这是在与文物朝夕相处的过程中，文物修复师对于文物的体验和对于文化的思考。透过电视的影像表达，他将这种体悟传达给了电视观众，获得了广泛共鸣，很好地实现了电视对文化的精神传承。除了这种直观的表达外，观众也在收视过程中，看到了“择一事，忠一生”的“工匠精神”，产生了对师傅们勤勤恳恳、不急不躁生活的向往，同时对当今社会的浮躁心态进行深刻反思。电视传达的文化价值与观众产生了共鸣，实现了良性互动。

三、本土文化的电视化创新

文化不是一成不变的，而是随着社会发展不断去粗取精，进行着创新与进步。电视对本土文化的爬梳剔抉既是一个选择扬弃的过程，也是一个不断创新、不断发展的过程。郭镇之在《中国电视史》一书中也论述过“社会的改革牵动着电视的改革”的观点。进入 21 世纪之后，传媒领域发生了巨大的变革：网络的强势崛起，“电视热”日益降温，“互联网 +”逐渐兴起，5G 时代即将到来，这些现象的出现不单单由于媒介技术的发展，更与社会变革息息相关。宏观方面有国家政策的调整（如电视行业的产业化转型），中观方面有媒介技术的发展，微观方面更有着千万民众的努力。种种社会变革都推动着电视对本土文化的传播需要跟随时代发展进行创新性表达，一是表现方式的创新，二是表达内容的创新。

从表现方式来看，电视传统的传播方式是“单向度”的表达。观众收看电视需要在固定的时间和空间，面对固定的屏幕，进行封闭式、缺少互动和反馈的信息接收，这种表现方式显然已经不符合“网生代”的收视需求。国际电信联盟 2013 年将年龄“在 15-24 岁之间、具有五年或更多上网经验的网络化青年”，称为“网生代”。这一人群诞生于数字时代、每天伴随着信息通信技术成长起来，是“数字原生代（Digital Natives）”。他们对于数字设备和网络的使用具有“先天的领悟力”，能够熟练使用各种媒介获得自己想要的信息。相对于伴随着电视成长起来的“电视人”这一代，网生代更加追求个性，使用媒介时的“选择性接触”更强。他们追求互动体验，提倡平等开放，要求对等的交流沟通，对信息反馈和意见表达拥有更强烈的意愿和主动性。根据 CSM 媒介研究对各年龄段观众收视行为的持续观察，这个年龄段人群的电视收视时长从 2008 年到 2015 年持续下滑，其中年龄在 15-24 岁之间的人群下滑最快（从 129 分钟下降到 89 分钟）[①]。近两年，这种下滑更是日益加剧。

相对于电视“单向度的表达”，网络“双向反馈”的表现方式更符合“网生代”的生活习惯和思维定式。2019 年 2 月，第 43 次《中国互联网络发展状况统计报告》由中国互联网络信息中心（CNNIC）发布。该报告显示，到 2018 年 12 月为止，我国网民规模达到 8.29 亿人，全年新增网民人口共计 5653 万。互联网的普及率达到 59.6%，和 2017 年年底的数据相比提高了 3.8 个百分点。从中国网民年龄结构图（图 6-1）可以看出，截止 2018 年 12 月，30 岁以下的网民占中国网民的 52.9%。

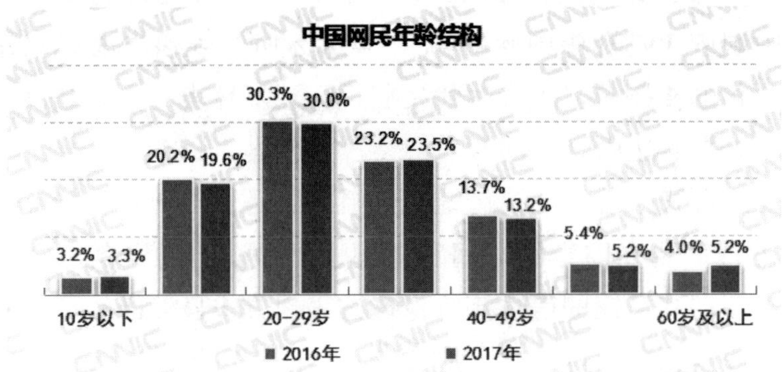

图 6-1：中国网民年龄结构图

（数据来源：中国互联网络信息中心）

这些数据说明了强调“互动”“个性”“平等交流”的“90 后”“95 后”以及“00 后”越来越青睐网络媒体，也提醒电视媒体需要尽快适应观众逐渐改变的“收视习惯”，进行表现方式的创新和突

① 周欣欣.数读“网生代”——“网生代”的收视特征及节目对策[J].收视中国，2016(7).

破。电视的传播方式恐怕不能再局限于“四四方方”的电视机屏幕，而应积极推进“媒介融合”，推进影像的“多屏互动”，探索播放平台的延伸运营，改变单一的“我播你看”的播出形态。在这方面，中央电视台旗下的中国网络电视台（CNTV），已完成包括网络电视、IP 电视、手机电视在内的多屏渠道布局。央视体育频道依托频道资源，通过电视机、移动客户端、CNTV 等，整合电视端与移动端，构建出一个全新的“体育世界”。在里约奥运会期间，央视体育频道在与微博达成战略合作，通过电视端、移动端和微博进行体育赛事的实时直播，实现节目内容的跨屏互动。2016 年 6 月 11 日，央视体育频道报道第 15 届欧洲杯的专题节目《豪门盛宴》时更是搭配 VR 技术，试水“VR+ 体育”的全新模式。湖南卫视积极运营其旗下的线上视频平台芒果 TV。浙江广电也在 2015 年 7 月 1 日上线“中国蓝 TV”，逐步通过“中国蓝 TV”“中国蓝新闻”“蓝天云听”等移动视听平台，打造“中国蓝家族”，为受众提供多平台互动化的观看体验。

从表达内容的创新来说，电视受众的“分众化”趋势，决定了当下的主动选择意识比之前任何时代都明显和强烈，这对电视节目内容提出了更高的要求。分众理论认为，受众并不是完全被动的存在，他们在媒体接触、内容选择、认知理解上有着某种自主性和能动性。拉扎斯菲尔德的“选择性接触”理论认为，面对繁芜丛杂的媒介信息，受众并非一味被动地接受，而是更加愿意接触与自身既有立场和已有态度相似相近的内容，而对于对立或冲突的内容有一种回避的倾向。从传播效果的受众层面分析，电视收视的下滑跟受众的“选择性接触”行为有着密切的关系。电视观众更有从“分众化”向“小众化”演变的趋势，他们对于电视节目的类型有着更加明确的喜恶，对于电视内容的选择越发自觉和理性，日渐培养起自己的个性化品位。正如克里斯·安德森在《长尾理论》中指出的：“我们大多数人需要的不是大热门，每个人的品位都与主流文化有些许不同之处。我们发现更多的其他选择，我们就会更多地被他们吸引。”[①]

网生代之所以更愿意使用网络，很大一部分原因是在网络上实现他们个性化需求的选择成本较低。豆瓣对分类的细分，使得用户可以用极低的时间成本，即选择成本，找到并加入自己感兴趣的文化圈子。网络视频播放平台也纷纷进行从宏观分类到微观内容的细分调整：单就综艺分类来说，爱奇艺、优酷将其划分为游戏、情感、美食、音乐等 20 多个类别，搜狐视频也将其划分为 13 个类别，以满足网民越发个性化、小众化的需求。传统电视虽然在早期发展中形成了频道化、栏目化的格局，也增强了节目内容的细分，如央视体育频道增加 CCTV5+ 频道，播出围棋、高尔夫等小众化体育赛事，但与网络视频播放平台的节目内容细分相比，传统电视的节目内容细分只能看作粗分，显示出它大而无当的短板。

中国电视的表达内容创新除了需要弥补节目内容细分短板外，也需要捡起一度几乎丢掉的人文关怀。

首先，过去电视的文化内容表达过于关注重大话题，《大国崛起》《大国工匠》《超级工程》等纪录片，都有着宏大叙事、宏大主题等特点，每集四五十分钟的大制作在给观众带来国家和民族自豪感的同时，也带给观众一定的精神压迫感。相比之下由北京市委宣传部、北京电视台共同打造的大型微纪录片《中国梦 365 个故事》以每集 3 分钟的时长，讲述普通人的故事，“平民化、简洁化、故事化”的表达诠释了“中国梦是每个中国人的梦”这一主题，很有亲民感。其中，《天安门武警翻译兵的一天》引起微博热议，一度登上微博热搜榜，微博分享的视频一天之内播放量超过 350 万次。

其次，电视的内容表达应从过度着眼于过去转换为关注于当下。

---

① 安德森 . 长尾理论 [M]. 乔江涛，译 . 北京：中信出版社，2006：6.

出于多种考量，长期以来，古装剧成为各大卫视的收视法宝，但是古装剧解构历史、题材泛滥等弊端，一度带来不良的社会影响，国家广电总局的多次调控虽有效果但也争议不断。可喜的是，部分现实题材电视剧受到大众的普遍欢迎，如关注职场生活的《欢乐颂》，关注小留学生的《小别离》，关注婚姻问题的《老公们的私房钱》等。这些电视剧的热播，使得观众不再过度沉湎于古装剧营造的虚幻世界，开始审视社会当下的本土文化。相较于严肃有余而活泼不足的《国宝档案》，《国家宝藏》《上新了故宫》显然可视性更强，也更能引发民众的亲近感。

最后，我国电视传播习惯于对内容进行较为单一化的宣传。比如在对非物质文化遗产的保护上，往往以简单的宣传式思维进行说教式推广，其效果当然并不尽如人意。但 2014 年天津卫视推出的原创真人秀综艺节目《国色天香》，邀请完全没有接触过戏曲的明星，对其进行训练，并以竞赛的形式，让他们挑战用京剧、评剧、豫剧、越剧、黄梅戏、二人转六种曲艺形式改编的歌曲进行表演。栏目还邀请小香玉、吴琼等曲艺名家担任评委，在传承曲艺文化上体现出一定的创新性。中央电视台推出的原创文化传承类综艺节目《叮咯咙咚呛》也创造性地将非物质文化遗产的保护与大众娱乐结合在一起，让明星与非遗文化传承人一起进行文化的创新融合，传播效果也相对较好。

四、本土文化的电视化建构

除了研究受众的细分外，研究目标受众的内容诉求或许更有助于中国电视发掘传统文化的“惊醒之力”和“拔擢之力”。受众的个性化使得他们不再满足于追求大热门的节目，转而追求适合自己品位的节目内容，这是大众化、细分不明显的传统电视收视下滑的原因之一，而更重要的原因也是电视从业者更应该思考的，即电视内容的质量下滑和底蕴缺乏。近年来，IP 网络剧的火爆也在一次次提醒中国电视要高度重视内容生产。2016 年 10 月份播出的三大悬疑网剧（搜狐视频和博集天卷影业联合出品的《法医秦明》、爱奇艺出品的《美人为馅》、企鹅影业与东阳正午阳光联合出品的《如果蜗牛有爱情》）的热播，虽然凭借了平台独播的优势，但更重要的是，它们背后无一不是有好剧本、好演员以及优秀制作团队的支撑才得以成功的。《法医秦明》的导演徐昂，更是曾凭借其执导的电影《十二公民》于罗马国际电影节上摘得“马可·奥雷利奥”奖。可见，正是多方合力才呈现出这部制作精良、剧情紧凑的高品质网络剧，其成功并不是偶然的。

这三部网络剧的另一共同点是，作为独播平台的搜狐、爱奇艺和腾讯视频都参与了网络剧的出品，这也是近几年来网络剧制作的“新常态”。尤其是 2018 年爱奇艺的《延禧攻略》和腾讯的《如懿传》，更是吸引了几乎全民的关注，成为街谈巷议的文化热点。网播之后，这两部大剧才反向输出到电视端播出。长期以来，网络视频播放平台对于电视节目，一直采用买进版权播放这种较为单一的播出方式，不仅需要承担点击率不确定的风险，还需要面对同类网络视频播放平台对同一电视节目的流量切分。面对版权市场与收视市场的激烈竞争、自身资源的浪费及流量的损失，网络视频播放平台开始选择从单一平台商向内容生产商转型，从产业链底层的“分销商”向产业链上游的“生产商”和“专卖商”转型。通过差异化竞争，逐渐带动整个平台的产业链完善，实现广告收入、相关产品衍生、会员收入等多方面的内容变现，积累资金以进一步提高平台内容的质量，最终提高平台凝聚力和产业竞争力，培养用户黏性和忠诚度，形成良性循环。网络视频播放平台布局影视产业，从根本上减少了对电视节目的购买依赖，日益增长的网络播放量与日渐下滑的电视收视形成鲜明的对比，网络视频播放平台的“以内容促生产”也在督促传统电视行业进行痛苦的自我审视。

2016年纪录片《我在故宫修文物》仅在央视就播出了三次，《中国诗词大会》《见字如面》等文化类节目的火爆也说明在充斥着简单娱乐、渲染情绪表达的荧屏轰炸中，观众对有文化内涵的深层娱乐的追求从未停止。2016年11月21日，央视索福瑞总经理徐立军在第二届“世界电视日”中国电视大会上，发表的题为“中国电视的基本面与机会点”的演讲中认为：“视频内容在今天乃至未来都是全球资本追逐的热土和风口。好的内容，任何渠道都需要；好的内容，仍然极度稀缺。”[①]中国电视并不缺少内容，缺乏的是“好的内容”。中国电视也并不缺乏生产优质内容的文化资源，缺乏的是对文化资源的分析与扬弃、甄别与选择。中国拥有五千年的文化底蕴，需要电视通过影像的形式对物质遗产（如器物建筑）和非物质遗产（如历史传说）进行梳理和展示，从而厘清文化脉络，守卫文化版图，完成本土文化的电视化建构。

一方面，中国电视在努力传承中华文化的精华，营造良好的文化氛围，创作出了如以《百家讲坛》《中华医药》等为代表的知识类节目；以《中国成语大会》《中国诗词大会》等为代表的竞赛类节目；以《舌尖上的中国》《百草中国》《敦煌》等为代表的纪录片等节目形式。但同时另一方面，中国电视也在进行着传统文化的解构与践踏。大量的电视剧始终不能突破婆媳伦理、古装宫斗的桎梏，“星腥性”泛滥成灾。大约从2011年的《宫锁心玉》开始，清穿剧、宫斗剧蜂拥而至，有观众戏称“难怪大清朝亡了，都忙着宫斗去了”。制作方出于风险的考量和利益的追逐，创作了大量的宫斗题材电视剧。荧屏上清朝斗完唐朝斗、唐朝斗完汉朝斗、汉朝斗完五代十国斗、五代十国斗完换到战国斗，更有甚者架空历史，直接将故事安排在玄幻背

① 徐立军，王玉飞.2018年中国传媒的基本面与机会点[J].现代传播，2018（1）.

景下斗个“三生三世”。总而言之，无论在哪个朝代背景下，男女主人公都必定为情所困，且女主都可用其智慧打败“斗争”对象而获得美满结局。如果说抗战剧的主题使得个人情感囿于家国情怀中，家庭剧的主题使得人文关怀囿于伦理道德中，那么大部分古装剧就是以国仇家恨之名，行个人利益斗争之实。在主角的智商碾压中，完成观众的情绪宣泄和制作方、播出方的商业利益的获取。古装剧和历史剧不同，它只是假托历史背景而已，其中有大量的虚构成分存在。但古装剧通过电视媒体进行传播，所营建的“拟态环境”也会使得观众沉浸其中而难以自拔。扭曲历史面貌的古装剧对传统文化的传承伤害巨大，传播中的失实不仅使观众误读历史，更容易在跨文化传播中建构中国人贪婪好斗、阴险狡诈的刻板印象。长此以往，最终将损害民族形象和国家形象。如何将电视“商品”变为“艺术品”进行创作，甚至打造成“文化精品”，这既是中国电视的产业发展需要，也是文化责任所在。

五、文化栏目：诗与远方的救赎

近几年来，电视文化生态悄然发生着转变：一方面，《朗读者》《国家宝藏》等文化类节目强势逆袭，引领受众眺望精神的远方；另一方面，《中餐厅》《亲爱的客栈》等慢综艺渐成新宠，引导受众营造诗意的栖居。此种审美转向的缘由颇为复杂，我们当然可以从文化学和社会学等诸多角度进行考察，但深度娱乐的满足可能是其最为重要的原动力，并在一定程度上彰显出“诗和远方”的灵魂救赎。[①]

1. 诗：精神的远方

中国是诗歌的王国，更是诗性的国度。千百年来传统文化的洗礼

① 这一部分内容已以阶段性成果形式发表，详见孔令顺，张佳阳．文化电视：深度娱乐的转向与救赎 [J]. 中国电视，2018（6）.

和熏陶，使国民不仅能够脚踏实地，更习惯于仰望星空，不管现实境遇如何，内心始终保有一种诗意的关怀，那是一种精神的远方。最近几年来，《中国诗词大会》《见字如面》和《国家宝藏》等文化类电视节目以我国深厚的文化积淀为基础，不断改革传统文化类节目的表现形式，创新传播模式，同时吸收其他娱乐类综艺节目的成功经验，并运用新媒体思维，打造出独具气韵与品格的文化类综艺节目。尤其是央视推出的《经典咏流传》，把诗歌与音乐大胆嫁接，令人耳目一新。这些节目中既挥洒着一种精英文化的气质，又透漏出大众文化的温情，播出后获得了较高的收视率和观众的一致好评。从表面来看，这类节目似乎与当代年轻人的时尚消费相去甚远，而其实则不然。“谁说年轻人肤浅”调查数据显示，年轻人恰恰是这些节目的主要收视群体。这充分印证了新一代的文化类节目已经不同于昔日的《读书时间》和《子午书简》，而是以其独特的文化魅力适应当代青年人的精神文化需求的。[①]

转型升级后的文化类综艺节目较好地实现了文化性和娱乐性的平衡。以《见字如面》为例，其基本节目形式主要是邀请明星担任嘉宾来拆读信件。信件作者无论古今，只要内容能够打动人心，都可以被嘉宾声情并茂地当众朗读，力图以真诚的文字和朴实的情感带给观众感动。书信是一种逐渐远去的媒介形式，承载着丰富的情感与文化，浓缩着古雅的记忆与沧桑。在这个充斥着碎片化影像和速食主义的快消品时代里，文化类综艺节目没有挖空心思地借助鲜肉小花来冲流量博眼球，而是通过有思想有品质的嘉宾朗读信件的方式为观众呈现有血有肉的真情实感，也算是一种错位竞争。最近热播的《国家宝藏》（图 6-2）通过明星演绎再加上专家解读的方式，深入浅出地让受众

---

① 孔令顺，张佳阳．文化电视：深度娱乐的转向与救赎 [J]. 中国电视，2018（6）.

去真切感受国宝之精美和历史之厚重。在节目中，精选的每件国宝都有与其绑定的一位“国宝守护人”，“国宝守护人”将以各自不同的方式，深情讲述国宝的前世和今生。守护人与国宝的故事，类型化为非常清晰的四段式结构，即相遇、相识、相知和相守。通过演员的演绎和专家的讲解，那些传世国宝不再是冷冰冰的物件，而是成为带着故事、温度和情感的诗意存在。

图 6-2：央视《国家宝藏》剧照

雅俗共赏、寓教于乐一直是我国电视媒体的努力方向，但知易行难，如何把电视媒体的社会效益和经济效益结合起来长期困扰着媒体人，尤其是在媒体极大丰富以及受众日渐分流的今天。文化类综艺节目这股“清流”用文字讲述故事，用朗读传递情感，在一地鸡毛的尘世生活中慢下来体验属于本心的文学，通过深入浅出、潜移默化的形式将我国优秀传统文化传播给互联网时代的电视受众，给予了快节奏生活时代的人们一场深刻而闲适的精神文化之旅，满足了人们对诗意生活的想象。

2. 远方：诗意的栖居

慢节奏综艺节目的另一类型以《中餐厅》《亲爱的客栈》等为代表，试图远离繁华而又繁忙的现代都市，实现精神的放逐或身体的远行。这类节目没有游戏和竞技，规则相对简单，重在讲究情怀，整体呈现出小清新的风格，在越来越“快”的时代里形成一股清流，并逐渐被观众接纳和喜爱。明星嘉宾在节目中去到国内外风景怡人的城镇或乡村旅行，经营餐厅或客栈，亲手建造房子，实景诠释了“慢下来”的美好与闲适。《花儿与少年》从第三季开始，也改变了前两季中注重设置人物矛盾和任务的刻意做法，而着力去展示年轻人轻松自在的旅行，从而逐渐显露出慢综艺的节目特质。

从传统的文化理念来看，中国文人大多是具有隐士情怀和田园理想的，很多千古名篇实际上都反映了一种希望回归本真、不忘初心的隐士理想。然而在现实中，人们的生活压力普遍较大，文化和精神上的断裂感比较严重，蜗居在都市中的人们在现实社会中真正实现这种隐逸状态的可能性很低。而旅行类综艺节目正好填补了这份情感的空缺，在节目中营建了一种乌托邦式的理想生活状态。应该承认，所谓的“岁月静好、现世安稳”对于大多数的芸芸众生来说，都只能是个美丽的乌托邦。于是人们希望逃离现实的藩篱，农村的“远方”在热闹的城市，而城市的“远方”则在遥远的田园。这种逃离，要么是身体短暂的旅行，要么是精神片刻的云游。影像本就具有“白日梦”的遁世功能，尤其是“诗和远方”类的文化类综艺节目。从这个意义上来看，旅行的本质并不是背起行囊，而是放下包袱。因为远方，总是在很大程度上代表着诗意的栖居。电视受众足不出户，即可以通过代入感极强的慢综艺节目，实现了一种替代性的满足。

从制作层面来看，与节奏紧张激烈、情节跌宕起伏的导演式快综艺不同，慢综艺采用的是“观察记录”法：栏目组鲜少介入情节，甚至不设置任务，只是在某一真实环境中，让嘉宾们充分发挥他们的自主性，制作团队仅仅承担记录者的功能。《中餐厅》里面的明星嘉宾们不再像《极速挑战》类快综艺节目中那么紧张浮躁，生活旅行都显得自由自在，“我的餐厅我做主”，那种想开就开的任性感觉令人心驰神往。试想一下，平时工作压力本就巨大的现代人，在结束一天疲惫的工作学习之后，是希望躺下来看看阳光、沙滩和海浪，还是希望

“参与”一群人中为了完成规定的某些任务而撕来撕去？答案可能见仁见智，因人而异：有人需要精神情感的宣泄，有人需要诗和远方的救赎，这是快综艺和慢综艺和谐并存的合理性逻辑。慢综艺代表的更多是一种闲适从容的生活态度，节目当中也处处充满了温情的人文关怀，让心灵在诗意的远方有一个宁静自然、与世无争的栖息之地。

随着健康媒介生态的发展与成熟国民心态的养成，多元包容的社会文化格局正在逐步显现。从热闹的快综艺走向平静的慢综艺，折射出受众文化心态的审美转向。文化类和旅行类慢综艺从两个向度分别给予现代受众以富有深意、温文尔雅的精神文化营养，把部分高端受众重新拉回电视荧屏。虽然目前此类节目的发展也出现了一些问题，面临诸多困境，但是深度娱乐的发展趋势却是不可阻挡的，这是当代影像带给受众的诗和远方的灵魂救赎，是宣泄之后的温馨重建。不难预见，随着《朗读者》《中餐厅》等节目的热播走红，一大批类似的文化类综艺节目会雨后春笋般迅速蔓延。跟风和模仿本来就是中国电视业界的法宝和常态。因此，如果不出意外的话，国家相关部门新一轮的规范整治也许即将开始。

第二节　对外来文化的批判吸收

中国与境外的交流自古有之。司马迁在《史记·大宛列传第六十三》中记载：“张骞，汉中人。建元中为郎。是时天子问匈奴降者，皆言匈奴破月氏王，以其头为饮器，月氏遁逃而常怨仇匈奴，无与共击之。汉方欲事灭胡，闻此言，因欲通使。道必更匈奴中，乃募能使者。骞以郎应募，使月氏，与堂邑氏胡奴甘父俱出陇西。”虽然汉武帝一开始派遣张骞出使西域是出于政治目的，但却开辟了一条中国与中亚、西亚进行贸易的商业路线，这就是著名的“丝绸之路”。

陆上“丝绸之路”兴盛的同时，海上也有一条“丝绸之路”通往世界，西汉中晚期和东汉时期海上丝绸之路真正形成并开始发展，是唐宋以后中外交流的主要通道。[①]2013年开始，国家先后提出建设“新丝绸之路经济带”和“21世纪海上丝绸之路”的合作倡议，简称“一带一路”（The Belt and Road，缩写B&R）。伴随着商业贸易交流，文化交流在中外之间也日益频繁。唐朝时期，日本曾十几次派遣遣唐使来中国学习中国文化，如今从日本的奈良城等地仍然可以看出“盛唐遗风”。

口语传播时代，文化的交流跟社会变革都处于缓慢发展的状态。印刷术的发明使得更多人可以阅读文字，通过纸张载体进行文化传播。电子媒介的普及进一步促进了文化交流活动，电视从费时费力寄送录像带到微波中继传输再到卫星传播和网络传播，本土文化与境外文化交流的时效越来越强、范围越来越广、成本越来越低。然而我国电视在贴近大众生活、满足观众需求的同时，部分疏离本土文化、过度引进境外电视节目和模式等问题逐渐显现，也警示我国电视发展应该清醒地对外来文化进行批判吸收，承担起电视媒体的文化责任。

一、电视与外来文化的互动与融合

文化的传播是一个“产生——传播——发展——融合（或消失）”的循环往复过程，传播范围则伴随人类的活动和技术的发展从“部落化”扩展到“全球化”。在原始社会时期，由于人类的生存能力所限，活动范围大都在“一隅之地”，文化传播自然也就局限于部落内部，

① 海上丝绸之路千年兴衰史[EB/OL].（2014-5-20）.http：//history.people.com.cn/n/2014/0520/c385134-25040882.html.

依靠口语或者简单的符号作为媒介进行传承。部落与部落之间的文化保持相对独立，文化处于“部落化”的稳定状态中。随着人类生存欲求的提升，单一的“原始部落”无法抵抗强大的自然力量，为了更好地完成种族的繁衍，部落和部落开始进行融合，部落的文化也自然地开始融合互通。为了争夺土地，获得更好的生存条件，人类进行了无休无止的战争。在战争社会中，许多文化形式产生又消失。法国现实主义小说家阿尔丰斯·都德在其短篇小说名作《最后一课》中，就生动地描写了普法战争中战胜国普鲁士在占领区禁止法语改教德语的这一文化政策。类似的情形也发生在日本占领台湾时期。秦灭六国之后通过“焚书坑儒”等方式，在文化上对民众进行思想控制，也造成了六国文化传承的断层。文化的传承需要媒介，尤其是视听一体的电视媒介。

1958 年 5 月 1 日，中国第一座电视台——北京电视台（中央电视台的前身）开始试播。在中国电视事业诞生初期，以电视作为媒介进行的与外来文化的互动与融合就具有强烈的政治色彩。该年的 5 月 8 日，北京电视台首次播出外国的电视节目就是德意志民主共和国庆祝“五一”国际劳动节的新闻片。20 世纪 60 年代，中国先后与苏联、匈牙利、波兰、德意志民主共和国等社会主义国家签订了包括广播、中国电视在内的文化协定，开始互相寄送电视节目。电视荧屏上社会主义国家的新闻片、故事片逐渐增多，苏联和东欧国家的故事影片成为当时中国荧屏上的常客。1958 年到 1959 年，苏联故事片占到北京电视台全部播映影片的三分之一以上。1963 年中苏大论战爆发，北京电视台对外来电视节目的播放也重新进行了调整，苏联、东欧的节目逐渐减少，开始与敌对意向不严重的英国、法国签订交换新闻片的协定。早期中国电视荧屏中的外来节目以新闻片为主、故事片为辅，深受政治因素影响，与外来文化的互动与融合很大程度上还停留在政治宣传层面。十年动荡结束后，电视逐渐恢复生机，引进的为数不多的海外节目为休闲娱乐活动十分匮乏的国人点燃了精神文化需求的星星之火，并迅速产生燎原之势。1977 年 9 月，为了配合铁托总统访华宣传，北京电视台播放了南斯拉夫故事片《瓦尔特保卫萨拉热窝》和《桥》，并且于 11 月 29 日播放了第一部外国电视剧——南斯拉夫的《巧入敌后》，打破了外国节目局限于新闻片和故事片的格局。

1978 年以后，经济环境的变化促进了电视产业的发展，除了政治因素之外，经济因素也进入电视节目播出的选择考量中。伴随着改革开放和思想解放，国人的眼界得到了极大扩宽，对电视的观看体验也提出了更高的要求。在国内电视节目生产力不足的情况下，海外影视节目“趁虚而入”。1980 年到 1983 年年底，中央电视台就已经先后译制了英、法、美、苏、朝、日、南斯拉夫、德意志民主共和国、匈牙利、印度、巴基斯坦等国电视剧和影片 200 多部（集）[①]。

电视发展初期引进的大量海外节目丰富了荧屏。对于蹒跚学步的中国电视来说，通过引进海外节目，在文化的互动与融合中学到了电视内容生产和文化表达的方式、方法。尤其在 20 世纪 90 年代后期，电视开始了对港台节目、日本节目、美国节目、欧洲节目的借鉴与模仿，逐渐培养了成熟的电视制作团队，完善了节目制作流程，借鉴到了节目运营方法。引进海外节目、吸收外来文化可以在一定程度上满足人民群众日益增长的精神文化需求，推动电视产业的良性竞争。但是由于经验的缺乏和市场竞争的加剧，我国电视对于外来文化的吸收有时很难掌握合适的“度”，过度引进海外节目也产生了一系列的问题。

① 郭镇之．中国电视史 [M]. 北京：中国人民大学出版社，1991：9、111、172.

1. 文化认同感削弱

1980年，中央电视台引进第一部海外译制动画片——日本的《铁臂阿童木》，开启了20世纪80年代中国电视荧屏的“外国动画风”（见表6-1）。中国的少年儿童伴随着海外动画片长大，电视的“沉溺式体验”使得孩子们沉溺在海外动画片营建的文化场景中，在潜移默化中难免认同着国外的价值观，对本土文化的疏离感和陌生感也将伴随着成长显现得日益强烈。

表6-1：20世纪80年代引进的部分外国动画片

片名	引进国家	时间
《铁臂阿童木》	日本	1980年
《鼹鼠与刺猬》	捷克斯洛伐克	1982年
《聪明的一休》	日本	1984年
《米老鼠与唐老鸭》	美国	1986年
《巴巴爸爸》	联邦德国	1989年

1981年，上海电视台引进的第一部日本电视连续剧《姿三四郎》，刮起了20世纪80年代的“日本风”（见表6-2）；1993年我国引进的第一部韩剧《嫉妒》，开启了20世纪末至21世纪初的“韩流风尚”（见表6-3），甚至中国的部分电视台一度成为披着“中国”外衣的“日本电视台”和“韩国电视台”。但与此同时，国产电视剧并没有相应地开拓出很好的海外市场。在经济学中，将在对外贸易中，一国的进口额大于出口额的现象称为入超，也叫贸易逆差。过度引进的海外电视节目扩大了文化逆差，充斥着“韩风”“日风”的电视节目带动了“哈韩族”“哈日族”的兴起。尤其是广大青少年，他们模仿着电视剧中人物的穿着、语言、行为，将生活“偶像化”，以此作为逃避青春期迷茫和渴望成熟独立的反抗。

表 6-2：20 世纪 80 年代引进的部分日本电视剧

片名	引进国家	时间
《姿三四郎》	日本	1981 年
《排球女将》	日本	1982 年
《血疑》	日本	1984 年
《命运》	日本	1984 年
《阿信》	日本	1985 年

表 6-3：近年引进的部分韩国电视剧

片名	引进国家	时间
《嫉妒》	韩国	1993 年
《星梦情缘》	韩国	1997 年
《蓝色生死恋》	韩国	2000 年
《人鱼小姐》	韩国	2004 年
《大长今》	韩国	2005 年

2. 刺激性模仿加剧

如果对过度引进的境外电视节目不加任何本土化改造就进行播放，便很难保证每一档节目都能产生可控的理想的传播效果，有时甚至会适得其反，对国内的文化生态产生较大冲击。这与 G. 格伯纳的“培养分析”研究得出的结论基本一致，观众在最初的排斥之后，往往会逐渐接受外国电视剧的某些“套路”（尤其是韩剧的三件法宝“失忆、车祸、治不好”）并津津乐道，甚至在潜移默化中接受其中蕴含的价值观。20 世纪 80 年代《姿三四郎》等动作片引发了国内一阵狂热的模仿。电视会营造出一个“拟态环境”，而这类带有“暴力因素”的电视剧会对沉溺其中的观众尤其是少年儿童产生强烈刺激，这很容易延伸到生活中，使他们模仿从电视上学到的侵犯行为。美国电视连续剧《加里森敢死队》在中央电视台播放后，许多中小学生模仿电视剧情节，打架斗殴甚至偷窃犯罪，严重扰乱了社会治安，电视剧也被迫停播。

在电视几乎是普通人了解外来文化的唯一权威性与合法性渠道的时期，中国电视与外来文化的互动融合也产生了对整个社会的文化冲击。正如人类学家奥伯格认为的："文化冲击是由我们失去了所有熟悉的社会交流标志和符号所带来的焦虑所引起的。这些标志和符号包括了我们适应日常生活的各种方式……尽管大部分的符号我们并没有意识到。"① 面对文化冲击的出现，根据文化程度和生活经验的不同，人们的表现各不相同，有人焦虑反抗、无法接受，有人却找到了情绪的宣泄口（尤其以青少年为主）。对文化冲击的不同反应与接受程度可能是部分批评者对成为"哈韩族""哈日族"的青少年不遗余力进行强烈批评的原因。

电视中的境外节目，出于种种目的，往往以其较为片面化的描述构建了一个"完美无缺"的国家或区域形象。正如霍夫兰对传播效果进行的研究，这种仅向说服对象提示对自己有利一面的影像的"一面提示"，对文化水平低者说服效果较佳。正因此，日韩电视剧在20世纪80年代至90年代的青少年中引起过巨大的反响。虽然在互联网时代，在电视逐渐失去了传媒统治力的今天，引进海外节目带来的文化冲击已经被削弱了很多。这种文化冲击伴随着电视观众媒介素养的提升，会逐渐减弱其影响力。在随时随地能够得到资讯的语境下，观众可以在接受海外节目的"一面提示"时，从其他渠道接收到其他方面的材料信息，从而完成接受对影像表现的内容有利和不利的"两面提示"，并在此过程中产生"免疫效果"。这种免疫效果使电视影像构建

① Oberg K. Culture Shock: Adjustment to New Cultural Environments[J].Practical Anthropology，1960（7）：176.

的拟态环境减少了对观众的迷幻性和误导性。然而，这种媒介素养的上升只是一种理想化的状态。实际上，人们花费在打破幻想上的时间远没有花费在制造幻想上的时间多，或者说受众可能会主动通过海外节目对外国进行偶像化的构建来转移压力、宣泄情绪，满足个人的心理需求。这是能达到受众个人期望的媒介使用行为，尽管这种偶像化的对象会很快被不断更新的文化内容所取代。

正所谓过犹不及，如果过度引进海外节目，无疑会挤压国产电视节目的生存空间，甚至会向观众传递“外国的月亮比中国圆”的错误信号，不利于文化自信的发展，更不利于文化自觉的建立。当前，全球化的进程使得不同文明之间的互动与融合越来越频繁。电视与外来文化的互动与融合既推动了电视文化的极大丰富，更为电视的发展提供了宝贵的经验教训——是否引进海外节目、引进什么样的海外节目都需要考量其对国家电视文化生态的影响。前文所阐述的“边界的交错与游移：国家的电视文化版图安全”就曾经论述过“强权政治”与“文化霸权”的问题。在数字化生存的全球化阶段，文化的方方面面都进入了社会信息传播系统。电视文化作为国家文化软实力的一部分，这给电视提出了更高层面的要求：电视文化在与外来文化的互动与融合中，要警惕文化帝国主义和意识形态的霸权，需要立足本土，面向世界，对外来文化进行批判性的借鉴与吸收。

二、电视对外来文化的批判与吸收

世界上有 200 多个国家和地区，不同的国家和地区之间有着各异的历史与文化，再加上民族和宗教的差异，这就难免会造成不同文明之间的冲突。如何处理不同文明之间的冲突，这是一个世界性的难题。著名社会学家费孝通先生认为：“不论哪种文明，都不是完美无缺的，都有精华和糟粕，所以对涌进来的异文化我们既要理解，又要有所选择。这就是我说的各美其美、美人之美、美美与共。”[①]我们只有通过文化的交流，最终才能实现“天下大同”的社会理想。

伴随着全民媒介素养的提升，受众对电视节目更倾向于进行“选择性接触”：在海外节目之间、在本土节目之间、在海外节目与本土节目之间都要进行比较，选择最符合自己审美趣味的节目收看，受众充当了“大众评审”的角色。这种选择的压力当然会促使电视台生产更优秀的节目，形成良性循环，实现文化惠民的目标。电视节目的极大丰富也是政治经济全球化对文化交流的必然要求。闭关锁国的历史教训表明，在全球化的形势下绝不能因噎废食，更不能鼓吹狭隘的中西文化二元对立论。对于引进外来文化的态度也应本着“各美其美，美人之美，美美与共，天下大同”的态度，做到既不吹捧、也不歧视，在批判与吸收中“去粗取精”“去伪存真”，使外来文化真正为我所用。但电视节目作为特殊的文化产品，还是具有较强的意识形态属性的，需要时刻保持警惕。在电视市场不太成熟的20世纪八九十年代，海外影视大规模地“空降”电视荧屏后曾经引起了较大波澜。中国政府和相关部门及时总结经验教训，对外来电视文化进行了质量上与数量上的宏观调控与规制，以净化电视荧屏，并取得了较为明显的成效。

早在1982年2月27日，中共中央、国务院就发出《关于严禁进口、复制、销售、播放反动黄色下流录音录像制品的规定》，并在同年的3月16日，中央广播事业局成立了录音录像制品管理处。[②]借此对电视中的引进作品内容进行规制，净化电视荧屏。随着20世纪八九十年代开始的“日剧潮”“韩剧潮”延续到21世纪，2004年国家广播电影电视总局发布《境外电视节目引进、播出管理规定》，进

① 费孝通.“美美与共”和人类文明[J].名人传记（上半月），2009（8）.

② 郭镇之.中国电视史[M].北京：中国人民大学出版社，1991：176.

一步明确了境外电视节目的分类，“境外电视节目是指供电视台播出的境外电影、电视剧（电视动画片）及教育、科学、文化等其他各类电视节目”，强调了“不引进时事性新闻节目”。规定中还详细规范了诸如节目的引进方式、引进标准和播出份额等细则。[①]

2005年，韩剧《大长今》的火爆似乎是把延续了多年的电视韩剧热推向了高潮。2006年后，在政策调控下，韩剧逐渐淡出电视荧屏。电视台开始将目光对准综艺娱乐节目，并对其进行本土化改造。2012年7月13日，《中国好声音》在浙江卫视首播。这档节目的版权引自荷兰的综艺选秀节目 *The Voice of Holland*，它被本土化改造后，在播出的前十四期节目中，有十三期节目在CSM44城市网收视情况统计中排名第一，掀起了综艺节目海外模式的电视本土化改造热潮。2014年，根据乐正传媒的数据，在国内各大电视台及视频网站已播出和将要播出的节目之中，与国外版权合作的节目共计63档，在全国的综艺节目中占比高达90%[②]。同时，由于综艺节目具有制作周期性短、易于模仿等特点，一旦某一类型的综艺节目收视火爆，各电视台就迅速跟进模仿，推出相似性很高的类型节目。这种现象自然难免产生版权纠纷，使节目陷入舆论风波中，最终损害电视节目和电视台的形象，也严重制约了国内原创节目的发展。

针对此种情况，国家新闻出版广电总局在2016年6月20日发布的《关于大力推动广播电视节目自主创新工作的通知》（以下简称《通知》）中，鼓励播出原创电视节目并规定“各广播电视机构特别是电视上星综合频道要把节目原创作为自主创新工作的核心”。《通知》

---

① 中华人民共和国国家广播电影电视总局令（第42号）. 境外电视节目引进、播出管理规定 [EB/OL].http：//www.jincao.com/fa/23/law23.43.htm.

② 闫鹏飞 . 中国每年花费超2亿元引进海外综艺节目 [EB/OL].（2014-12-21）.http：//www.thepaper.cn/newsDetail_forward_1287720.

中还进一步提出了对境外版权和模式节目的规制细则。① 这一系列政策貌似“事无巨细”的规制从侧面也反映出电视播出机构文化责任的缺失和把关人角色的缺位。美国社会心理学家、传播学四大奠基人之一的库尔特·卢因（Kurt Lewin）最早在《群体生活的渠道》中指出，群体传播过程中存在着“把关人”。这些把关人筛选信息，只允许符合群体规范、群体价值认同和把关人价值标准的信息进入群体传播的渠道。从群体传播延伸开来，大众传播中把关人的行为也极为重要。电视荧屏把关人功能的缺位，给予了外来文化解构本土文化和主流文化的机会。电视产业把关人的缺位是文化产业面向市场化的一个普遍问题。电视媒体具有双重属性，其“事业性质，企业管理”的定位，使电视媒体不可避免地要追求经济利益。根据麦奎尔的“受众即市场”理论，“大众媒体必须把自己的信息产品在市场上销售出去”。电视媒体的主要盈利方式是将受众（转化为收视率）销售给广告商，获取广告收入。注意力经济促使电视节目必须使出十八般武艺吸引受众，才能在收视市场的竞争中获得用户青睐。

在文化产业背景下，电视文化已经成为一种消费文化。不管是消费电视的内容还是消费电视的形式，电视的文化属性逐渐成为其商品属性的附庸，电视的消费文化也逐渐成为文化消费。电视开发的文化资源，不管是主流文化还是精英文化、不管是大众文化还是小众文化，不管是本土文化还是外来文化，都渗透了浓重的商品属性，成为一种“文化商品”，以迎合观众的需求。有需求，当然就会有生产。根据国家统计局的数据，2014 年电视节目进口额从 2013 年的 58, 658.06 万元，增长到 209, 023.51 万元。这种不合常理的指数型增长，反映出电视版权市场的激烈竞争与电视对受众喜好的过分迎合。法兰

① 中华人民共和国国家新闻出版广电总局 . 关于大力推动广播电视节目自主创新工作的通知 .[EB/OL].http: //www.sarft.gov.cn/art/2016/6/20/art_31_31064.h.

克福学派认为："大众文化鼓励人们逃避现实，借传播微不足道的快感使受众误以为自己生活的世界完美无瑕，从而失去了批判力，沦为霸权的奴隶。"[①] 为什么电视要传播微不足道的快感，营造一个看似完美无瑕的世界？追根溯源，电视节目内容生产的商品化使得节目必须抓住观众的情感诉求和娱乐需求才能有收视率，这种文化消费能够帮助中国电视实现既定的经济利益目标并获得快速发展。

文化消费似乎给了电视一个迎合观众需求的理由，但是花费大量版权费用购买海外节目模式进行本土化改造（甚至直接进行模仿抄袭）的结果并不尽如人意：一方面，海外节目的模式并不一定能够很好地融入本土的电视市场中；另一方面，观众也日益厌倦了千篇一律的综艺类真人秀。在当下的收视市场中，其实仅仅有几档版权引进节目能够引起比较强烈的反响，大部分节目都是赔本赚吆喝，既没有实现经济利益的最大化，也没有实现文化效益的最大化。根据国家统计局的数据，2015 年电视节目进口额即从 2014 年的 209, 023.51 万元，锐减到 99, 397.6 万元，可见版权引进节目热度骤降，虽然余温仍在。

在文化产业背景下，扩大文化消费经济的市场导向推动电视文化不断进行创新。虽然模仿和借鉴可以带给文化创新以部分灵感，但对外来文化的过度依赖，是不是偏离了文化创新的轨道呢？中国电视对海外节目模式的过度依赖恰恰反映出其中国电视存在对外来文化批判不足、吸收过度的问题，反映出其模仿有余、创新不足的问题。这背后可能并不只是简单的制作团队缺乏原创力、海外节目模式更成熟等表层原因，更有可能是深层次的电视人缺乏文化责任和文化自信的问题。虽然，中国电视对外来文化的借鉴与融合是电视持续发展的必然要求，但引进与学习的程度需要在国家的政策框架体系中进行，并遵

---

① 卡茨，等．媒介研究经典文本解读 [M]. 常江，译．北京：北京大学出版社，2011：57.

循市场化的经济调整规律，这就需要中国电视对外来文化进行批判性吸收，平衡把握好“量”与“度”。

第三节 电视文化的“走出去”战略

无论是先秦时期《易·贲卦·彖传》提出的“观乎人文，以化成天下”的思想，还是西汉时期《说苑·指武》提出的“文化不改，然后加诛”，抑或是现代汉语语言系统中对文化的解释，都将文化与政治、经济密切联系起来，归于社会意识形态的范畴。在中国逐渐和平崛起的过程中，国际上“妖魔化中国”的声音和事件层出不穷，“中国威胁论”甚嚣尘上。这一方面反映出中国的国力日渐增强，另一方面反映出中国在国际交流中对外沟通渠道不畅、国际话语权不强，这也进一步凸显了文化走出去的重要性和必要性。

在国家层面上，电视等大众媒体是国家文化软实力的一部分。美国哈佛大学教授约瑟夫·奈提出，“一个国家的综合国力，既包括由经济、科技、军事实力等表现出来的‘硬实力’，也包括以文化、意识形态吸引力体现出来的‘软实力’”[①]。要提高国家文化软实力，就需要推动中华文化走出去。1997 年，时任中共中央总书记、国家主席的江泽民在全国外资工作会议上就提出了“引进来”和“走出去”相结合的概念。2009 年 7 月 22 日，国务院审议通过了《文化产业振兴规划》，提出文化产品和服务进一步扩大出口的规划目标。2011 年 10 月 18 日，中国共产党第十七届中央委员会通过了《中共中央关于深化文化体制改革、推动社会主义文化大发展大繁荣若干重大问题的决

① 奈．美国定能领导世界吗 [M]. 何小东，盖玉云，译．北京：军事译文出版社，1992：25.

定》，明确提出推动中华文化走向世界，将文化“走出去”提升到国家战略层面。

在大众层面上，文化是全体社会成员秉持的观念和行为方式。正如英国伯明翰学派的代表人物雷蒙德·威廉斯所说：“文化不只是一批知识与想象的作品而已；从本质上说，文化也是一整个生活方式。”[①] 中华文化“走出去”也是生活在境外的港澳同胞和海外侨胞的共同心愿。根据国务院侨办主任裘援平透漏：“2014 年海外华人华侨有 6000 多万人，分布在世界 198 个国家和地区。”[②] 生活在不同国家和地区的华人华侨对中国的文化仍然存在很强的价值认同，在此基础上才能培养并延续一代代华人华侨对中华文化的价值认同。海外中华儿女渴望接触到中华文化，这也是文化“走出去”的重要原因之一。

电视文化的“走出去”是文化“走出去”战略的重要组成部分。正如美国文化学者丹尼尔·贝尔所说：“目前居于统治地位的视觉观念。声音和影像，尤其是后者，组织了美学，统率了观众。”[③] 电视文化作为文化“走出去”的重要载体，能够提供良好的视听体验，收获多方面的利益：其一，电视文化“走出去”战略作为文化商品，可以给我国带来可观的经济利益；其二，电视文化“走出去”战略可以为海外华人华侨提供重要的精神食粮和人文关怀。其三，电视文化“走出去”战略有利于消除文化误解和文化隔阂，扩大文化影响力，提高

---

① 威廉斯 . 文化与社会 [M]. 吴松江，张文定，译 . 北京：北京大学出版社，1991：403.

② 这是国务院侨办主任裘援平在参加十二届全国人大二次会议新闻中心举办的主题为“凝聚海内外中华儿女力量 同圆共享中国梦”的网络访谈中透漏的数字。详见新华网 / 中国政府网 . 海外华人华侨有 6000 多万，分布在世界 198 个国家和地区 [EB/OL].（2014-3-5）.http：//news.xinhuanet.com/politics/2014-03/05/c_126225434.htm.

③ 孔令顺 . 影像：一个时代的文艺代表 [J]. 兰州学刊，（11）.

国家“软实力”。《多种声音 一个世界》报告中指出：“个别传播大国对世界信息流通系统的支配是推行文化扩张主义的过程，而发展中国家的牵制和反抗是抵制文化侵略的过程。”[①] 在“中国威胁论”甚嚣尘上、外来文化“鲸吞蚕食”我国文化版图的形势下，在发达国家掌握话语权、发展中国家文化影响力欠缺的不平等传播秩序下，电视作为综合性、表现力极强的传播媒介，主动传播本国传统文化及核心价值观，促进国与国之间的沟通理解，维护本国的“文化版图”，是其在文化产业背景下承担文化传播的职责所在。

一、从被动到主动：电视文化走出去的尝试

中国电视文化走出去经历了从“被动”到“主动”的转型。新中国成立初期，内忧外患不曾停止，国外反动势力也时有动作。在这样的国际环境和政治背景下，只有被认为是“友好人士”的外籍人士，才能踏上中国土地进行采访，比如《西行漫记》(原名《红星照耀中国》)的作者埃德加·斯诺等。这使得西方对于中国这个“东方神秘古国”更有兴趣，也就不免采用一些“非正常渠道”了解中国的情况。

1962 年 2 月 25 日，美国纽约第四频道播出了名为《中国大陆内幕》的电视片。作家、导演兼制片人弗莱德·弗里德承认，此片在拍摄过程中曾得到美国国务院的协助。因为那时的美国与中国尚无外交关系(中美 1979 年 1 月 1 日正式建交)，加之“竹幕”的“封锁”，所以他们在中国拍摄颇为困难。后来他们不得已找到了一名瑞士记者基冈，这部片子的主要镜头是基冈 1961 年上半年在中国访问

---

① 该报告又称“麦克布莱德报告”，由联合国教科文组织于 1980 年通过并发表。

时偷拍的。他偷拍的近 5000 英尺的胶片，“是通过各种手段从中国国内诓骗而来的”[①]。这种从“非正常渠道”取得的影像资料难免以偏概全，不能保证客观公正，西方也不可能借此了解一个全面真实的中国。

20 世纪 70 年代起，中国的外交环境发生了巨大变化，对外政策也进行了重要调整，开始逐步加强对外交流。外交方面发生了三件大事：一是 1971 年 10 月 25 日，在第 26 届联合国大会上，中国恢复了在联合国的合法席位且恢复了在安理会的常任理事国地位；二是 1972 年 9 月 29 日，中国与日本签署《中日联合声明》，建立邦交正常化关系；三是 1972 年 2 月 21 日，美国总统尼克松访华，且于 1979 年中美正式建交。这一时期中国对外交流比较活跃，渐渐放宽了对外国摄影团队来中国拍摄纪录片、进行采访的规制。1970 年中国与意大利正式建交。1972 年作为“友好人士”的意大利著名导演安东尼奥尼在周恩来总理的邀请下，率领团队来到中国拍摄纪录片，这就是后来在西方引发巨大轰动的纪录片《中国》。1978 年的改革开放进一步推动了电视文化的对外宣传与传播。1983 年，召开的首次“全国电视对外宣传工作会议”，提出了“内外并举”的方针，中央和地方各电视台纷纷成立对外部。[②] 与时代同步，中国电视文化的“走出去”从“被动”逐渐向“主动”转型。

1. 电视节目的中外合作

电视节目的中外合作包括中外合拍、协助外方制作、卫星转播等多种形式，涉及电视剧、纪录片、文艺节目等多种节目类型（见表 6-4）。

---

① 郭镇之 . 中国电视史 [M]. 北京：中国人民大学出版社，1991：92.

② 刘习良 . 中国电视史 [M]. 北京：中国广播电视出版社，2007：251.

表 6-4：20 世纪 80 年代中外合作的部分电视节目

电视节目名称	节目类型	制作方	时间
《望乡之星》	电视剧	中日合拍	1980 年
《丝绸之路》	纪录片	中日合拍	1980 年
《大鸟在中国》	儿童电视片	中美合拍	1982 年
《北京—波恩之夜》	文艺晚会	中央电视台、德国电视一台	1987 年

在电视史上，特别值得一提的是 1988 年元旦的《世界青年大聚会》节目。这档电视直播节目由法国电视一台组织发起，由法国、中国、美国、日本等 9 个参与国分别在各自的电视台邀请 100 名青年进行对话，讨论共同关心的社会问题和国际问题①。这种以话题讨论的形式对外传播中国文化和思想的尝试令人耳目一新，展现了中国的包容与开放。

根据新华社 2016 年 12 月 14 日的消息，中国电影频道与 HBO 亚洲频道合拍的两部电视电影《醉侠苏乞儿》和《擎天无影脚黄麒英》将于 12 月 25 日、26 日在中国 CHC 家庭影院和 HBO 亚洲频道同步首播。这次合作是电由中国影频道首次联合国际制作力量共同投资拍摄，并由中国内地、中国香港和新加坡三地的主创人员合作完成的。这是中外合拍电视电影首次在中国及海外电视媒体实现同天首播，成为中国影视走出去的又一成功之举。②

2. 参与和举办电视文化交流活动

电视文化“走出去”当然离不开参与国际性电视交流活动。从电

① 刘习良．中国电视史 [M]. 北京：中国广播电视出版社，2007：248.

② 新华社．中外合拍电视电影将首次在海内外同步首播 [EB/OL].http：//ent.news.cn/2016-12/15/c_1120120204.htm.

视起步的早年间开始，选送节目参加国际电视节展播和各类评选活动就是电视文化“走出去”的重要组成部分。1991 年，宁夏电视台导演康健宁和辽宁电视台导演高国栋拍摄的纪录片《沙与海》获得了第二十八届亚洲广播电视联盟大奖，这是中国第一部获得国际大奖的电视纪录片。2012 年陈晓卿导演的纪录片《舌尖上的中国》更是获得第十二届中日韩三国制作者论坛“制作者大奖”、海峡两岸电视艺术节“两岸交流优秀作品”、中国（广州）国际纪录片节“金红棉奖”评审团大奖等多项国际奖项。参与国际性影视论坛也是参与国际电视交流活动的方式之一。2017 年 5 月 23 日至 25 日，杭州就举办了戛纳电视节的品牌活动——MIP China 国际影视内容高峰论坛。[①]

各种各样电视节的成功举办，为电视文化的对外宣传与传播打造了一个影视内容合作、研发和交流的平台，推动中国电视文化进入国际影视市场。“四川电视节”的前身是 1990 年 2 月在成都举办的中国四川国际友好电视周，1991 年举办了第一届，两年一届，颁发“金熊猫奖”。1995 年后一度中断评选，2013 年恢复。近年来，国家将纪录片定为“中国文化走出去”最重要的文化战略之一。中国（广州）国际纪录片节创始于 2003 年，由国家广播电视总局和广东省人民政府共同主办，现已成为国际八大纪录片专业节展之一，与 30 多个国际著名纪录片专业电影节及相关机构建立了友好合作关系。1986 年创办的“上海国际友好电视节”（简称上海电视节）是中国创办最早的国际性电视节，原两年举办一次，现改为一年举办一次，颁发“白玉兰奖”。2018 年的第 24 届上海电视节，共有来自世界各地 50 多个国家和地区的 800 多部优秀节目报名，入围 55 部作品。海外电视剧

---

① 杭州网．戛纳电视节首次进驻中国 MIP CHINA 杭州·国际影视内容高峰论坛明年 5 月举办 [EB/OL].（2016-9-22）.http：//ori.hangzhou.com.cn/ornews/content/2016-09/22/content_6302026.htm.

评委斯蒂芬·朗·米切尔认为："从电视剧中我看到，不同文化，其实都能找到共同的语言，讲好故事。"纪录片评委会主席尼克·弗雷泽认为："入围的中外纪录片都很优秀，尤其是一些海外作品，以另外的视角去记录中国故事，很特别。"[①]

3. 积极拓宽电视节目的对外传播渠道

电视节目的境外落地是中国电视文化走出去最有效和最便捷的方式之一。从 2004 年 10 月 1 日起，17 个中国卫星电视频道通过 EchoStar 直播卫星平台，进入美国的有线电视网络，这个整体打包的平台就是长城平台。[②]目前长城平台已经形成包括长城（美国）平台、长城（亚洲）平台、长城（欧洲）平台、长城（澳大利亚）平台在内的海外播出平台，汇聚了包括中央电视台、地方电视台和相关境外电视台的诸多频道，并继续向其他地区逐渐扩大。

伴随着电视信号的境外落地，中国电视的相关内容从栏目到频道都进行了改版和调整。1985 年中央电视台创办的面向海内外观众的纪录片和专题片栏目《华夏掠影》一直在 CCTV-4（中文国际频道）播出。它在 2004 年改版之后，由每周一期改为每周六期，至今已经连续播出了 30 多年。2007 年 1 月 1 日，CCTV-4（中文国际频道）的电视节目开始分版播出，分为亚洲版、欧洲版和美洲版。2015 年，CCTV-4（亚洲版）实现了高标清同步播出，2016 年 2 月 5 日，CCTV-4（欧洲版）高清频道也在法国上线。

中国国际电视台（CGTN，又称中国环球电视网）原是中央电视台的国际传播机构，成立于 2016 年 12 月 31 日，现直属于中央广播电视总台，包括 6 个电视频道、3 个海外分台、1 个视频通讯社和新

① 资料来源：2018 上海国际电影电视节官方网站 [EB/OL].http://www.stvf.com/a/2018-06-16/1279.html.

② 张敬民. 广播电视"走出去"的若干思考 [J]. 中国记者，2006（12）.

媒体集群，为全球受众提供区域性和贴近化服务。

除了扩宽传统渠道外，电视文化的走出去也积极应用先进的技术手段，选择具有影响力的切入点，期望能够由点及线、由线及面地进行全方位、多角度的跨文化传播。2013 年 8 月 6 日，中国网络电视台与成都大熊猫繁育研究基地合作上线了“熊猫频道”（www.ipanda.com），该频道通过设置 28 路高清摄像头，24 小时直播熊猫的生活实况，带给观众零距离、零时差的观看体验，受到了海内外观众的热烈欢迎。目前熊猫频道已经形成了 PC 端、客户端以及社交平台多方联动的渠道布局，以大熊猫互动直播、点播、纪录片为主要内容，形成了以大熊猫为主体的新媒体主题社区，并通过事件性传播，宣传了云南傣族的泼水节、四川凉山彝族的火把节等。在此基础上扩展的直播中国、长城直播、熊猫文化等板块，向世界展示了中国的美丽风景，普及中国的节日和节气，追寻中国的传统艺术。通过这种全球化平台，能够让人从了解美丽可爱的大熊猫开始，逐步了解多彩多元的魅力中国。

图 6–3：熊猫频道节目截图

传播者要选择文化走出去的切入点，首先就需要在全球范围内寻求文化认同的基础。熊猫频道基于世界普适的动物保护意识和宠物文化，挖掘了中国独特的文化代表，进行了一次跨文化传播的尝试。“宠”在《说文解字》中解释为“尊居也。从宀，龙声”，含有尊崇之意。龙是古人最尊崇的动物，这跟远古时期的图腾崇拜有关。从流传下来的神话传说可以看出，早期人类从对动物抱有“恐惧”的态度逐渐演化为了“尊崇”。《山海经·大荒西经》中记载的“女娲，古神女而帝者，人面蛇身，一日中七十变”，将人类始祖赋予了半人半蛇的形象；《诗经·商颂》中的“天降玄鸟，降而生商”也表达了人们对玄鸟的尊崇。随着科技的发展，宠物文化发展成为一种爱物文化，并逐渐从生存需求向心理需求转变，具有相同宠物情结的人在潜移默化中形成社区，进行心得交流，以“物”作为媒介沟通，得到精神的满足。

熊猫频道选择中国独有且世界闻名的大熊猫为切入点，基于全世界对大熊猫的文化认同和宠物文化的全球风靡，做出了电视文化走出去的有益尝试。这种动物的影像传播不需要特定的文化背景，不需要掌握特定的语言文字，全世界爱好大熊猫的人们通过这一特定的文化符号凝聚在同一社区平台上。这种“社区凝聚”在跨文化交流中可以超越政治偏见、地域隔阂、种族歧视和文化差异。进一步来说，这种对熊猫的“社区凝聚”可以延伸到对平台上的“金丝猴”“朱鹮”等珍稀野生动物的“宠物情怀”中，以及对长江、长城、黄山、黄河等自然景观的欣赏中，并逐渐将这种热情延伸到对中华文化的探寻中。熊猫频道用大熊猫作为“讲好中国故事、传播中国声音”的名片，成为实施电视的文化走出去战略的成功范例。

二、从渠道到内容：电视文化“走出去”的反思

电视文化走出去战略的逐步实施，虽然取得了一定成效：渠道不断拓宽，影响不断扩大，向世界展示了一个越来越真实的中国。然而通过分析 2011—2015 年电视节目进出口的情况，可以发现我国的电视文化走出去仍然还处于一个较低水平和不全面、不平衡的状态（见

表 6-5）。

表 6-5：2011 年 -2015 年电视节目进出口情况

	2011 年	2012 年	2013 年	2014 年	2015 年
电视节目制作（小时）	2,950,490	3,436,301	3,397,834	3,277,394	3,520,190
电视节目进口量（小时）	21,790	13,089	18,943	26,089	31,109
电视节目出口量（小时）	25,657	37,573	21,270	21,670	25,352
电视节目进口总额（万元）	54,098.62	62,533.52	58,658.06	209,023.51	99,397.60
电视剧进口总额（万元）	34,563.57	39,583.88	24,497.67	169,807.3	29,465.61
动画电视进口总额（万元）	702.01	1,489.01	4,432.38	11,027.99	44,472.16
电视节目出口总额（万元）	22,662.45	22,824.19	18,165.57	27,225.71	51,331.91
电视剧出口总额（万元）	14,648.95	15,019.78	9,249.77	20,795.49	37,704.63
动画电视出口总额（万元）	3,662.39	3,104.72	4,894.24	3,190.02	10,059.23

数据来源：国家统计局

1. 电视文化“走出去”的水平较低

首先，从表 6-5 中的统计数据可以看出，2011 年到 2015 年的五年间，我国电视节目制作时长从 2011 年的 2,950,490 小时增加到 3,520,190 小时，虽然从年度上看有增有减，但总体上呈现增长的趋势，这表明我国电视节目的制作能力处于稳步上升中。然而从电视节目的出口时长百分比情况统计数据（图 6-4）来看，电视节目的出口量仅占制作量的极少部分，这五年间的出口量几乎都不到 1%，仅有 2012 年达到 1.09%，这直观地显示出了电视文化“走出去”的较低水平。

图 6-4：电视节目出口时长占制作时长百分比情况统计

另一个重要指标是贸易逆差。从表 6-5 中可以看出，虽然我国电视节目对外贸易发展迅速，电视节目的出口额从 2011 年的 22,662.45 万元增长到 2015 年的 51,331.91 万元，增长了一倍以上（126.51%），但是，进口额却从 54,098.62 万元上升到 99,397.60 万元，增长了八成以上（83.73%），从总体增长率上看虽然出口超过进口，但从交易金额上来看，电视节目的出口仍然处于弱势。特别是 2014 年电视节目进口激增，从 2013 年的 58,658.06 万元，猛增到 209,023.51 万元。联系到 2013 年电视屏幕上激增的海外版权综艺节目，似乎这种情况可以得到解释。从总体来看，我国电视节目进出口贸易连续 5 年逆差，2014 年电视节目进出口贸易逆差激增，超过 18 亿元（如图 6-5）。

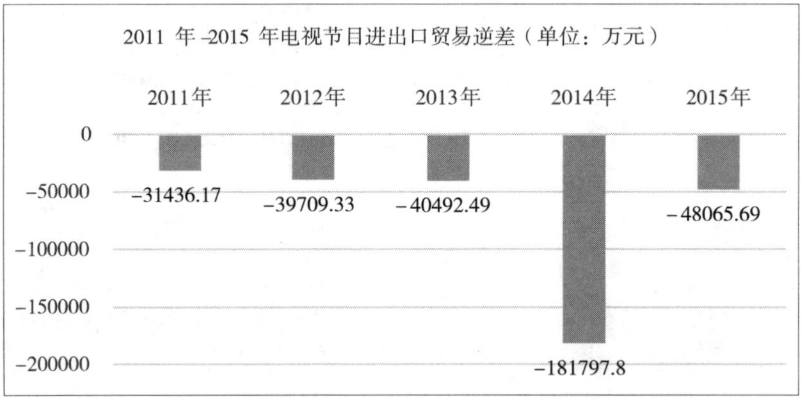

图 6-5：2011-2015 年电视节目进出口贸易逆差情况统计

其次，我国的电视节目出口主要依靠电视剧的销售。电视剧出口总额占电视节目总出口额的一半以上，总体上从2011年的64.63%增长到2015年的76.38%，动画电视出口量从2011年的11,133.19万元，降至2014年的3,190.02万元，虽在2015年有所回暖，也未达到五年前的水准。可见，电视文化走出去的内容结构还很不全面，发展不平衡。

最后，在2011年10月18日中国共产党第十七届中央委员会通过的《中共中央关于深化文化体制改革、推动社会主义文化大发展大繁荣若干重大问题的决定》中明确指出要实施文化走出去工程，完善支持文化产品和服务走出去的政策措施。其后的2012年，电视节目的进口量时长大幅度减少，进口额反而明显增长，出口量明显增长，出口额却没有明显变化。这种国外电视节目的“含金量”明显增加、国内电视节目“含金量”明显下降的现象，也提醒电视文化走出去除了要注重“量”，更要注重“质”。2013年电视文化的走出去情况，从电视节目出口总额来看有了明显的下降，这与海外版权节目火爆电视荧屏、原创节目减少有密切关系。

2. 电视文化“走出去”的内容升级

2013年8月，习近平在全国宣传思想工作会议上指出，要“讲好中国故事，传播好中国声音”。对照国家要求，反思当下电视文化走出去的困境，“讲好中国故事”不仅仅需要做好走出去的渠道畅通，更需要做好走出去的内容升级。

首先，电视文化走出去需要找准“文化主干”。从时间长度来说，中国拥有五千年的文明，各个朝代和时期都有不同的文化积淀。从地域广度来说，中国拥有960万平方公里的土地，23个省、5个自治区、4个直辖市和2个特别行政区，每个地域的文化也各不相同。除了从电视上进行文化的理解，每个人从中小学开始，就较为系统地学习了《诗经》、楚辞、汉赋、唐诗、宋词、明清小说中的名篇，从书本和师长的讲解中领略到了博大精深的中国文化，有充足的时间和渠道可以从纵向的时间和横向的地域对文化进行比较与理解，能够获得较为深层次的感知。但在跨文化传播中，电视文化的走出去受时间和空间的局限，不可能还原中华文化的方方面面、点点滴滴，这提示着电视文化的走出去必须明确文化主干，围绕主干进行脉络梳理和枝叶培养。文化的走出去绝不能像某些古装剧一样建立在主子奴才尔虞我诈的基础上曲解历史，也绝不能像某些武侠片建立在“一言不合就拳脚相加”的基础上宣扬武力崇拜，更不能像某些所谓的“中国式大片”一样建立在“愚昧无知的农民”“龌龊卑劣的国人”的基础上刻意迎合外国的审美和猎奇。要确立文化主干就必须先对当前的文化体系进行梳理和扬弃，立足本土文化，挖掘文化内涵。

其次，电视文化的走出去需要明确国外受众对中国议题的兴趣与偏向。搞清楚国外受众对这些议题所持的态度，并在走出去的内容设置上有所调整，有助于消除误解，加强沟通。清华大学的赵曙光与密歇根州立大学的李海容选取了 2015 年 Twitter 上高影响力账号（包括彭博商业周刊、纽约时报、华盛顿邮报、美国之音等）的涉华文本进行研究，分析了此类账号所关注的涉华议题，对涉华的政治、经济、军事、环境等议题进行了较为全面的描述性分析，以了解美国社交媒体的中国议题全景（见图 6-6）。[1]

---

① 赵曙光，李海容．美国社交媒体关注的中国议题——基于 2015 年 Twitter 高影响力账号的描述性分析 [J]. 新闻记者，2016（10）.

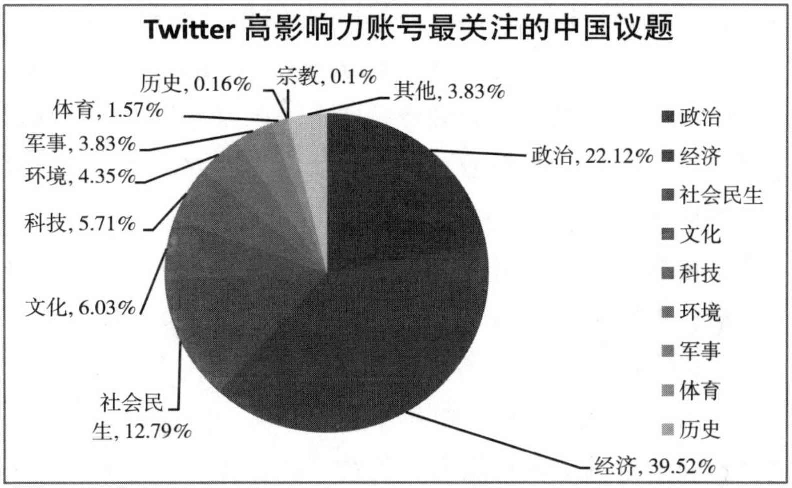

图 6-6：Twitter 高影响力账号最关注的中国议题

从该研究可以看出，除政治、经济外，Twitter 高影响力账号最关心的中国议题就是社会民生与中国文化。早在 1972 年意大利导演安东尼奥尼拍摄的纪录片《中国》中就可以看出，中国的社会生活、中国人的日常状态是外国关注的焦点。该研究也表明国外对中国议题有一定的隔阂和误读，比如高影响力账号对涉华的社会民生议题涵盖内容比较广泛，舆论态度中性偏负面，且更多关注的是灾难性事件，如“长江沉船”“天津爆炸案”等。虽然对 Twitter 高影响力账号的描述性分析不能完全代表美国民众对中国议题的理解，但是也较好地反映出了美国主流媒体对中国议题的偏向，这为电视文化的走出去提供了很好的内容指引。

最后，电视文化走出去的内容表达需要重视不同地域的文化模式。美国文化人类学家爱德华·霍尔提出了信息解读的“编码——解码”理论。在大众媒介传播信息的过程中，作为传者一方的信息生产者对欲传达的信息进行“编码”以“赋予意义”，通过传播渠道到达受者一方，受者根据其所处的社会环境、生活经历等对信息进行“解码”。东西方之间甚至不同地域之间对同一信息可能有着不同的解读，这在一定程度上增加了相互理解沟通的难度，提高了产生文化误读、文化隔阂的概率。电视文化的对外传播也应该充分考虑到传播对象的思维逻辑、价值取向、精神追求、生活禁忌等多方面因素，做好走出去的内容和形式转换。

电视文化的走出去战略不仅仅是影像内容的输出，更是传播平台品牌的塑造。电视文化的影响力一方面靠文化的内涵，另一方面也依赖文化品牌的建设。平台塑造品牌形象，品牌提升平台实力。“好莱坞”大片的全球风靡不仅仅是电影本身的影响力，更有“好莱坞”的品牌加持；迪士尼的动画受欢迎，其背后也有着迪士尼的品牌影响力支撑。央视“国家品牌计划”的广告提出“国家平台成就国家品牌”的理念（图 6-7），实际上就是“以品牌带动品牌”，因为央视的传播平台本身就是一个国家品牌。国家文化品牌的塑造何尝不需要国家级

图 6-7：央视“国家品牌计划”的广告

平台的支持？中国电视就是一个重要平台，“讲好中国故事”，记录、见证、传播中国梦，打造中国电视的文化品牌是中国实施文化走出去战略、提高文化影响力的必由之路。

打造国际一流的现代传媒航母，打造具有强大引领力、传播力和影响力的新型主流媒体是对外传播的当务之急。2018 年 3 月 21 日，中央广播电视总台宣布正式成立。根据《深化党和国家机构改革方案》，整合原有的中央电视台（中国国际电视台）、中国国际广播电台、中央人民广播电台三家机构，组建中央广播电视总台，作为国务院直属事业单位，归中宣部直接领导。对内保留原称号，对外统一呼号为“中国之声”。从理论上来说，三台合一不仅能够实现资源共享、互利互惠，更重要的是能够建立一个对外传播的强有力的主流传播机构。在功能上，能够更好地实现向世界传播中国声音，输出中国文化产品，传递中国价值观，树立中国国际新形象。

“越是民族的才越是世界的”，文化的走出去离不开对本土文化内涵的挖掘。中国文化不同于美国文化，也不同于日本文化、韩国文化，电视文化的走出去既不能遵从道路的“拿来主义”，也不能遵从经验的唯我独尊。《论语·子路》有云，“君子和而不同，小人同而不和”，这是说，君子在进行人际交往时能够与人友善相处，但在具体问题的看法上不必苟同于他人；而小人在具体问题上迎合他人，但内心却抱有不友善的态度。孔子在春秋时代诸侯割据的背景下提出的“和而不同”的理念，有着处理不同政治思想、不同文化理念的指导意义。在当今全球文化既交融又分离的背景下，这一理念提醒我们在通过电视实施文化走出去的同时，对不同文化需要进行理性看待，即尊重他人，尊重自我、不卑不亢、成人达己，与不同文化之间要和睦地相处，但也不能无原则地一味附和，中国电视文化要保持适当的文化独特性和独立性。

应当承认，不同地域之间的确存在着文化的冲突和碰撞。正是在这种冲突和碰撞中，文化不断融合发展，人类的精神家园才不断丰富生长。美国学者、普利策奖获得者威尔·杜兰特在《历史的教训》一书中写道：“人的生命通过传宗接代而超越了死亡，一个有生命的文化也会超越时空，漂洋过海，将它的遗产传递给继承人。甚至就在这些话被写下来的时候，商业与印刷、电线与电波，以及看不见的空中的‘信使’，正在把不同国家与不同的文明联合在一起，为所有人保存已被赠予的人类的遗产。”① 随着电视文化走出去战略的逐步实施，文化“引进来”与“走出去”的质与量逐渐达到平衡，相信中国文化与世界文化会通过卫星电视、手机电视、网络电视等多方渠道构建的电视网络逐步实现不同文化间的平等交流，推动全球文明的发展与进步。

① 杜兰特，等．历史的教训 [M]. 倪玉平，等译．成都：四川人民出版社，2015：166.

第七章

中国电视的社会责任

电视这种传播媒介，自其诞生之日起，就以时效性强、渗透性好、强烈的现场感和亲切感，赢得了广泛的受众基础。20 世纪 90 年代以后，我国传媒业的经济属性逐渐被认识并认可，电视文化产业日益受到重视。现在国家对电视媒体实行的“事业单位，企业管理”的政策就是这种认识的基本体现。这种政策使得电视媒体更加注重人才的培养、设备的更新、受众的反馈和自身的管理，并形成了一派积极竞争的发展态势。但是，随着电视媒体市场化、商业化运作的日益加深，一些电视媒体为了争夺受众、提高收视率，不惜降低电视节目的品格，制作传播一些低级庸俗的节目，甚至出现有偿新闻、虚假报道、不良广告等与社会责任背道而驰的错误之举。这不仅对受众尤其是青少年价值观、伦理观的形成产生了消极影响，更与营造健康文化社会的初衷相去甚远，淡漠了那些电视媒体本应该义不容辞担负起的社会责任。

2009 年 10 月，时任国家主席的胡锦涛就曾在世界媒体峰会上强调：“对各类媒体来说，树立和秉持高度的社会责任比以往任何时候更为重要。”①2011 年，在十七届六中全会做出的《中共中央关于深化文化体制改革，推动社会主义文化大发展大繁荣若干重大问题的决定》中，进一步要求新闻媒体和新闻工作者秉持社会责任和社会道德。2014 年 6 月，我国首批 11 家试点媒体社会责任报告正式对外发布，对媒体履行社会责任的情况做了全面梳理。2015 年的媒体社会责任报告单位除了首批 11 家媒体外，又新增了 17 家媒体，同年 5 月，正

---

① 杨振武 . 切实承担社会责任，不负党的重托 [J]. 新闻战线，2010（1）.

式发布了第二批试点媒体社会责任报告。2017 年 10 月，在党的十九大报告中，十分明确地强调了要“高度重视传播手段建设和创新，提高新闻舆论传播力、引导力、影响力、公信力”。由此可见，在社会主义文化大发展大繁荣的新时代，国家对包括电视在内的新闻媒体的社会责任越发重视。电视媒体对社会责任的担负，不仅成为影响大众人生观、世界观和价值观的重要因素，更会对我国文化建设与社会发展产生深远影响。

第一节 意见领袖：电视对信息资讯的整合

媒介作为信息传播的载体，在人类历史上出现的时间甚至比语言还要早。电视，作为现代科学技术的产物，是继图书、报纸、广播之后又一大信息传播媒介。“社会责任”一词，作为企业治理的概念最早由美国学者谢尔顿于 1924 年提出，它强调企业作为社会人和经济人的统一体，还应承担包括经济、法律、伦理和慈善等在内的全部责任。[①] 将媒体与社会责任结合起来，所要传达的理念就是媒体在信息采访、制作、传播的过程中所应当承担的社会责任。1947 年，美国新闻自由委员会针对新闻界滥用新闻自由的事实，发表了《一个自由而负责的新闻界》，借此提出了媒介的社会责任理论。在此之后，施拉姆、默顿、拉扎斯菲尔德等学者相继论述了媒体的社会责任和社会功能，对整个传媒界产生了重大影响。

1940 年，美国社会学家保罗 · 拉扎斯菲尔德在《人民的选择》一书中指出：“观念常常是从广播和报纸流向舆论领袖，然后由舆论领

① 胡洪彬 . 电视媒体的社会责任分析 [J]. 重庆工商大学学报，2011（2）.

袖流向人口中不太活跃的部分。”[①] 其中所提到的舆论领袖，如果换为生活中我们经常提及的“意见领袖”一词可能更加容易理解。那些在大众所处的公共空间里具有一定权威性、影响力和代表性的个人或组织，就是舆论领袖。他们在接收到各种媒介的信息后，通过独立思考对该现象或问题产生自己的理解，在重新加工和整理后，进行二次传播，继而对广泛大众产生更大的影响。拉扎斯菲尔德的时代，电视刚刚兴起，其影响力尚远逊于广播和报纸。而今天的电视媒体早已对广播和报纸的优势地位取而代之，实现了对信息资讯的系统加工和高度整合，某种意义上成为最强有力的信息舆论平台。

一、信息的把关，确保客观真实

“把关人”理论最早是由美国的库尔特·卢因在二战期间提出的。他认为，实际上在群体传播的过程中存在着大量的把关人，他们首先对信息内容产生自我见解，只有那些既符合群体规范又与他们个人的价值判断标准相吻合的信息内容才能够顺利进入各种传播平台和渠道，继而成为公开传播的信息。1950 年美国学者怀特把这个概念引入新闻研究领域，明确提出新闻筛选过程的把关模式。这个模式充分说明：在大众日常的生活空间里存在着大量的新闻，由于媒介、受众、新闻价值等各方因素，大众媒体的新闻报道不可能涵盖所有的新闻，这只能是一个不断取舍和二次选择的过程。在这个过程中，传播媒介作为一道重要的关口，对所有信息进行判断梳理后，只有少数新闻可以进行报道传播，最终呈现在大众的面前。同时，传媒内部还存在记者、编辑和总编等人的层层把关。大众传媒的把关通常会涉及时

① 郭庆光．传播学教程 [M]. 北京：中国人民大学出版社，1999：195-197.

间跨度、强度或阈限价值、明晰性、文化接近性等九大标准。通过对信息的把关，还可以为社会设置议程。在社会生活中，为公众设置议事日程是大众传播的基本功能之一。各种媒介对于新闻的报道、价值选择影响着公众对事件的关注、判断和态度。

在中外传媒史上，新闻失实现象不乏其例。我国自20世纪90年代以来，新闻失实现象也有逐年增多的趋势，这与传媒业竞争的日渐加剧密切相关。为了吸引更多眼球，许多媒体不辨真假，以“新奇”新闻吸引刺激受众。人民日报社的人民网和上海的《新闻记者》杂志，自2014年起，每年的一项重要工作就是仔细核查上一年度所有的新闻作品与报道，找出其中与真实情况严重不符的虚假新闻，评选出上一年的“十大虚假新闻”，并公开发布。在进行调研与分析后，我们不难从中发现，这些评选出的虚假新闻虽然各有特点，但大致可以划分为三种类型。第一类：非故意失实，该类型属于业务性错误。记者在采访中的准备不够充分，错误获取了不真实的原始材料，没有及时发现其中所产生的逻辑错误及信息失实，此后也并未再对信息进行深入核查，没有对人物及事件进行二次采访及深度剖析，而是为了追求时效和看点，就将信息草率发布报道，导致这种错误的发生。也有可能是编辑把关不慎、核对不严而导致的新闻失实。第二类：片面性失实，该类型由于报道不全面所导致。为了引导大众的价值取向及情感偏向，编辑记者带有极强的主观性，只选择了部分内容报道，而刻意忽略其他方面。虽然其报道的部分内容是真实存在的，但由于存在刻意隐瞒部分内容，从而无法向受众呈现完整、真实、全面的新闻事实。第三类：编造性失实，该类型完全没有基于任何现实情况，而是凭借个人空想编造出的虚假新闻，所有细节与故事均为杜撰，完全没有任何真实性可言。细数近些年公开揭露的虚假新闻，虽然90%出现在报纸、杂志等纸媒及网络媒体上，而电视新闻中出现的虚假新闻数量相对较少，但不可否认的是，在电视报道中依然存在着一定数量的虚假新闻未被发现和揭露。北京电视台在2007年播出的《纸做的包子》被证实就是一则彻头彻尾的假新闻。

2006年，原中央电视台记者訾北佳调至北京电视台，担任《透明度》栏目的首席记者。虽然他很少出现在办公室，与栏目组其他同事沟通也并不密切，但其选题在播出后却一直有着不错的反响。“揭露虚假商贩，假羊肉串竟是猪肉刷了羊油而成的？”“真醋假醋，傻傻分不清楚”“黑心的汤圆”等报道都是出自他手。一经播出后，这些报道的收视率远远高出栏目组之前的其他报道，让《透明度》栏目逐渐成为备受观众好评的“百姓良心”好栏目，而訾北佳也因此成为《透明度》栏目的核心成员。

2007年夏季，訾北佳曾多次前往朝阳区太阳宫乡十字口村的13号院。他化名为胡月，告诉当地的工地民工要为他们购买爱心早点，希望他们能够一起帮忙做包子，去传递更多爱心。“胡月”将不知从何处购买的制作包子所需要的材料，包括面粉、肉馅、擀面杖、纸箱等带到了13号院，开始跟工地民工一起制作“爱心”肉包。令人万万没有想到的是，在“胡月”的恶意引导下，4名民工带来一个大铁盆，装满水后将纸箱用力泡入其中。在加入了大量的工业用火碱后，将这些纸粉碎并与肉馅混合，接着撒上了一层厚厚的猪肉香精粉，闻起来很香、看起来很像的“包子馅”便做成了。整个过程中，“胡月”偷偷用自带的家用DV机拍下了农民工制作“包子馅”的全部过程，并将其剪辑后播出，用欺骗的方式制作了一则虚假新闻报道。

节目播出后，一时间引起了社会各界的巨大轰动，各大媒体平台纷纷进行转载及二次加工后再次报道评论。北京市工商、食品安全部门第一时间对此报道所涉及的人员及问题进行检查，并由此开展对北京范围内所有早点市场的全面排查及卫生检查。然而在检查人员实地暗访及深入调查后，统一的反馈竟然是，没有在任何早点市场发现

“纸箱馅包子”这一现象。随后，北京市工商及食品安全部门请公安部门介入调查，并针对该情况组成专案组进行二次核查。终于，经过一个多月的调查及暗访，在 7 月 16 日初步查明了事实的真相。在 7 月 18 日的《北京新闻》节目中，北京电视台公开致歉并承认生活频道对《纸做的包子》这一报道的真实性没有进行严格的审核与把关，在管理与审查中存在严重纰漏。由于工作的疏忽将这条虚假报道公开播出，给社会造成了极为恶劣的影响，尤其是在 2008 年北京奥运会即将举办之际。北京电视台公开表示会“高度重视这一恶劣事件，深刻吸取教训，严肃查处相关责任人员”。随后，北京市公安机关对北京电视台记者訾北佳等 6 人刑事拘留并依法作出相应处置。

当然，类似现象远不止于此。媒体从业人员职业道德缺失、法律意识薄弱现象已渐渐显露，这些缺乏责任担当、与现实伦理大相径庭的做法显然是对电视媒体和新闻记者的严重亵渎。新闻类节目以其显著的权威性在电视媒介中占据重要地位，真实、新鲜、及时、客观是其传播过程中应遵从的基本原则。电视媒介在采制传播新闻节目时，应严格遵守职业道德伦理与法律法规，应明白传播什么、为谁传播、怎样传播？媒体从业人员既应考虑内容质量与传播效果，更应在内容和导向方面进行严格审核，把好关口。在制播分离和媒介融合的大背景下，电视媒体信息获取的渠道不断扩大，由原先只有电视台去独立采集信息，发展到现在可以从微博、微信等网络新媒体平台搜集信息，独立的媒体节目制作公司也可以采制非新闻类节目，这给电视媒体的把关带来了新的挑战。媒体从业人员在抢先报道时间、扩大报道范围、增强报道主动权的同时，更应该坚守底线、守望社会。

二、信息的加工，还原事实真相

在新闻传播过程中，传播媒介将采集的信息传播给受众，受众以此来了解事实、认识世界。然而，受众接收到的信息早已经过了传播媒介的选择和加工，一部分筛选出的“合格的”信息被传播给受众，还有一部分信息由于各种原因而无法被受众所知晓。因此，受众了解到的所谓“事实真相”，并不总是完全的事实全貌，这就产生了媒介与受众之间的信息不对称问题。

信息不对称理论由约瑟夫·斯蒂格利茨等三位美国经济学家共同提出，他们认为在市场经济活动中，供需双方对信息的了解程度并非完全一致，而这种差异的存在对于供需双方而言，会产生不同的影响。对于信息了解掌握更充足的一方，会在价值交换过程中占据更为主动的地位，而信息掌握较少的一方则相对被动，在交换过程中价值更大化的需求也就较难实现。信息不对称现象不仅普遍存在于市场经济活动中，在新闻传播过程中也大量存在，尤其在对新闻信息的筛选加工过程中，通过一定原则下的取和舍极易造成媒介与受众之间的信息不对称。

多年来，我国媒体习惯于正面高调宣传，而对于突发性危机事件，出于“维稳”等种种考虑，往往是想方设法遮掩部分事实，不希望公众知道全部的事实真相。有时，媒体则是只挑选所谓的“好消息”进行播报，营造一片歌舞升平的社会态势。这种认识当然是非常片面的，有时甚至是非常危险的。2003年，全国爆发了严重的“非典”疫情。一时之间，全国媒体似乎都“哑巴”了，几乎见不到关于“非典”的相关报道。从2月份“非典”全国爆发前期开始，中央电视台《新闻联播》对“非典”的报道只有少数几次，而且也只是一些简讯，或是对情况转好的病患进行的报道。由于受众对“非典”信息的获取不足，重视程度不高，疫情无法得到有效控制。官方权威声音的缺位，造成谣言四起，小道消息蔓延。尤其是外媒的介入以及对事件“骇人听闻”的报道，一时造成了民众的极大恐慌，甚至出现了抢购板蓝根、口罩的局面。大约从3月底开始，《新闻联播》上对“非典”

的报道开始逐渐增多，全国各地的媒体也相继出现了针对性报道。央视《新闻联播》中《国务院新闻办就防治非典型肺炎举行记者招待会》的报道、《面对面》中王志对相关专家的专访、《新闻调查》中柴静的“非典”报道、北京电视台的《抗击非典特别报道》等，从多方面、多角度呈现了防治“非典”的真实情况，很快就稳定了民心，扭转了舆论态势，为全国上下众志成城抗击这种特大传染疾病的成功起到了不可磨灭的重要作用。

三、信息的传播，促进社会整合

传播信息，是电视媒体的基本职能之一。从广义上讲，信息是指所有对象在相互联系过程中呈现出来的各自属性；从狭义上讲，信息是指能够消除随机不确定性的东西。数学家香农在 1948 年提出的这一经典定义同样适用于传媒界。

在传媒业中，信息“消除不确定性”的内涵就注定了传播媒介所掌握的信息要具有排他性，即排除所有其他可能性，只采取其中一种可能性。所以，电视新闻信息的真实性就显得尤为重要。真实是新闻的基础，更是新闻的生命和灵魂。电视新闻工作者要确保电视新闻的真实性，首先要在新闻信息采集的环节确保信息内容的真实。要保证新闻中基本要素的真实性与客观性，也就是在新闻报道中所涉及的时间（when）、地点（where）、人物（who）、事件（what）、原因（why）及经过（how），这每一个具体事实都必须与客观实际高度一致，在经过反复的确认及核查后给予受众最真实的信息呈现。对新闻真实性的坚持，也是我国电视媒体对新闻事业高度负责的责任感与使命感所在。

电视媒体作为保障社会顺利运转的系统之一，通过提供信息资讯和休闲娱乐，实现促进社会整合的功效。在传统社会，社会整合通常是通过政治力量和社会运动来实现的。进入媒介发达的社会阶段后，尤其是随着改革开放的深入和市场经济的发展，中国的社会结构发生了深刻的变化。从中国目前的现实来看，过度的经济和文化等社会分化导致社会各阶层之间的矛盾日益尖锐化，更是削弱了对弱势群体应有的关注和关怀。这使得社会整合的难度越来越大。而大众传媒要想有效解决社会冲突、促进社会整合，必须为不同阶层的群体搭建表达各自利益诉求的平台。

目前很多地方电视台热播的民生新闻、电视问政等栏目就比较好地起到了社会整合的作用。2002 年，江苏电视台城市频道《南京零距离》的开播，被认为是开创了大时段电视民生新闻的先河。安徽卫视的《第一时间》、湖南经视的《都市一时间》等栏目都为当今中国的弱势群体和草根阶层提供了利益表达的渠道和空间，能够较好地消解社会矛盾和冲突，达成社会共识。翻看山东电视台《民生直通车》栏目中的新闻标题：《山东高速交警科普：限速是怎么来的？》《章丘铁锅热销 传承人呼吁理性消费》《爱心汇聚 小桥来新年住新家》……这些新闻说的都是老百姓日常生活中可能会遇到、会关注的问题。通过电视荧屏这个窗口，草根阶层和弱势群体的声音与诉求能够更多地引起有关部门的注意，从而促进问题的解决，减少暴力事件的发生，维护社会的安定团结。

电视媒体通过对信息资讯的汇聚解读进而促进社会整合，还表现在对信息取舍的平衡上。如果电视媒体过度关注社会负面新闻，势必会导致受众对社会认知的“主观现实”产生偏差。而如果电视媒体片面弘扬所谓的社会主旋律，刻意忽略社会的“阴暗面”，同样会导致受众对大众媒体的怀疑与不信任。《民生直通车》在新闻信息的取舍上做得恰到好处，2018 新春之际，《民生直通车》既有《济南：违规燃放“开门炮”被查》的新闻，也有《“春风行动”：建档立卡精准扶贫》的报道。电视媒体在完成上情下达的沟通渠道这一角色的同时，它更是普罗大众与国家社会紧密相连的重要纽带。当前，随着社会开放程度的不断扩大，民众接收信息的平台和窗口日益增多，人们的价值取向更加多元，对电视媒介所传播的信息也有了更多个人判断。因而，电视媒体进行平衡而公正的报道不仅能维持良好的媒介生态，更关系到社会主义文化事业的繁荣兴衰和国家社会的长治久安。

四、反例："非爱性掠夺"与"公地悲剧"

当前有不少的电视媒体为了追求较高收视率，导致电视内容的庸俗化和同质化，忽略了媒体应有的社会责任。

1. 非爱性掠夺

"非爱性掠夺"是指媒体出于"爱"或"关怀"等善意的目的，对公众人物或公众事件中的某些当事人进行的强迫性干预。2013 年 4 月 20 日早上，四川省雅安芦山发生地震。有位 102 岁的空巢老人罗财发扒砖自救，直到当天傍晚才被救援人员发现，但老人在震后却抵挡不住媒体的轮番攻势，导致其见到相机和摄像机吓得就躲。其实早在汶川地震中，被网友力挺的 9 岁小学生"敬礼娃娃"因不堪舆论关注，也出现了心理障碍……心理专家虽然一直呼吁，对获救人员的采访要有节制，别因为频繁采访加重其心理负担。但仍然有些媒体人不顾灾民的心灵创伤和二次伤害，乐于揭开灾难伤痕，以追求眼球效应，但却丢失了媒体应有的人文关怀。对于地震等灾难中的当事人，媒体不但没有给予关爱，反而以爱的名义不断在进行伤害，这是严重缺乏社会责任感的表现。

在里约奥运会上，虽然不乏明星运动员，但拥有"洪荒之力"的水中少女傅园慧无疑是本届奥运会的最大看点。她的比赛及采访视频在网上迅速传播，"一夜爆红"的傅园慧可能是走红最快且最自然的明星运动员。"傅园慧粉""傅园慧热"一时间成为高频热词，而傅园慧也自然成了各大媒体节目及各商家广告争抢的热点人物。凭借极高的人气和热度，“洪荒少女”成为各大媒体平台综艺节目的首选嘉宾，在《中国冠军范》《跨界喜剧王》《金牌驾到》等多档综艺节目中都可以看到她的身影。相较于此前的传统电视新闻节目采访，傅园慧在综艺节目中的曝光率也越来越高，而她的出镜也确实拉动了各档节目的收视率一路走高。在电视媒体的助力报道中，作为明星的傅园慧持续走红，而其作为运动员的专业水准和表现却被弃之脑后。在媒体的包装下，傅园慧等明星不仅在赛场上备受瞩目，同样成为商业、传媒、娱乐等各个领域争相合作的对象，在社会各界产生巨大影响。他们从体坛名人一夜之间成为商界宠儿和媒体红人，短时间内粉丝剧增，享受着明星偶像般的待遇。而这种高曝光率和高关注度，在赋予他们闪耀光环的同时，同样可能会给他们的职业生涯带来巨大影响。“跳水王子”田亮曾因过度参加综艺节目、广告代言等商业活动而影响日常训练和比赛，最终被国家游泳队开除。“泳坛清流”宁泽涛在喀山游泳世锦赛上一战成名后，凭借阳光帅气的形象收获大批粉丝，受到各个品牌商家的青睐与广告邀约。但各种问题也接踵而来，导致宁泽涛的比赛成绩一度走低，其职业生涯也因此备受影响。由于各品牌商家及电视媒体对文体明星们的完美包装，大众对于他们产生了越来越高的期望值，理所当然地认为他们在各方面都会有完美的素养及表现。但是，人无完人，大众期待越高，往往也就失望越大。“飞人”刘翔在打破奥运会纪录后，到达职业的巅峰时刻，在备受国内外赞誉的同时，也吸引了越来越多国际知名品牌的代言邀请。然而，当刘翔因为伤病在北京、伦敦两届奥运会中遗憾退赛，即便病痛缠身的他仍旧坚持用单脚跳完 2012 年伦敦奥运会男子 110 米栏预赛的全程，但却依然受到了广大民众和各大媒体的批评与质疑，而曾经代言的商家品牌也纷纷要求与其停止合作。曾经为国家体育事业拼搏奋斗、功勋卓著的“飞人”，只能在媒体的报道与大众的过度消费中黯然退场。刘翔的成名与落寞无不展现出媒体与公众舆论的巨大力量。

2. 公地悲剧

其实电视人可能也有无奈，由于他们供职的电视机构往往会以尊重受众知情权的名义，对记者采访的选择和发稿的数量都有着严格的要求。课题组在调研中发现，一些电视台的编辑部都有明文规定，只要别的报纸或电视上有的报道，自家电视台一条不能漏。如果漏一条或者迟报一条，都会有相应的处罚措施。在这样的“考核”要求下，记者们彼此便心照不宣地追逐社会热点，穷追猛打甚至涸泽而渔，电视媒体也正是在这样的情形下遭遇了“公地悲剧”的困境。

“公地悲剧”理论又称“公共资源的灾难”，由美国学者哈定提出，即“在一个信奉公地资源自由使用的社会里，每一个人追求他自己的最佳利益，毁灭的是所有人趋之若鹜的目的地”。简单举例来说，一群牧民在同一片公共草场上放牧，依靠传统和道德进行自治。但是，总有个别牧民想通过增加放牧数量来提高个人收益，尽管他知道这种做法会导致公共草场质量的下降。如果不能有效遏制这种情况，在这种格局下，就会有越来越多的牧民或主动或被动地加入这场竞争中，于是“公地悲剧”就发生了。在传媒领域，公共的信息资源本来是一块人人共享的公地。新闻报道最重要的准则当然是客观、公正和平衡，但是一旦落实到具体的报道上，这些准则就变成了“次要”的。各家电视媒体为了提高收视率，就会过分挖掘信息源，甚至不顾整个传媒业的声誉和影响力，最后只能导致受众对媒体的质疑和不信任。其实，这也是当下千台一面、同质化程度很高的重要原因之一。

第二节 公民意识：电视对公共领域的建设

公共领域，又可称为公共空间，是西方哲学家和社会学家最为关注的研究课题之一。美籍德裔犹太血统的政治哲学家汉娜·阿伦特是最早明确提出公共领域并进行研究的一位核心人物。阿伦特所提及的公共领域，作为一种实现行动的场所，是指人们能够做到平等对话并共同参与到各项活动中的政治空间。她认为，人生的意义就是要切身参与进公共领域中，与同类一起行动，从而实现真正的自由和幸福。

在公共领域理论的发展史上，还有一位不可忽视的重要人物就是哈贝马斯。“公共领域在哈贝马斯那里成为‘理想类型’，并提出通过重建公共领域来解决资本主义危机。”① 哈贝马斯在1964年出版的《公共领域》一书中对这一概念进行了简明扼要的界定：“公共领域，它首先应该是满足人们日常社会生活的公共场所，在这个共同的活动空间里，公共意见才能够形成，并且向所有公民开放。公民们可以自由地集合和组合，可以自由地表达和公开他们的意见。”② 那么，在交往过程中就必然需要一定的传播途径。如今我们最常接触的广播、电视、报纸、杂志、网络等媒介，就是公共领域中传播的基本手段。

在传媒参与建设的公共领域中，需要寻求一种公共利益的平衡，而不是一致同意。如布坎南认为，公共利益的达成过程是一场多方利益的博弈。③ 传播学者丹尼斯·麦奎尔还提出了一个“公共利益对大众媒介的要求”的范式，囊括了公共利益所要求的一些元素，以及多元的媒介所有权、出版自由等。这基本上界定了大众传媒领域“公共利益”的外延，使得“公共利益”的实现从一定程度上具备了可操作性。④

---

① 王庆超，等．阿伦特与哈贝马斯的“公共领域”理论之比较 [J]. 山东农业大学学报（社会科学版），2012（3）.

② 贾民伟．思想政治教育视域中的公共精神研究 [D]. 华中师范大学，2014.

③ 樊纲．市场机制与经济效率 [M]. 上海：上海人民出版社，1999：163.

④ 张春华．传媒体制、媒体社会责任与公共利益——基于美国广播电视体制变迁的反思 [J]. 国际新闻界，2011（3）.

一、建立社会公共领域

传媒具有公共性。哈贝马斯提出的“公共领域”（即“公共空间”）理论，便为我们在传媒中讨论公共性提供了可能。传播学者潘忠党将“传媒作为社会公器服务于公共利益的形成与表达的实践逻辑”表达为传媒的公共性，并认为媒体公共性的实现需要两方面的控制：一是从媒体的内部控制，即媒体的实践及其话语生成；二是从媒体的外部控制，即传媒的体制。①他同时认为，“传媒的公共性体现为：传媒服务的对象是公众；传媒服务的平台和话语公开；传媒的使用和运作公正”②。现代法治国家必须有一个良好的媒介环境，使传媒与国家、社会和公众形成良性互动，助力民主与法治的建设。因而，畅通、良好的媒介环境为公众提供了自由表达的空间，有助于形成一致的公民意识，从而促进社会公共空间的建立。近些年来，我国电视公共频道和民生新闻的发展，较好地发挥了电视媒体在构建公共空间中的作用。

1991 年的 3 月 15 日，中央电视台率先开启了现场直播的“3.15 国际消费者权益日消费者之友”专题晚会。此后每年的 3 月 15 日，晚会都会为保护消费者合法权益发出强烈呼声，揭穿了无数的骗局、陷阱和黑幕，维护了社会的公平公正。3.15 晚会作为一种电视节目形式，借助自身声画并茂、影响面广的优势，力求为公众报道真相，建立了沟通顺畅、服务大众的良好媒介环境，营造了健康向上的社会公共氛围。

山东电视台的齐鲁频道，作为一个地面频道，收视率在省域内多年持续走高，收获了众多民众的喜爱与认可，其广告收益与节目效益

---

① 吴治文．我国新闻媒体公共性之断解 [J]. 青年记者，2009（2）.

② 方祯．从邓玉娇事件看网络传媒的公共性 [J]. 新闻爱好者，2010（4）.

甚至超过部分省级卫视，成为全国地面频道四小龙之一。它成功的原因固然有很多，其中之一便是齐鲁频道长期坚持公益传播，推出大量与百姓生活密切相关的公益活动，使得频道与观众的心理距离更贴近，交流更密切也更直接。《中国广播影视》总经理郝勇峰曾说过："电视公益对媒体的自身形象、权威性、公信力都有很大的影响。"数据显示，中央电视台2015年共有原创公益广告117条，全国各省市县级电视台下载量超过3万次，各大视频网站播放量总计高达数千万次。对于媒体而言，关注公益、发起更多贴近百姓的公益活动，不仅可以真正拉近与民众之间的距离，而且对提升节目传播效果和受众黏性具有重要影响。公益传播以大众更喜闻乐见的形式，将积极的主流思想和先进文化进行有效传播，充分发挥了电视媒体公益榜样的作用，体现出了电视媒体应有的责任与担当。

二、设置社会议题议程

议程设置理论，由美国的麦库姆斯和肖于1972年提出。该理论是1968年所进行的一项调查研究的客观总结，主要基于总统大选期间的数据变化，探究媒介的公开报道对选民的影响。信息传播的效果一般分为认知、态度和行动三个层面，而议程设置理论着眼于这个过程的最初阶段，即认知层面。该理论认为，媒体对于信息的传递及新闻活动的报道，在不同程度上赋予各个议题不同的显著性方式，这对于人们理解周围世界、判断重大事件的态度及情感偏向产生重要影响。

通常情况下，公民对于环境的认知并不都是来自亲身的体验，而大多是源于大众媒介为其建构的第二手"现实"。大众媒介不仅建构了一个我们可以与之互动的视听环境，而且公众在该公共空间中进行讨论的话题也大都是由大众媒介提供并加以传播的。电视作为普及性最强的大众媒介，更是可以通过议程设置来实现对公共空间的构建的。

美国传播学者仙托·艾英戈和唐纳德·R.金德曾进行了一系列有关电视的议程设置理论的实验和调查研究，并出版了《至关重要的新闻——电视与美国民意》。其中一个结论是，如果受众在电视媒介中多次接触某个特定的政治内容，那么他们自然而然地就会认为该政治问题是国家当前最为紧迫且最应该被大众密切关注的重要问题。与此同时，新闻活动不同的报道位置与传播力度，同样会影响其议程设置的效果。那些在各大媒体置于头条和显著位置的新闻总是更容易被大众所关注，因而收获更好的传播效果和更大的社会影响，由此其议程设置的效果也就更为明显。

作为大众媒介的电视不仅能提供信息，还能提供意见，即对有关信息进行选择和评论。电视媒介进行议程设置的过程便是其发挥引导功能的过程，这种功能的合理性存在在于公共空间中的沟通需要有效的引导。只有在合理有效沟通的基础上，才有可能展开民主协商。“在实际的协商和辩论中，高素质意见的加入往往能够发挥开阔视野和澄清问题的关键作用。”[①] 因此，大众媒介提供的权威或者精英意见有助于构建一个公众沟通并达成共识的公共空间。

哈贝马斯认为，“公共领域应同时具备以下几个要素：参与者、媒介、议题和共识”[②]。与其他媒体相比较，电视媒体具有声像俱备、权威性强等诸多优势。它通过聚焦“国计”“民生”等受众关心的“公共性”话题，在提供信息资讯的同时唤起他们的参与热情，有利于社会公共空间的构建。同时，电视传播者所具有的较高的职业素养和责任感，也有助于推动电视对社会公共空间的构建。

---

① 张轶楠.论大众媒介对公共空间的建构[J].现代传播，2010（12）.

② 余芬霞，余玉.试论我国电视新闻对公共领域的构建[J].现代视听，2013（10）.

电视媒介的“议程设置”功能直观地表现为“报道什么”。电视媒体从业者在选取新闻素材时，要重点关注具有“公共性”“服务性”和“批判性”的话题。那些公众普遍关心的、同日常生活密切相关的、有社会影响力的公共事务，便是我们所要构建的公共空间中的基本内容。同时应当注意的是，电视媒体不仅要发布事实性信息，还要发布意见性信息，引发公众思考，只有这样才能使话题更加深入人心，凝聚社会共识。

三、营造公共讨论空间

电视媒体作为大众媒体的基本类型之一，所面对的受众和所解决的问题都具有极大的公共性，其话语体系构造了公共空间的交流体系。电视媒介较之严肃的组织传播来说，其包容性更强、涉及面更广，对人们的文化水平没有苛刻的条件限制，理论上几乎任何知识层面的人都能在电视媒体上发表自己的观点，共同营造一个公众自由辩论的民主空间。电视媒介向不同的公众提供丰富的内容，由此形成并展开多样的公共表达。电视谈话节目更是为营造公共辩论的自由空间和民主氛围发挥了重要作用。语言的相对通俗易懂、信息的自我强化等大众媒介逻辑特征，也有利于公众掌握其话语形式，适合借此进行讨论甚至辩论，形成相对自由的民主氛围，传递理性和批判性的声音。

韦思·门森在《大家谈：媒介文化中的脱口秀》一书中，曾提出西方谈话节目的源头可以追溯到 18 世纪在英国的咖啡馆中进行的公开探讨社会话题的公共聚会。人们可以尽情畅谈自己对各种社会现实问题的看法及意见，并共同商讨可以解决问题的方法。随着印刷术的广泛使用，公众开始在第一批流行的大众刊物中发表见解，影响社会舆论。但由于当时大众媒体和传播手段的匮乏，可以介入媒体讨论的公众主要集中于社会地位较高的精英阶层和知识分子群体，要想实现真正的平民化还有一段很长的路程。20 世纪 50 年代，电视谈话节目才开始出现，尤以美国的“脱口秀”为代表。

首先，电视谈话节目为大众构建了一个公开公平的话语空间，提供了一个公共的交流平台与交流范式。电视谈话节目具有双向交流的互动特征，可以被看作是大众传播学“枪弹论”的终结者。在这种互动过程中，人人既是传播者，又是被传者，所有人在一起交谈、交流、交锋，最后创造出一个共同的语言“场”，达到信息、观念和情感的沟通互融，彰显了公共领域的“公共性”特征。

东方卫视 2016 年推出的大型社交服务类节目《四大名助》，由孟非担任主持，谢依霖、尉迟琳嘉及一位嘉宾共同组成“四大名助”阵容，在节目中通过嬉笑怒骂的讨论方式，帮助生活中有着各种各样困难的普通人解决困惑烦恼。在 2016 年 3 月 24 日的节目中，一位 61 岁的妈妈，称自己的女儿 2 年内整容近 20 次，花费近 80 万元。女儿甚至觉得自己长得不高，想把腿骨敲断了再接。母亲极度伤心，担心女儿频繁整容会给健康埋下巨大隐患，而女儿却声称自己整容是为了过上自己想要的生活。由此，母亲想借助该节目平台，试图劝诫女儿远离过度整容。两种相悖的价值观和截然相反的观点，引发双方的激烈讨论，产生强烈的冲突与碰撞，设定出了一个“讨论美貌与健康”的无形磁“场”。

该期节目中，以女儿为代表的支持整容方的观点认为：整容后虽然会有痛苦的恢复过程，甚至某些部位肿胀到有些吓人，但这都只是短暂之痛，而变美确是终身受益的事情。“有人说一见钟情，钟的不就是脸吗？”“整完容以后整个人都精神了，而且财运也好了，特自信。”类似如此的各种想法使她们在整容的道路上义无反顾。而以母亲为代表的反对整容方则认为：整容存在极大的安全隐患，即使一项整容手术被吹嘘得再安全，但由于其诞生时间只有短短不到 20 年，依然无法确定未来是否存在更大风险。频繁整容不仅对身体产生伤害，同时埋下了巨大的心理健康隐患，执迷于整容是对自己身体和精神的双重伤害。

在节目后半段，该母亲情绪激动，几度落泪。她表示女儿的做法，让自己感到心痛不已。最后，她说出了自己的肺腑之言："人总会变老，变老之后皮肤松懈，那时候埋藏在皮肤里的各种材料会不会引发炎症，需不需再进行二次手术，能否成功，这些都是父母一直会牵挂担心的。今天我真的是带着一片诚心来到这个平台，希望各位老师和嘉宾们，帮我做做女儿的工作，不要让她再继续整了，适可而止。如果女儿再继续整容，我可能会豁出这条老命去阻止，甚至断绝母女关系。"母亲说这些话时，泪流满面，岁月的打磨和心中的痛苦让她显得更加憔悴。无论是节目的制作者还是屏幕前的受众，都能体会到一个母亲的无助与痛苦，引起了大家的强烈共鸣，现场观众也纷纷落泪、唏嘘不已。然而，看着母亲哭泣的女儿却全程保持微笑，主持人和嘉宾质疑女儿看到母亲哭得如此伤心不会难过吗？女儿的答案出乎所有人意料。她说她很难过，但是保持微笑是因为做了嘴角上扬的手术而不得不如此。节目中的嘉宾对此评价道："我觉得最难过的事情是她已经不能用她的脸表达悲伤了。"

在节目的最后，主持人孟非点评道："整容这种方式不一定能让你过上你以为会过上的生活。那些电视台最当红的女主持人，她们可能很漂亮。但是我想，她们一定有美貌之外的优秀品质，而今天这个社会可怕的地方就在于，有这么多年轻的女孩，完全忽略了这些。只是单纯地认为，美貌能够给我世界上的一切，包括成功、婚姻、金钱，甚至所有的快乐。你的一切快乐是不是都来源于美貌，这是今天所有年轻女孩都应该思考的问题。"最终在现场观众投票环节，200名投票者中，有161名观众选择同情妈妈的遭遇。

整个节目互动过程中，大家在一起交谈与交锋，所有人的观点不断碰撞出新的思考与见解，既创造出一个讨论“美貌与健康”的“场”，又通过淋漓尽致、形式多样的观点表达，引发受众的思考与反馈。最终，通过话语引导，节目积极正面的思想得以有效传播。节目表达手法虽简单质朴，却彰显出深刻的立意，它让受众在这个谈话“场”中领悟出，矛盾与冲突是生活常事，但用一颗同理心去感化与包容，才是彰显生活仁爱之处。

其次，电视谈话节目在构建公共话语空间的过程中，提供了较为理想的讨论与辩论环境。“辩论不只是多元的声音及不同的意见，辩论必须呈现冲突。”[①] 电视谈话节目的辩论特色主要表现在两个方面：一是内容具有争论性；二是方式具有辩论色彩。在电视谈话节目中，由于话题涉及社会公众的各方利益，不同立场的“舆论领袖”在表达自己的观点时便会彼此激发、彼此鼓舞，甚至互相辩驳。话题内容选择的广泛以及节目形式的开放，都提升了话语平台的公共性和开放性。不同阶层的公众可以通过更加灵活多元的方式进入公共议题进行讨论，提升了参与群体的公共性特征。

以凤凰卫视谈话类节目《一虎一席谈》为例。由胡一虎担任主持的几乎每期节目都会选取那些在社会、生活、文化、历史等方面备受大众关注的重大事件或热门话题，并邀请事件中所涉及的核心人物或各界专家、知名学者、精英领袖等担任节目嘉宾。热门话题，不同见解，相互激发，引发思考。

2008 年 6 月 7 日，《范美忠不顾学生逃跑是不是失职？》在《一虎一席谈》节目中一经播出，便引发大众的广泛热议。范美忠是四川省都江堰市光亚学校的教师，在 2008 年 5 月 12 日汶川发生大地震时，正在上课的范美忠没有顾及学生的安危，而是一人独自逃生，随后

---

① 徐运红．论我国电视谈话节目对公共领域的构建 [D]. 华中科技大学，2005.

范美忠向学校提出辞职。5 月 22 日，他在网上发帖《那一刻地动山摇——“5・12”汶川地震亲历记》，真实回忆并描述了自己在地震突发时的内心想法及事后感受。他面对媒体坦言：“在这种生死抉择的瞬间，只有为了女儿才可能考虑牺牲自我，其他人，哪怕是我母亲，在这种情况下我也不会管。”此文一发，立即掀起轩然大波。范美忠被网友讥讽为“范跑跑”，并引发了一场关于“师德”的讨论。新华网、人民网先后发出文章对这一事件进行评论，网上对其进行批判的文章和跟帖层出不穷，舆论呈现出批判声讨的一边倒态势。2008 年 6 月 6 日，网络评论家郭松民发表文章《“范跑跑”应该成为中国精英的一面镜子》，文中对比了著名的“泰坦尼克号”沉没事件。他提出，对精英来说最大的悲剧不是死于一场地震或者沉船，而是被公众所唾弃的看法。

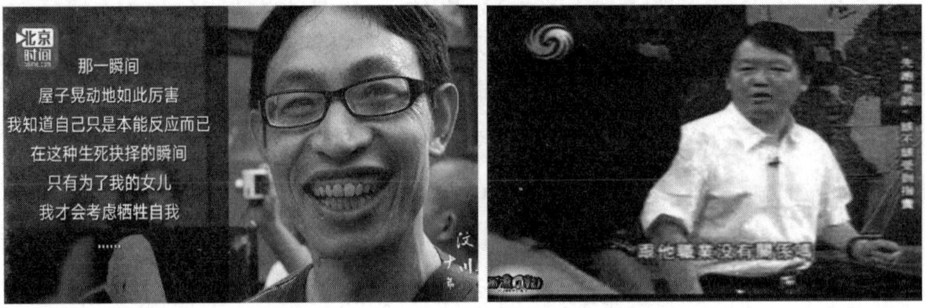

图 7–1：“范跑跑”与“郭跳跳”

出人意料的是，在这期节目播出后，整个事件竟然有了新的转机和舆论翻转。众多网友反对网络“评论家”郭松民用“无耻”之类的字眼对范美忠进行人格辱骂。嘉宾及事件当事人情绪都异常激动，郭松民甚至中途愤怒离场。随后网民纷纷将矛头指向郭松民，称其为“郭跳跳”“伪君子”，并挖掘出他诸多言行不一的事例。舆论的天平瞬间向范美忠一边倾斜，越来越多的民众开始声援支持范美忠。而范美忠所任教的都江堰光亚中学校长在接受记者采访时也表示："范美忠爱职业爱学生，自己不会开除因言获罪的人。"而后，范美忠就此事在节目中公开对校长及学生真诚致歉，并感谢给予他的信任与机会。在此之后，舆论中渐渐出现了越来越多对范美忠表示理解的声音，一改之前态势。

在此事件中，电视谈话节目《一虎一席谈》为公共话语空间营造了一个极好的讨论和辩论环境。该期节目邀请到事件交锋最激烈的两个核心人物，范美忠和郭松民，作为观点与态度截然相反的两派代表。同时，范美忠的同事、校长、教育界权威专家等共同发声，现场的观众也可以自由表达观点。在这期节目中，社会多元角色的声音共同汇集，各种激烈的观点直接交锋，在辩论中让事件越发清晰，也让存在分歧的态度和观念越辩越明。

在中国，谈话类电视节目以曾经央视的《实话实说》为代表，虽然起步较晚，但广受民众欢迎。从目前来看，几乎所有省市级以上电视台都以不同方式开办了谈话节目。"从本质上来讲，这种谈话类节目的形式都是通过建立一种全国或地域性的谈话系统来实现它作为公共领域的功能的。"①

四、促进公共舆论形成

公共空间的核心是公共舆论。公共舆论不是一个真理的领域，只是一个公共意见的领域。与真理不一样，公共意见是来源于公众，在多方面的意见辩论博弈的基础上形成的，是一种代表性意见。公共意见会对公民个体的意见产生作用，并且只有在得到大多数公民个体的

① 徐运红．论我国电视谈话节目对公共领域的构建[D]．华中科技大学，2005.

认同时，公共意见才具有有效性。

在公共空间中，由于不同的人处在不同的位置，在面对同一事物时，便不可避免地具有不同的观点。每个人从自己的观点出发，表达各自不同的意见，而公共意见便是对同一对象（议题）关注的视域的融合。“在媒介系统中，哪一种意见在意见市场的竞争中更能为人所接受，它便更有可能成为‘客观事实’。”①电视媒介显然可以较好地满足公共空间的以上特征，它既为公共舆论提供了内容信息，又创造了空间环境。

近年来，社交媒体平台迅猛发展，影响巨大，部分公共领域的舆论很大程度上受到“后真相时代”的影响。“后真相”一词原本是为了描述一种非正义、不正常的舆论生态的。那些在媒体传播中以有失偏颇的强化偏见、不够客观的情感煽动、基于部分事实的价值判断等，都可归属于“后真相”的范畴。这些媒体传播所产生的负面影响，有时甚至远远超过客观事实对受众的影响，使受众给予主张和情绪上更多的关注，这就在很大程度上阻碍了受众对事件的客观判断。通俗来说，在这个“后真相时代”，真相虽然并没有被篡改，也没有被质疑，但是真相的地位变得极为次要。很多人对真相的渴望和信任大大降低，反而只相信感觉，只愿去听、去看自己想听和想看的东西。

以网络曾曝出的上海女逃离江西农村的新闻为例。该新闻一经传出，大多数受众并不真正关心事实的真相，便轻易给出自己的意见并大肆传播，即使最后该信息被证明为假新闻，仍有越来越多不明真相、不辨是非的意见充斥着舆论市场。微信公众号上咪蒙的一篇文章《什么门当户对，不就是爱得不够》，引发了无数都市男女的关注和热

① 张轶楠．论大众媒介对公共空间的建构 [J]. 现代传播，2010（12）．

议。由此可见，受众在看新闻、读文章的同时，更深层次的需求是为了寻求情绪的共鸣与宣泄，而这些文章正恰逢其时地激发了受众内心深处的情感。

社交媒体正逐渐成为受众接收信息、浏览新闻的主要途径和来源，也使得“后真相”有了更多发展的空间。为了适应传播趋势及受众需求，越来越多新闻逐渐向碎片式转化，与此同时，越来越多内容失实的虚假新闻、轶事绯闻、反转新闻开始大面积传播。而那些社交媒体里占据话语主动权的意见领袖们，为了蹭上热点，很多时候也并不在意事实真相究竟如何。他们没有时间去探究与调查，而是给那些无病呻吟的心灵鸡汤和思想浅薄的平庸观点贴上受众感兴趣的标签，以便将其打造成为爆款媒体产品。与“快餐式”的新闻消费相比，获知真相的新闻成本太高，它涉及时间投入、获取途径、经济因素、理解力和接受心理等诸多方面，既需要大量的材料，还需要剥茧抽丝般的层层考察、深度思考和理性分析。《南方周末》曾评论说：情感太多，事实已经不够用了。对于真相，人们早已失去了耐性。因此，立场和情绪渐渐取代了真相，即使出现了与自己立场和情绪截然相悖的证据，人们也倾向于抵触和无视这些信息。正如白岩松所说，新闻界的一大隐忧是“炒菜的人越来越多，而种地产好粮食的却在减少”。

“从 2006 年开始，整个中国的文化社会进入了草根文化时代。”[①]越来越多民间高手、素人手艺、百姓活动逐渐进入大众的视野，人们开始被贴近生活的草根文化所吸引。可以说草根文化的兴起，打破了唯权威和精英至上的片面关注，更加接地气地鼓励每一位社会公民融入社会、展现自我，而这才是一个良性的社会文化环境所应该具有的包容与开放。正因如此，民众只有对于公共事务的参与需求得到充分

① 徐帆．“群口时代”背景下的公共话语空间建构——《一虎一席谈》周年节目论坛述评 [J]. 现代传播，2007（3）．

满足，才能以更加积极热情的社会人的身份融入社会公共事务之中。电视媒介作为一种公开的传播手段与途径，也应当致力于构建一个公众可以自由表达观点的公共意见的信息平台。

凤凰卫视的《一虎一席谈》可以说是一个较为成功的范本。栏目在选择议题时总是聚焦公共利益，每期话题都会以公开征集的方式确定。节目在充分调研受众所关注和感兴趣的内容基础上，最终确定每期节目的选题及策划方向。通常情况下，有着多元价值判断标准、能够引发多方讨论的社会热点是《一虎一席谈》节目选择的话题标准。这样的话题选择使得观众更易于参与节目，也更利于在讨论中达成共识。在节目现场，观众与嘉宾共同讨论问题，现场的几乎每个人都可以发表自己独特的观点和看法。因此，观众从被动的信息接收者，转变成主动分享、有权发声、提出建议的参与者。在公共事务中，他们不再是旁观者 / 旁听者的身份，而成为更加积极主动维系社会和谐、共同解决社会问题的主人翁。正是通过这种形式，才真正构建起了一个媒体创造的公共话语空间。同时在节目中，主持人、嘉宾和观众以辩论的形式展开激烈讨论，每个人都可以针对话题说出自己的真知灼见或一己之见，对他人观点的质疑和不同意见也可以随时提出。参与者在针锋相对的话语讨论中各抒己见，在唇枪舌剑的思考辩论中激发活力，最终他们在一定程度上达成共识，形成公共舆论。

第三节　社会风气：电视对舆论时尚的引导

电视节目内容丰富多彩、包罗万象，甚至于几乎任何思想、文化和艺术形式都可以通过声音和图像进行电视化改造和传播。受众对电视媒体有着各异的收视需求，但基本的诉求无非两点：信息资讯和休闲娱乐。通过满足这两大基本诉求，电视可以有效实现对社会舆论与时尚的引导。

甘惜分在主编的《新闻大辞典》中认为：舆论，是由特定的社会事件或社会问题引发的，无数个人意志相互作用、融合，最终形成统一意志的过程。[①] 舆论与社会公共事务密切相关。所谓社会公共事务，显然是个覆盖面极广的概念，只要是与社会上不同范围内相对多数人的共同利益相关的，都可包括在内，小到行人乱穿马路、公共场所违规吸烟，大到反腐倡廉、民族矛盾、经济危机、贸易摩擦、国家冲突都可定义为公共事务。由于各自之间不同的价值取向和利益出发点，即便面对同一个问题，民众与政府的态度也可能会大相径庭，社会各界群体间的意见更是可能存在各种各样的分歧与矛盾。若想达到一种相对平稳的社会状态，就应该最大程度保持政府国家与社会各界在对待同一重大公共问题时，意见能够最大化统一，取得最大公约数。

一、电视媒体对舆论的引导

电视媒体若要实现引导公众舆论的功能，必须具有传播力和公信力，即有相当数量的受众能够看到并愿意相信电视节目所呈现的内容和所表达的观点。“电视媒体公信力的达成，有赖于其长期站在民众的立场上，为大多数人的利益说话，为受众展现出一个相对全面真实的社会现状。”[②] 一家电视媒体只有具备了较高的公信力，才能把正确的、适合的、有价值的观点有效地传达给受众，并最终形成舆论。公信力是大众媒体安身立命的根本所在，需要长期培养、用心维护，很难一蹴而就。

---

① 李良荣 . 新闻学概论 [M]. 上海：复旦大学出版社，2001：47.

② 朱春阳，杨旭伟 . 电视媒体如何提高舆论引导能力——以舆论监督为分析视角 [J]. 电视研究，2010（7）.

舆论的有效引导离不开大众媒体的议程设置。虽然议程设置大多只停留在媒体传播效果的最初阶段即认知阶段，而舆论的形成却在传播效果的第二阶段即态度阶段，但媒体的议程设置功能对大众舆论意见的形成仍然具有至关重要的作用。受众的认知影响受众的态度，受众对某一新闻事件的接收理解，自然会影响他们对于这一新闻事件的看法。如果媒体能抓住受众最关心的利益点和最热门的话题，主动地设置议程，让受众在不知不觉中把自己心中的“议程”与媒体所设置的“议程”相对应起来，那么媒体才有可能引导受众的舆论走向。

电视媒体有着强大的舆论影响力，它必须要经得起人们的推敲、挑剔甚至质疑。这就给电视媒体提出了很高的要求：既不能一味地大唱赞歌、歌功颂德，也不能在遇到敏感问题时回避争议、集体失语，甚至通过其他方式转移公众的关注点，从而放弃媒体基本的舆论监督职责。电视媒体与社会舆论关系密切，概而言之，它可以充分反映舆论、引发舆论和引导舆论。

1. 反映舆论

公开表达对于舆论来说，既是必要条件，又是最后形成的标志。而公开表达必须借助一定的媒介，这就使得媒体从最单纯的表达渠道逐步“晋升”到公众代言人的位置，即“拟态公众”①。一档优秀的电视节目，应该以公共利益相关程度最大化为选题标准，重点关注普通百姓聚焦的热点问题，以此为议题进行深入报道和探讨。电视节目应基于大量真实存在的事实信息，在表达中力求公正、客观、严谨、平衡，充分满足各个利益群体的核心诉求。此外，电视从业者应及时、有效地把握舆论导向及价值取向，让事件全貌和多方声音得以真实呈现，切实规避那些偏私、非理性的不公正言论肆意蔓延，以免对社会

---

① 李良荣. 新闻学概论 [M]. 上海：复旦大学出版社，2001：53.

及民众产生不良影响。

以各省级电视台为例，无论其上星频道定位如何，基本上都办有冠以其行政区划名称的类似《新闻联播》的时政新闻类栏目。这类新闻栏目，大多直接传播着同级党和政府的声音，地位非常重要，因此要牢牢把握正确的舆论导向，坚持团结稳定，打好主动仗，掌握主方针，弘扬主旋律，确保主流舆论占上风。同时要不断提高新闻报道水平，提升传播艺术和技巧，使节目内容更具吸引力，更好地反映舆论生态。

2. 引发舆论

若追根溯源，舆论的源头很多时候都是由大众媒体所设置的议题而来的，也就是节目内容涉及跟公众生活密切相关的公共性事物所引发的舆论。这是各大媒体长期用来影响舆论走向、掌控舆论天平的重要方式之一。电视媒体作为传播报道公共事务的窗口，应该为公众知晓信息、表达意见、寻求帮助等需求提供平台，更应该给予社会弱势群体更多关心与帮助。例如偏远农村民生发展情况、大学生毕业就业态势、进城务工人员子女福利保障等问题，都是电视媒体应该着力让大众知晓的重要信息。以导向鲜明正确、态度积极向上的电视内容引发舆论，既实现其作为传播平台有效引导社会价值走向的媒介属性，同时深入大众现实生活，在高屋建瓴的精神方向指引的同时，设身处地地从人民生活出发，彰显浓厚的人文主义情怀。

新闻类节目是实现电视媒体舆论引发功能最为根本也最为直接的载体。由于民生新闻的贴近性和实用性，受众十分广泛，其舆论引发的作用就更加突出，需要予以高度重视。综艺节目和电视剧也有着强大的引发舆论的功能。《非诚勿扰》中马诺的“宁可在宝马车里哭，也不在自行车上笑”就曾引发了全社会关于爱情婚姻标准的大讨论，电视剧《都挺好》更是引发了亿万受众关于原生家庭的街谈巷议。

3. 引导舆论

这种引导主要体现在两个方面：一方面，通过海量传播的信息流，用新闻报道等形式为大众构建起现代信息的流通环境，提升人们的认知能力，继而引导舆论的风向；另一方面，新闻媒体通过报道中潜在的态度倾向，直接或间接引导公众意见，或以更为直接的新闻评论等方式进行评价，清晰表述观点与立场。对于前者，电视媒体的主要作用在于，能够为大众构建区别于“主观现实”和“客观现实”的“拟态环境”。通过持续的信息流，让受众主动聚焦信息点，从而引发讨论，形成主流意见和舆论。对于后者，电视媒体借鉴“沉默的螺旋”理论，用直接的新闻评论，表达适当的立场，而不是通过信息的积累传达隐晦的思想。

以北京“7·21”特大暴雨舆情事件为例，足以洞察新闻节目对舆情的引导。2012 年 7 月 21 日至 22 日，北京地区遭遇 61 年来最强暴雨及洪涝灾害，城市内涝严重，民房多处倒塌。从舆情的变化来看，主要经历了三个阶段。第一阶段：正常的灾情和救灾报道。在暴雨和内涝灾害初期，新闻媒体的报道内容主要集中在各地区灾情如何和救灾进展上，报道观点基本中立，分析较为客观。第二阶段：质疑和批评此起彼伏。在灾情发生后，由于个别政府部门发声不及时，或为推卸责任错误发声，导致媒体中出现的批评和质疑北京市基础设施排水能力的声音不绝于耳。其中包括预警信息不及时、市政建设短视甚至报道死亡人数不实等信息，各种负面评价充斥在网络和现实舆论中。第三阶段：转移报道重点，舆论温暖人心。因网络和现实中负面声音众多，政府及媒体加强信息公开，转移报道重点，由报道那些质疑北京市基础设施的排水能力等内容，转而报道受灾群众相互帮助的温暖事迹，让受众感受到救灾过程中的温暖，舆论批评逐渐减少，相互点赞的声音和举动不断增加，舆论大潮由此逐渐平复，舆论引导效果良好。

在这一事件中，新闻媒体报道方向的选择，对舆论的影响巨大。但同样的舆论引导方法，可能会因时间和事件等因素的细微差别，而产生截然不同的效果。长江客船翻沉事件与北京“7·21”特大暴雨事件存在一定相似之处，当地宣传主管部门企图采用同样的方法应对舆情危机，报道重点虽然由灾情、问责向救援进行转移，但起到的效果却微乎其微甚至适得其反，引发受众强烈的不满情绪，纷纷发出“为什么不报道灾情”“为何不问责”等质疑。由此可见，何时引导、如何引导等舆论引导策略，在每一次新闻实践中都会有所不同，需要分别对待，至今尚没有屡试不爽的金科玉律可遵循。

舆论引导，是指通过舆论的价值取向去影响人们的思考、意识及态度，从而改变并规范人们的行为。舆论监督，是指公众和媒体通过自由言论和公开评议对事关国计民生的公共议题进行监督与批评，以规范职能机构与相关人员的行为，以期杜绝社会不正之风和腐败现象的滋生蔓延。舆论引导和舆论监督，两者密不可分。舆论监督是媒体保持客观公正最广泛、最直接的形式，其最终目的是为了促进工作顺利开展，创造良好的生产和生活环境，而并不是哗众取宠或者刻意抹黑社会。电视媒体在实施舆论监督时，一定要把握好大局，不仅要敢于批评，还要善于批评。电视新闻的可视性，能够使被批评者直接在屏幕上曝光，因此更要谨慎对待，把握好分寸与尺度。记者在采访调查时，要保证客观公正，对批评事实必须要认真调查，反复核对。

舆论引导通常以积极正面的报道为主，而舆论监督则多以否定的批评揭露为主。从表面来看，二者似乎南辕北辙又相互矛盾，而若深究本质，其最终诉求却是高度一致的。准确理性、客观公正的舆论监督，不仅能够揭示出社会发展中所遭遇的问题，更能够为公众作出积极的引导，为问题的合理解决提供良好的舆论氛围。无论在任何环境下，中国的电视媒体都应该以正面的舆论引导为基础，牢固树立坚定的政治意识、大局意识和责任意识。坚持以正面引导为主，不但不意味着弱化反而更需要强化舆论监督的功能。二者之间既有密切关联又有显著不同，是辩证的统一，都是媒体舆论建设中不可或缺的重要方面。

二、电视媒体对时尚的塑造

时尚作为一种文化存在，几乎无时无刻不在影响着我们的生活。时尚离不开传播，没有传播就无所谓时尚。因此，从本质上来讲，时尚是传播的过程、现象和结果。①

时尚，就是“时”与“尚”的语义联合体。时，即时下或当下；尚，则有推崇、崇尚之意。因此所谓时尚，就是被某一特定的群体在某一特定的时期内所推崇的思想观念、行为方式或文化产品。宋代学者余文豹在《吹剑四录》中说道：“夫道学者，学士大夫所当讲明，岂以时尚为兴废。”清代学者钱泳也曾在《履园丛话·艺能·成衣》中记载：“今之成衣者，辄以旧衣定尺寸，以新样为时尚，不知短长之理。”这两处的时尚，与今日的词义几乎一致。英语中的时尚一词，被普遍认可的是fashion。在不同的语境中，我们有时也可以用诸如vogue（时尚，时髦，流行）、mode（时尚，风格，方式，模式）、style（风格，时尚，样式，类型）、fad（时尚，一时的爱好，一时流行的狂热）和trend（趋势，倾向，走向）等单词来诠释时尚。现代法语中，mode一词既为阳性名词，又为阴性名词，前者表示行为方法或方式，后者表示生活方式和品味，同时也表示时装和流行文化产品。

也许在远古时代某个寒冷的冬天，一位女子把兽皮披在身上御

---

① 孔令顺．时尚传播：身份的体认与学科的拓展[J]．现代传播，2016（12）．

寒，于是服装诞生了；在某个明媚的春日，一位男子把作为战利品的兽骨串起来挂在脖子上炫耀，于是饰品出现了。其他族人在认同于这些兽皮和兽骨的实用性或装饰性功能后，也纷纷效仿，服装和饰品开始流行，并逐渐演变为时尚。法国符号学家罗兰·巴特认为，服装是时尚的物质基础，然而时尚本身却是一个文化性质上的意义体系。随着人类社会的发展，时尚也早已超越了服饰的藩篱而不断延伸到人们生活的多维层面，包括品位格调、精神理念，甚至道德标准，因此从这一角度来看，广义的时尚比服饰的外延要宽泛很多，而狭义的时尚有时则仅仅指涉服饰，比如法国时尚学院（IFM）和巴黎HEC商学院就将时尚定义为“时装”。

流行与时尚密不可分：fashion一词就兼具流行和时尚的双重含义，在西方世界常常混用。一般说来，流行是时尚的必要条件，而时尚是流行的必然结果。一种思想观念或者一件文化产品，要想引领时尚，就必须借助媒介的力量才能真正流行传播开来。但是，正如德国社会学家西美尔在其《时尚的哲学》中所说：时尚是具有阶级性的，“一旦一种时尚被广泛地接受，我们就不再把它叫作时尚了；一件起先只是少数人做的事变成大多数人都去做的事，例如某些衣服的式样或社会行为开始只是少数人的前卫行为但立即为大多数人所跟从，这件事就不再是时尚了”[①]。因此，流行有时又被视为大众化和廉价货的代名词，似乎与真正的时尚相去甚远。香奈儿、玛莎拉蒂等时尚奢侈品，恐怕永远也不会在普通市民中普及流行开来。这些高档奢侈品，既是区分群体的门槛，又是吸引潜在客户加入群体的标志。奢侈品牌着力于树立自身高端形象，凸显品牌拥有者的社会地位，很大程度上更像是为品牌用户培养观众和粉丝。

---

① 西美尔．时尚的哲学[M]．费勇，译．北京：文化艺术出版社，2001：77.

传播永远都是一柄双刃剑，健康的时尚传播可以促进人类文明的良性发展，而畸形的时尚传播可能就会带来诸多社会问题。史载唐代永隆年间，“自安乐公主作毛裙，百官之家多效之。江岭奇禽异兽毛羽，采之殆尽。其穷奢极欲如此……风尚即成，群起仿效，而有力不赡者，则诈伪起焉”[①]。长期以来，由时尚传播所导致的诸如环境破坏、资源浪费等问题普遍存在，而又屡禁不绝。反皮草运动、拒绝食用鱼翅、抵制象牙制品等活动，就给许多曾经代表高贵奢华的生活时尚贴上了负面标签，并将人们的视线引向社会道德、环境保护等领域，甚至促成一些国家和地区相关法律制度的逐步完善。因此在媒介日益繁盛的现代社会，如何规避由于时尚传播所带来的负面影响，巧妙运用传播媒介进行公众时尚观念的引导显得越发重要而急迫，时尚传播任重而道远 。

无传播，不时尚。时尚从萌芽、发展、高潮直至消退，几乎每一步都离不开传播的力量。在人类历史的漫长岁月里，时尚只能通过人际传播和群体传播等相对简单的模式在特定的人群中小范围地进行。随着大众传媒时代的到来，尤其是移动互联网的普及，时尚传播的范围得以极大拓展，速度也大大提高。时尚的传播速度越快，在很大程度上意味着它的存在周期就越短，也就越需要不断创造出新的时尚来满足日益增长的文化需求。在社会多方力量的共谋下，大众时尚呈现出日新月异的格局：一方面，时尚是传播的过程和结果；而另一方面，传播也体现为对时尚的引领与创造。

1. 时尚是传播的过程与结果

模仿性和从众性是时尚传播的两大心理基础，也是时尚通过传播得以形成的内在动力机制。模仿论认为：人们是通过观察他人行动而

---

① 吕思勉 . 隋唐五代史 [M]. 北京：中国友谊出版公司，2009：695.

获取新的行为方式的。模仿是个人有意或无意地对某种外在刺激做出类似反应的行为方式。南京大学周晓虹教授根据时尚追随者的目的将模仿分为“虔诚性模仿”和“竞争性模仿”[①]。虔诚性模仿纯粹是出于对模仿对象的尊敬和崇拜，这主要存在于等级较为森严的传统社会；而竞争性模仿是为了追赶甚至超越被模仿对象的行为，更多地存在于大众追逐流行时尚的现代社会。当人们觉得一件服装饰品赏心悦目时，当人们觉得一种行为举止美好优雅时，当人们觉得某种言语方式风趣幽默时，可能就会自觉或不自觉地去模仿。当这种模仿被少数人认同并开始传播的时候，它就可能形成一种时尚。所谓上有好者，下必甚焉，历史上“环肥燕瘦”的审美标准，作为宫廷的时尚自然带动了民间百姓的模仿，一时之间全国上下趋之若鹜。从传播学的角度来看，在整个时尚传播的过程中，总有一些人充当着“意见领袖”的角色，这些人能敏锐地洞察到一些新气象，发现一些新事物，并且具有把这些新气象新事物进行传播的勇气和能力。这些意见领袖的个人认知和自觉传播使得大众对时尚的追逐成为可能。在过去媒体相对不发达的时代，时尚作为稀缺资源，总是带有某种神秘的色彩，与普通大众保持着适度距离。随着大众传媒的日渐繁盛，时尚变得不再陌生，并在一定范围内呈现出平民化倾向。众多时尚品牌纷纷放下身段，不再刻意维护矜持，甚至通过传媒，积极加入与大众的频繁互动中，时尚越来越向流行靠拢。进入互联网＋时代，时尚信息更是通过微博、微信等社交媒体得到快速传播，几乎时刻影响着时尚潮流的走向。

追赶时尚，并非都是一种自主自愿的行为，对于很多被动加入时尚潮流行列的普罗大众而言，从众心理是他们的主要心理机制。也就是说，人是群体性和社会性的动物，由于受到群体压力甚至社会舆论

---

① 周晓虹．模仿与从众：时尚流行的心理机制 [J]. 南京社会科学，1994（8）.

的影响，个人在自我的认知、判断和举止上需要表现出符合公众期待或多数人认可的行为方式。从众心理本质上是为了克服被孤立的恐惧感，从而试图在群体中寻找到安全感和归属感。当某种时尚在群体中开始流行，潮人们纷纷加入这个时尚潮流中时，很多人便会出于从众心理进行追随与模仿。只有这样他们才能寻找到内心的认同感和存在感，也才不会被视为“土气”或“落伍”，从而获得“使用与满足”。社会中的很多所谓时尚服饰或者流行语言大多如此，比如一度非常流行的尖头皮鞋，其实可能既不美观也不舒适，但大多时尚人士鞋橱里却几乎都会有一双；内涵极不文雅的“屌丝”“装逼”等语汇高频度地出现在自认为文青们的口中，似乎若不如此便“out”了，这有时也是一种无奈。这种出于从众心理而追逐时尚的现象，成为传播学中“沉默的螺旋”这一经典理论的生动注脚。在时尚传播的过程中，优势意见的压倒性存在导致了弱势意见越来越沉默。对于时尚的追随者而言，要么落伍，要么效仿。落伍是他们心理上无法接受的，而效仿必然导致时尚的进一步传播蔓延，直至下一轮时尚的到来。

2. 传播是对时尚的追逐与创造

作为社会这艘航船瞭望者的大众传播媒介，其主要职责和使命便是及时准确地反映现实社会的种种变化与趋势，因此对作为文化重要构成的时尚进行报道便是分内之事，而传媒影响受众的基本手段也在于树立榜样来促使人们模仿。通过形形色色的时尚传播，广大受众感知着社会时尚的脉动，与大众文化的嬗变保持着同步，甚至实现“环球同此凉热”的共振：比如全球同一时间上映同一部电影，发行同一部书籍，开售 iPhone 的第 N 代产品，等等。法国社会心理学家古斯塔夫·勒庞认为：“群体通常总是处在一种期待注意的状态中，因此很容易受人暗示。最初的提示，通过相互传染的过程，会很快进入群体中所有人的头脑，群体感情的一致倾向会立刻变成一个既成事实。”[①] 群体认知转变为群体行动，群体共识提供了传播的受众基础，时尚由此形成。

从大约 2015 年的春天开始，“头上长草”的发卡开始在民间流行，并迅速蔓延全国各地，甚至成为时尚国民的“卖萌神器”。不仅国内媒体追逐并加速了这一时尚，就连众多国外媒体也争先恐后地予以报道和解读。美国《华尔街日报》认为：“中国的本土时尚常常令人无法理解，比如无镜片眼镜和自拍杆，这股新潮流亦是如此。”作为低语境文化的美国媒体自然很难理解这一时尚潮流，但在中国，“结草”的习俗却是古已有之，且内涵丰富的。《左传》中最早记录了“结草报恩”的典故：春秋秦晋交战时，晋国一老人为报魏颗救女之恩，用草结成的绳子绊倒秦国大将杜回，使晋军大获全胜。在后世的小说戏曲中，孝顺的儿女头上佩戴小草以卖身养父或葬父，也是报恩意义的演化。当然，现代人佩戴长草的发卡肯定不是为了卖身，而是彰显了时尚的文化内涵——“萌”文化。在微博博主“伟大的安妮”绘制的青春漫画《安妮与王小明》中，每当男主角王小明说一些萌萌的话时，头上便会长出小草，这正好符合中国汉字“明”头上长草是为“萌”字的含义，甚至有人据此演绎出十月十日为“卖萌日”。由此可见，一个民族特有的文化传统很大程度上影响和决定着时尚的内容与形式，而现代的传播方式无疑加剧并改良了时尚的基因与元素。

在过去，上层社会会努力与下层社会通过外在的方式区分开来。因此，当下层社会开始追逐他们所创造的时尚的时候，上层社会就会主动抛弃他们已有的时尚，重新创造新的时尚。时尚是社会阶层和群体分野的主要标志，它有着既使原有的社会各界和谐共处，又使他们相互分离的双重作用。社会群体的聚集和形成实际上是一个认同感不

---

① 勒庞．乌合之众——大众心理研究 [M]．冯克利，译．北京：中央编译出版社，2015：16.

断清晰和加强的过程。随着工业化时代和商品社会的到来，大规模时尚产品的生产和流通成为可能，时尚更新换代的速度越来越快，人们越来越难以表达自己的个性。尽管时尚还是由少数人创造并主导的，但大众也已经慢慢开始加入制造时尚的行列中，传播媒介在其中起到了推波助澜的作用。

媒体不仅追逐着时尚，很大程度上也在制造着时尚。心理医生研究发现，时尚媒体对青少年的自我认同有着决定性的影响。在对13—17岁的女孩调查后发现，大约41%的女孩说她们节食的想法来自时尚媒体。城市人群尤其是青少年求新求异、追求时尚和流行的心理特点，决定了他们最容易成为受到时尚潮流影响的人群。好莱坞影星奥黛莉·赫本，是数以万计的女人心目中的偶像。她的黑色短发改变了好莱坞只爱“金发碧眼”的历史，也在很大程度上创造了新的时尚。收视率高的青春偶像剧，更容易让观众投入感情因素而爱屋及乌，剧中人物的衣着打扮和言谈举止，都会引发年轻观众的追随热捧。20世纪80年代，中国的很多时尚服饰皆与影视剧有关，如《大西洋底来的人》中麦克的蛤蟆镜、《上海滩》中许文强的白围巾、《红衣少女》中安然的红裙子，等等，都曾经风靡一时。媒体对时尚的创造魔力由此可见一斑。也正是因此，当下的许多时尚类产品青睐于植入性广告，精明的商家会及时推出“影视同款”，甚至直接出现了《女神的新衣》样态的时尚娱乐节目，时尚与传播实现了良性的互动。美国电视剧《欲望都市》批判性地展现了一群收入不高却不顾一切盲目追逐高档时装的女孩，充满讽刺意味的是，这部电视剧又反过来加剧了这种时尚消费理念的传播。

三、类型剧解读：都市婚恋电视剧与社会风气的互动

都市婚恋剧作为我国电视剧市场中举足轻重的重要类型，每年的

生产规模都非常庞大。根据国家新闻出版广电总局关于国产电视剧发行许可情况的通告，从 2010 年至 2017 年，大陆都市婚恋剧发行许可剧目每年都在 100 部左右，占电视剧生产总量的 35% 以上。根据央视索福瑞的数据，随机抽取 2018 年 6 月 19 日电视剧收视率排行榜，在排名前十的电视剧中，有 4 部为都市婚恋剧。①

都市婚恋剧是以都市男女的婚恋故事为题材的电视剧，依照其主题内容可大致划分为三种亚类型：一是以浪漫青春婚恋为主要内容，以年轻的都市男女作为故事主人公，讲述男女主人公相识、相恋以及新婚过程中的啼笑因缘的故事，如《大好时光》《漂洋过海来看你》《小丈夫》《裸婚时代》《二胎时代》《辣妈正传》等；二是以中年婚姻危机为主要内容，反映中年婚姻冲突、“七年之痒”等柴米油盐的现实问题，如《让爱做主》《中年计划》《王贵与安娜》《结婚十年》等；三是以离婚纠葛、婚外情为主要内容，展现由家庭矛盾恶化、性格差异变化、婚外情等问题导致的社会离婚现状，如《中国式离婚》《半路夫妻》《前妻回家》《离婚潜规则》等。当然，这种区分只是相对而言的，大量的都市婚恋剧都是混合了多种主题类型，而只是以一种类型为主的。

都市婚恋剧除了具有一般电视剧的共性外，还在主题表达、人物设置、叙事策略等方面具有一些自身的独特性。除了内容题材外，正是这些独特性的存在建构了都市婚恋剧的类型化。在都市婚恋剧日益定型甚至于形成套路的类型化创作模式下，生产、传播和消费等过程的反类型化诉求也在不断提高。都市婚恋剧要想冲破固有模板，真正创作出有思想、有深度的优秀作品，亟须不断探索新的叙事角度和美学追求。王国维曾经论述道：“盖文体通行既久，染指遂多，自成习

① 孔令顺，朱琳．从都市婚恋剧看中国电视剧的类型化发展 [J]. 中国电视，2018（9）.

套。豪杰之士，亦难于其中自出新意，故遁而作他体，以自解脱。一切文体所以始盛终衰者，皆由于此。”由此可见，都市婚恋剧也同其他文体一样，处在永恒不断的运动中，旧体一旦演变为俗套，就很难表达新的思想感情，也就必然会被淘汰，此时新的艺术形式也就应运而生。

1. 情节的突破与张力

同一类型的电视剧通常有着相似的故事情节和发展逻辑，武侠剧中一定要有家仇国恨，年代剧里必定出现家族恩怨，仙侠剧中的千年宝物则是破解谜题的关键，谍战剧里往往身边的小角色却是隐藏最深的大人物，在都市婚恋剧里也一定要有三角恋情或夫妻反目的桥段。故事情节约定俗成，起承转合套路明确，意识形态符合主流，电视剧创作在类型化的指引下有效地满足了大多数观众的观看期待。但是，相似的故事情节泛滥，必然导致观众对了然于胸的情节套路失去持久的兴趣。他们希望能看到不同以往的、充满新意的故事，而电视剧的创作者也力图通过不断创新故事情节来稳定地留住观众。在接受美学中，这种既满足又超越“期待视野”的策略非常有效。在电视剧《漂洋过海来看你》中，苏芒为了不能生育的老公做了人工授精而怀孕，老公碍于面子与其离婚。孤身怀孕的苏芒在工作中认识了郑楚，郑楚真心待她，承诺照顾她和孩子。历经重重磨难，二人终于在一起，苏芒也意外发现，自己腹中孩子的爸爸竟然就是郑楚。该剧的故事情节直面当下社会现实中存在的单身妈妈、人工授精等话题，故事展开出人意料，与其他都市婚恋剧确有不同之处，同时又在情理之中，保有了爱情本身的温馨一面。故事情节设置悬念丛生，紧紧抓住了观众的眼球，让人感觉既熟悉又陌生。

2. 人物的立体与多元

“所谓类型化的人物，是指某一类型电视剧中的人物有着某种相似的外形、素质、身份、性格和经历，能够成为基本定型的、易于复制的模式化、标签化人物形象。”[①]类型化的人物便于观众从以往的观看经验中快速总结出其性格品质，也有助于电视剧对于正邪善恶主题的揭示。例如，古装剧里，对于美女的定义永远是肤若凝脂、眉目含情；抗战剧中，帽子歪带、一撇小胡子的角色一定是汉奸；都市婚恋剧中左右为难的丈夫和刁钻刻薄的婆婆的组合、“霸道总裁”和“傻白甜”的组合堪称人物标配。对人物进行类型化塑造便于观众快速把握人物性格和剧情走向，但是类型化形象泛滥，千人一面千调一腔，久而久之，这种“刻板印象”必定会引起观众的质疑和厌倦。因此，对人物进行反类型化塑造是必然之势，人物终将从扁平走向“圆形”。在电视剧《咱们结婚吧》中，黄海波扮演的果然工作体面、单身大龄、生活稳定，同时还怀揣着自由的摄影梦想，与杨桃相识相恋后终于步入婚姻殿堂。在传统印象里，果然的形象定位就算不是“高富帅”，也得是眉清目秀，至少男女主角站在一起要有赏心悦目的美感，以此才能迎合观众的审美需求。但是在这部剧中，果然的扮演者黄海波并不帅气的长相使他扮演的角色更符合现实生活，他就像你身边的一个邻居。这样的人物形象与生活现实更贴近，更加饱满而有温度。

3. 两性的平等与协商

随着社会的发展，刻板的男尊女卑观念逐渐得到了缓释和改变，婚姻家庭中主导话语权的界限也变得更为模糊，它表现为不再单一地由男性主导，而越来越过渡为两性的交流协商。女性得以更多发声，其意见也越来越得到另一半和大家庭的尊重。在电视剧《辣妈正传》中，夏冰是一个时尚爱美、工作体面的女白领，意外怀孕后不得已生下了孩子。婆婆要她辞掉工作在家专心带孩子，丈夫元宝劝说妈妈要一起尊重夏冰的真实想法，希望妈妈同意夏冰工作，同时他又给夏冰

---

① 杨洪涛．类型化与类型突破——新世纪国产剧创作的两个维度 [J]. 中国电视，2018：(2)．

买了心仪已久的包包作为礼物，支持她去工作。夏冰很感激元宝和婆婆对自己的理解，经过一番思考后决定先多带一段时间孩子以后再考虑工作的事情。如此，本来一件可能触发婆媳大战的事情，在老公合理的调解、妻子共同的理解下，最终做出了最好的折中选择。如此在家庭事务处理中，夫妻双方共同商讨的现象已越来越多地出现在我们的生活中，也更多地在都市婚恋剧中得到真实反映。

婚恋题材电视剧一直都是类型剧中的重要品种，由于其现实性与贴近性也深受受众们的欢迎。婚恋剧既取材于现实生活，又是对庸常生活的凝练与提升；既反映着社情民意，又在很大程度上塑造着婚恋的时尚，引导着社会的婚恋价值观，对家庭的和谐稳定与健康社会风气的形成都有着重要的建设作用。

第八章

媒体责任的实现：电视媒介生态的和谐

在生态学的相关理论中，生态系统是指在具体的时间和空间内，由生物群落及其所处的环境通过物质循环和能量交换共同形成的一个相互影响、相互作用并具有自调节功能的动态平衡整体。这一概念后来被引入社会学领域。社会生态和谐是人类发展到一定阶段的理想状态。早在中共中央制定的"十一五"规划中便明确表示，生态和谐是解决当前社会发展问题的基本目标和建设任务。21世纪的今天，科学技术迅猛发展，物质生产能力不断增强，我国正朝着更高级的社会形态——生态和谐社会稳步向前，而媒介生态的和谐是其中的重要构成。

媒介生态，就是媒介所参与构建也身处其中的一种生态系统。在该系统中，人、媒介、社会、自然这四者相互依存、相互作用。它在一定的时间与空间中，产生物质交换、能量流动和信息交流的行为，由此共同构成一个平衡的统一整体。媒介生态与自然生态一样，是一种动态的平衡，永远处于变化调整之中是它的基本特点。

生态系统的平衡，能够保证该系统内每一个组成部分的良性发展。人类作为该系统中的重要一环，也可以实现可持续发展。而媒介生态的平衡，则具体指在一定社会环境中媒介各个构成要素之间、各种媒介之间、媒介与其外部环境之间通过相互良性制约而达到的一种相对平衡的状态。与自然生态一样，媒介生态同样是一个有机整体。它涵盖了信息传播的整个过程，以及媒体所展现的产品形态、广告分配、人力资源、受众反应等多个方面。"各个部分相互联系，相辅相成，从而实现媒介生态系统保持平衡、平稳、平均。媒介生态的和谐，意味着媒介运作进入有条不紊的自动调节、合理控制的轨道。”[①] 现如今，我们生活在一个媒介化社会，各种媒介普遍渗透于人们日常生活的方方面面，因此媒介生态是否和谐，直接影响着人类的生活质量和国家的长治久安。

当今世界已进入媒介融合的时代，在互联网尤其是移动互联快速发展的冲击下，传统电视媒体也受到了巨大影响，新形势下的媒介生态正影响、改变着传统电视的生存发展。作为电视人，理应肩负起维护电视媒介生态和谐的重要责任与光荣使命，共同营造一个良好的电视媒介生态，这对于经济效益的提升以及和谐社会的建构都具有重大的意义。若要实现这一目标，树立怎样的电视观念，以及如何相应地提升电视传播艺术，就成为当前亟须思考与解决的重要问题。

第一节　坚守的方向：均衡多元文化

文化是一个内涵和外延都非常广泛的概念。文化作为一种强大的精神和制度力量，对于社会及个人的形塑与发展都起到了巨大的作用。随着社会进步和时代变化，在当今越发复杂多变的情势下，社会的逐渐转型和各种思潮的不断涌现使得文化的构成越来越呈现出多元化的特点和趋势。当然，作为社会文化诸多分支中的一个重要组成部分，电视文化也不例外。正如生态系统的平衡一样，电视文化的均衡同样至关重要。只有每一种文化都能够在丰富多彩的文化大舞台上展示出其应有的魅力，才能使我们上下五千年源远流长的文化焕发出蓬勃发展的生命力。电视文化其本身既是一个多元包容的集成，又是

① 邵培仁．论媒介生态系统的构成、规划与管理 [J]. 浙江师范大学学报，2008（2）．

媒介文化、社会文化等更大范畴的重要组成部分。电视媒介工作者要想实现电视媒介生态的和谐，从而承担起自身的责任，就必须要重视多元文化的均衡发展。这是文化产业背景下电视媒体责任担当的必然要求。

一、电视文化的均衡发展

1936 年 11 月 2 日，英国广播公司在伦敦以北的亚历山大宫正式播放电视节目，这被公认为世界电视事业的诞生。电视所呈现出的视听文化由此走进大众视野，带来了一场深刻的媒介革命。相较于传统媒体，电视具备着声像同步的突出优势，即使受众不具备文字识读能力，依然可以通过电视所呈现的画面与声音轻松接收信息，因此电视的本质应当属于大众文化。此外，由于电视所特有的综合属性，它可以承载的文化形式是多种多样、不受限制的，主流文化、精英文化、通俗文化，甚至是小众边缘文化都可以在电视上展现，人类文化进入电视化的时代。与此同时，恰到好处的声音以及丰富多彩的画面使电视具有极强的感染力，受众在其中收获了一种“我就在”的现场感和“我就是”的参与感，可见，电视拥有远远强于报纸、广播等媒介的传播效果。这自然让人们对电视的期待和重视程度不断提升，对电视所承载的文化品质也给予更高的要求。一代又一代电视人在传承与创新中将电视文化传播至千家万户，改变着社会文化生态。但随着近些年互联网媒体的迅猛发展，越来越多受众开始改变信息和娱乐的接收方式，从电视荧屏逐渐转向网络平台，多屏时代的开启使电视媒介受到强烈的冲击和影响。因此，传统电视媒体迫切需要顺应当前媒介发展趋势，客观分析受众心理变化所产生的新需求，重新定位新时代电视文化的方向与任务。

从总体来说，受众对电视文化的审美期待大致可以分为两类，即我们通常所说的“雅”和“俗”。所谓“雅”，指的是一种更具有知识性和艺术性的文化品格，而“俗”，则是指一种更为注重娱乐性和消遣性的文化品格。电视文化若想明确自身定位，就要从这两者之间找到一个合理的立足点和平衡点。追求快乐是人类的本能。随着社会节奏的加快和生活压力的增加，人们越发期待通过各种娱乐节目放松身心。相较于其他节目类型，娱乐性的电视节目凭借着较为纯粹的游戏性、消遣性和大众性，更易被大众认可与接收，电视台也借此获得了丰厚的经济效益。然而，当爆发式增长的娱乐性节目日渐充斥电视荧屏，它在使大众得到愉悦与释放的同时，也产生了诸多不容回避的问题。部分电视媒体陷入以“娱乐为王”的旋涡中，一味地追求节目的娱乐性而流于浅薄与低俗。其后果，正如尼尔·波兹曼在《娱乐至死》一书中所批判的：娱乐至死的舞台带来了文化精神的枯萎。人们在过度娱乐信息的包围下开始只注重获得感官上的刺激，逐渐成为麻痹而“娱乐至死”的物种。

随着对这一问题认知和反思的不断加深，以及受众对于文化性、知识性内容的深层需求，人们开始呼唤电视文化的提升。“电视当然是娱乐的，也必须是娱乐的，但是这种娱乐不是拒绝责任的无为嬉戏，而应该是潜藏着必要建设力量的娱乐。”[①] 一方面，人们在结束了一天辛苦的工作和学习之后，显然是更希望获得一些无压力的放松和娱乐的。人们有权在业余时间、在私人场所、在不危害他人利益的前提下寻求暂时的精神释放和心灵愉悦，因此纯粹娱乐性、感官刺激强烈的休闲娱乐性电视节目占据了更大的市场优势。同时，公众的整体水平和电视媒介的本体属性也决定了电视文化在总体上是趋俗的大众化基本走势。但另一方面，媒介本身还应具备社会公器的重要职责，

① 孔令顺．电视该怎样娱乐 [J]. 青年记者，2014（4）.

担负着使社会更加公平公正和提升大众精神文化水平的社会责任。加之在受众中也的确存在一部分人渴望看到具有知识性和精神引领的高水平节目，因此提供文化服务、传播知识、提升公众素养也是电视媒体的职责所在。此外，我们也不得不承认，作为电视观众，我们无法根据个人意愿自主选择节目顺序，更多地只能是被动接收大量信息，但也因此收获到了不少在平时学习和生活中从未接触，甚至被忽略的重要资讯。例如电视新闻节目在进行航天成果的报道时，相关知识的扩展就会使对此方面一无所知或不甚感兴趣的观众偶然地适当了解一下这部分的知识，这种无意注意和无心所得反而可以实现电视更大广度和更深层次的文化传播。由此可见，充分发挥电视媒体的文化性、知识性传播功能不仅可以提升节目质量，同时也可增强民众整体的文化素养，这是彰显电视文化意义的重要一环。总而言之，对于电视文化来说，娱乐性与文化性，“雅”与“俗”，就像是硬币的正反面一样，二者缺一不可，都为观众所真正需要。这就好比我们的餐桌前坐着两批口味截然不同的客人，一部分人喜欢娱乐性更强的精神食粮，另一部分则倾向于更具有知识性的精神食粮。二者都有其合理性，我们很难简单地厚此薄彼。面对这样两种似乎很难兼容的需求，电视人应该从多角度、多方面对电视大餐和自助餐进行创新与改良。

1. 雅俗共赏

长期以来，电视人一直致力于去烹饪一桌足以同时满足所有电视客人口味的美味佳肴，也就是尽量让电视文化做到雅俗共赏、老少皆宜。对于电视节目的制作机构来说，相对通俗性的节目可以通过增加知识量等方式把节目适度雅化，而相对高雅的节目也大可不必故作深沉，节目也不妨做得更有可视性，并可适当地加大趣味性和娱乐性成分。①

① 孔令顺．论电视生态和谐的三个维度 [J]. 中国广播电视学刊，2013（4）．

所谓的雅俗共赏，“既具有阳春白雪式的高雅韵味和意蕴，又具有下里巴人式的语言和形象。换言之，节目具有通俗的形式和高雅的内涵”[①]。具体而言，一是指单一节目本身很好地实现了知识性和娱乐性的结合，从而让大多数观众都能够喜欢，早年的很多电视剧就很好地实现了这个目标，比如曾经造成万人空巷的电视剧《渴望》《上海滩》，以及四大名著改编的电视连续剧，等等；二是指作为节目集成的电视栏目、电视频道和电视台，较好地将知识性和娱乐性节目整合起来，呈现出一种内容多样、风格多元的面貌，比如曾经风靡一时的《综艺大观》《正大综艺》等综艺节目，以及作为国人春节文化正餐的《春节联欢晚会》。如果打个比方的话，前者像是一道道的菜品，后者像是一桌丰盛的菜肴。雅俗共赏是社会一定发展阶段的体现和要求，更是电视人和受众对于电视文化的一种美好愿景。

不妨以 2015 年收视居高不下的《琅琊榜》为例。这部电视剧较好地完成了雅俗共赏的目标，上至 80 高龄老人下至 8 岁孩童，从精英到草根都不乏拥趸，收获了范围极其广泛的受众群体，备受追捧与喜爱。它除了在电视平台热播外，在各大主流视频网站累计播放次数高达 35 亿，取得了惊人的收视成绩。该剧在内容和制作方面，可谓是雅俗共赏的典范。要说其“雅”：第一，在剧情上，故事的情节设置精巧，涵盖了历史、智谋、武侠、情感等多种元素，主人公虽疾病缠身，却以才智夺回了公平与正义；第二，在制作上，与剧情相呼应，该剧画面精良、构图讲究，每一帧都力求完美，几乎每一个场景都是取自中国山水画、人物画的意境，而在演员服装、道具等细节之处，节目组同样独具匠心，即便从非常专业的角度来看也无可挑剔；第三，剧中的人物对白，更是富有诗情画意，一词一句都经过反

① 孙克强．雅俗之辩 [M]．北京：北京华文出版社，1997：251.

复斟酌，简洁又不失优美，想要欣赏“雅”的观众，尽可以反复揣摩其中意蕴。而要说到“俗”的部分，《琅琊榜》也是毫不逊色，它准确把握住了当前受众逐渐缺乏耐心、更乐于接受短平快信息的转变。该剧的剧情绝不拖泥带水，节奏明快，跌宕起伏，看得观众欲罢不能、大呼过瘾。更有胡歌、刘涛、王凯、靳东等当红明星所组成的强大主演阵容吸引大众眼球，甚至有大量情节的设置迎合了当下正流行的“腐”文化。剧情安排和演员之间微妙的互动，让喜欢此类叙事作品的观众百看不厌，看剧的快感在这一部作品中得到了充分的释放和满足。《琅琊榜》制作上耗费逾亿元巨资，而创造的经济效益也大为可观。这部电视剧本是由同名网络小说改编而成的，由于电视剧的走红，小说又一次开始热卖。同时，除去在电视台、互联网以及海外的版权收益，其衍生产品所获收益也相当可观。《琅琊榜》已经形成了一个品牌，其同名网游和手游都受到了广大剧迷的追捧。同时，《琅琊榜 2》也已经在筹划当中，并受到了观众极大程度的关注和期待。正是通过《琅琊榜》《伪装者》和《欢乐颂》等精良制作，山东影视传媒集团也成为国内屈指可数的影视生产重镇，并获得了良好的口碑和品牌。

2. 雅俗分赏

如果不能做出一盘让所有受众都爱吃的菜肴，倒不如上一桌雅俗分赏的“满汉全席”“美食拼盘”，或者直接制作丰盛的自助餐，让所有人都能够各取所需、得到个性化满足。随着社会信息化程度的不断提高，受众的个性与需求呈现出明显的分众化甚至小众化趋势，“雅俗共赏”在很多时候已无法满足受众在欣赏趣味、文化追求等各方面的不同需求，而“雅俗分赏”成为解决该矛盾的相对有效的途径。不过也应该承认，雅俗共赏作为一种非常理想化的状态，在大多时候对于大多数节目都是不现实的。毕竟像《琅琊榜》这类成功的作品只是极少数的，因此雅俗分赏应该成为一种更为切实可行的方法。

浙江卫视将雅俗分赏的理念与节目设计完美结合，收获了一大批忠实粉丝。《奔跑吧兄弟》《娱乐梦工厂》《喜剧总动员》《来吧冠军》等各类综艺娱乐节目，形式多样、明星云集，充分满足了大众的休闲娱乐需求。但是与此同时，浙江卫视也没有就此停止脚步，在提供娱乐的同时，也制作出一批高品质的知识性文化类节目。比如每周一晚播出的《人文深呼吸》，其内容涉及历史、民俗、地理、名人等多种文化要素，既有文化讲坛也有视听呈现，着重讲述文化故事、传达人文精神，以极具人文内涵的品质俘获了有较高文化诉求的观众，坐拥大量粉丝。文化类纪录片《一本书一座城》，试图以一本书为视角切入一座城市，讲述这座城市的历史、人文和风俗等，用文学讲述城市故事，清雅俊逸，令人耳目一新。这部纪录片很高的"文化含量"来自强大的制作班底：导演是留美在读博士，海外制片是精通五国语言的留法在读博士、德国电影制作人，连助理也是留英、留法、留德的电影学院高才生，剪辑师是香港留英硕士。这样的豪华阵容，被网友称为"史上学历最高的纪录片制作幕后团队"。由于其出色的表现力，该节目被冠以人文版《十二道锋味》的美誉。除了这两部人文色彩浓厚的节目外，浙江卫视出品的《新闻深一度》《华少爱读书》《与卓越同行》等具人文色彩的文化类节目，也深受观众的喜爱。浙江卫视正是坚持这种雅俗分赏的理念，节目制作和编排才日趋丰富合理。浙江卫视的节目较好地兼容了"雅"和"俗"两种文化倾向，使不同受众群体得以满足对于电视文化的多元诉求，日渐成为行业中深入人心的品牌，拥有良好口碑和忠实用户。

从理论上来讲，雅俗分赏似乎可以更加合理地解决雅和俗这两种文化需求之间的深层矛盾，但在现行的制播体制、收视环境和残酷的市场竞争下，体现高雅文化的电视节目必将因其低收视率而难以生存。曾经做出过努力尝试的杨澜和其阳光卫视令人不禁唏嘘感慨。因此，要想使得电视节目合理良性地竞争发展，改变现行的节目播出制度和盈利模式势在必行，其实这也是真正实现频道专业化的根本前提。

二、媒介文化的均衡发展

随着媒介和通信技术的不断进步，报纸杂志、广播电视、移动互联，以及各种日新月异的新兴媒体共同组成了越发多元的媒介环境。在当今信息化的时代，人们早已不再局限于单一的媒介，而是广泛地通过各种媒介获取信息和娱乐休闲，而不同媒介也以其各异的特征在这一过程中扮演了不同的角色。正如麦克卢汉所说：媒介即人的延伸。任何媒介都不外乎是人的感觉和感官的扩展或延伸，因此媒介的不断发展实际上是在不断强化（AR）甚至是虚拟（VR）人类的感官能力，这是媒介的本质。在人类大众传媒的发展史上，报纸所强化的是人们的视觉感知，使人们可以看到更精彩的世界，而广播强化的是人们的听觉感知，使人们可以听到更丰富的声音。综合了这两者的优势，电视在强化了人类视觉的同时，也强化了人类的听觉，使人类既可以看到远处的画面也可以听到远处的声音。视觉、听觉相融合的传播特点使得电视这一媒介具有更为强大的感染力和传播力，所以在诞生后不过半个世纪的时间里，电视就迅速坐上了大众传播媒介的第一把交椅，把只能单方面延伸视觉或者听觉的报纸和广播远远地甩在了身后。可当互联网迅速崛起后，与当年的报纸、广播相似的命运也同样降临到了电视身上。互联网以其强大的突破时空限制的技术特性，再度延伸与强化了人的感官能力，让使用者足不出户便可以及时甚至即时了解世界上任何角落的事情，并可以频繁互动交流。与此同时，互联网的海量存储和非线性呈现几乎可以满足受众在任何时间观看任何节目的需求，这是节目需要进行编排并线性播出的传统电视所远不能及的。虽然截至 2018 年年底，全国电视人口综合覆盖率超过 99%，有线电视用户数达到3亿多，几乎对地域和人群实现了全面覆盖。但根据CNNIC第43次中国互联网络发展状况统计报告，截至2018年12月，我国网民规模达8.29亿，互联网普及率为59.6%；我国手机网民规模达8.17亿，网民通过手机接入互联网的比例高达98.6%。报告同时表明，当今人们已经养成了利用接入互联网的手机或者电脑观看影像的新习惯，电视的地位在逐步下降。

以中央电视台为例，每年的11月18日都是央视的广告招标会。这一广告资源的拍卖会几乎决定了央视收入的一大半，可谓举足轻重。历年来，央视的广告招标大会一直被视为“中国经济的晴雨表”，新一届“标王”也会迅速成为一个热议话题。然而在2015年11月18日招标的企业中，长安福特虽以3亿元成了新“标王”，但较之2013年以6.03亿成为“标王”的剑南春，这个数字缩水了足足一半。而最近几年广告招标的数字甚至成了秘不示人的“商业机密”，不禁令人产生诸多联想。这还仅是从电视的广告收益上来说，而就我们身边直接感受到的种种现象，比如电视的开机率逐年递减、电视的主要收视人群日益老龄化，等等，更是令人忧心。很多年轻人几乎不看电视，他们热衷于各种网剧、网综，甚至在选购新房、添置家具时，电视都不再是他们生活的必需品，而电脑、笔记本反倒成了必不可少的配置，越发高端的智能手机更是须臾不离左右且更新频繁。因此，无论从微观还是宏观角度来说，种种迹象都表明了电视这一曾经的媒介领头羊在今天的媒介格局中已不再占据主导地位。电视开机率的降低、收视率的下滑、广告收益的递减，都已经是不争的事实。

面对这样的严峻态势，不少电视人坐不住了，开始通过各种各样的手段和方法进行创新，甚至出现了一味照搬、模仿国外节目模式等不理智的行为。他们上下而求索，努力找寻着可能的出路，一心想要拯救衰颓的电视行业，试图让电视重回之前的巅峰地位。这种焦虑是真切而强大的，面对当下电视行业的困境，我们既不能固守陈规缺乏创新，但也没有必要过分悲观。任何事物都有其发展的规律和周期，有上升就有下降，有发展就有停滞，我们应该以历史的和理性的态度客观分析电视媒体的变化。按照麦克卢汉“媒介即人的延伸”这一经典判断，所有媒介产生的基础和最终目的都是为了延伸人的感官、拓展人的认知和方便人的生活，因此，媒介与媒介之间本就不存在绝对的高低优劣之分，只是对人的感官延伸的方向与范围有所不同而已，并由此形成了相应的功能定位。人类的永恒需求和媒介的发展趋势决定了它会继续对人的感知能力进行延伸，不断提高人类获取信息的能力。大约三十年前，在电视达到其巅峰状态的时候，曾有人预言电视终将完全取代报纸和广播，成为社会上唯一的大众媒介。然而现在，这种说法早已不攻自破，报纸和广播并没有消失，反而凭借它们自身特有的优势在擅长的领域里继续生存并发展着。如今，大部分城市家庭都有了属于自己的私家车，道路拥堵问题正日益困扰着人们，这恰恰为广播的发展开辟了一片新天地，方便人们在等待的途中进行伴随性收听，实现所谓“堵车不堵心”的温情陪伴。网络广播更是能够让听众接收到遥远地域的地方频率。笔者曾有过这样的经历，在美国小镇的湖边散步时，可以使用智能手机收听家乡的广播频率，真正感觉到地球村的息息相关。因此，所谓的电视即将被互联网所取代的这一说法也并不能成立。电视不会因为互联网的出现而消亡，正如报纸和广播一样，它只是要退回到它应有的位置上去，以它自身的特点和优势继续为人类提供服务。毕竟相对于小屏幕的手机、电脑，大屏幕的电视在视听觉效果上更为震撼也更为舒适，这是其显而易见也是很难轻易取代的优势。

所谓媒介文化，指的是在文化大系统中以媒介为中心而构成的社会亚文化系统。媒介是人类进行传播活动中必不可少的一环，没有介质，任何信息都无法完成由传者到受者的传播过程。麦克卢汉曾断言“媒介即讯息”，即高度强调了媒介的重要性。每个时代所使用的传播工具的性质及其所带来的社会变革就蕴含于媒介文化之中，通过媒介文化当然也就能够折射出社会发展的部分走向。按照形态载体的不同，我们可以把当代媒介文化大致分为口传文化、印刷文化和电子文化三类。电视文化只是复杂的媒介文化系统中的一个分支，因此我们在发挥其独特优势、强调其重要性的同时，也不能偏废媒介文化的均衡发展。在当今的信息化时代，人们需要通过各种大众媒介才能获取所需的信息和进行娱乐休闲，无论是报纸、广播、电视这些被称为传统媒体的大众媒介，还是日新月异的各种新兴媒体，在整个媒介文化的系统中，它们都依托于自身的资源和优势，扮演了不同的角色，发挥着各异的风采。媒介文化系统应该是一个有机的构成，包容万象，气象万千。电视媒体应当对自身有足够的自觉和自省，认清自己的优势和不足，充分扬长避短，从而做到准确定位，既担负起自身应有的责任，又不能过度自信，试图包揽所有媒体的职责。强调电视的媒体责任，不是为了让电视一家独大、唯我独尊，而是为了形成一个媒介文化均衡发展的良性格局。唯有这样才能使媒介生态更加和谐，从而帮助人们更好地认识世界、顺畅沟通。

三、社会文化的均衡发展

社会文化则是一个更大的生态系统，它包容着丰富多彩的文化内容和形式。“回望近百年人类文化的发展历史，大略可以认为是以影像语言为主体的影视文化的发展过程。在这一历程中，影视的视听语言文化逐步取代了文字语言文化的主体地位，在大众生活中起到越来越重要的作用。”[①] 究其主要原因，在于社会生活节奏的不断加快和技

① 孔令顺．影像：一个时代的文艺代表 [J]. 兰州学刊，2015（11）．

术的飞速发展，人们接触到越来越多的文化样式，使人们越来越缺乏足够的耐心，很难静下心来通过文字去系统地了解和学习，人们更倾向于通过动静结合的方式进行沟通和观察世界，那么音视频就成了最为理想的方式。若借用麦克卢汉的术语来说，毕竟文字属于相对费力的“冷媒介”，而影像属于相对轻松的“热媒介”。

显而易见，普通大众构成了我们这个社会的主体，电视媒体所应该服务的主要对象也就理所应当地定位为普通大众，因而普通大众所喜闻乐见的文化，自然也就成为社会文化的主体。可在任何时候，最能够吸引老百姓眼球的还是那些娱乐性强的俗文化。尽管我们不排除依然有部分受众还是希望得到高雅文化的熏陶，但是过分严肃呆板的节目形式和内容也总是会让他们觉得枯燥乏味。毕竟当人们在看电视时，所处的环境大都是日常、放松并且私人的，人们对于看电视的主要需求就是获取娱乐和消遣，更有追求一些的人才会希望能够同时获得一些零碎浅显的知识和信息。要想全面系统地去学习知识，书本和课堂显然是更明智更合适的选择。毋庸讳言，任何一个低级趣味的人都很难会有高级趣味，但是每一个自称趣味高级的人却都有着相当分量的低级趣味。这就出现了一个相当有趣的现象：但凡打开电视机的人，大多都会愿意接受那些可以满足自己较为轻松娱乐需求的“低级趣味”节目，尽管他们并不愿意公开承认。

面对这样一批诉求多元而又“心口不一”的观众，电视需要不断去创新节目形式、丰富节目内容，积极引导受众改变和调整其欣赏品位和需求，而绝不是通过一味地提供低俗文化来迎合谄媚他们。简单肤浅的纯粹娱乐节目可能在最初会受到大众短时间的追捧从而获得高收视率，但是很难持续受到欢迎，最终能够深入人心的还是那些既满足受众基本娱乐需求，节目形式生动有趣而内容又富有精神内涵的作品。在这方面，中央电视台推出的《中国诗词大会》等系列节目是相当值得称道的。不同于某些以明星自带流量吸引眼球的真人秀节目，央视一直以文化益智作为努力方向，先后相继推出了《中国汉字听写大会》《中国成语大会》《中国谜语大会》等几档节目，其制作思路都是将娱乐和知识巧妙结合，在保留相似竞赛形式的基础上，融入更多独特巧妙的创新构思，利用各式各样的游戏设计使得节目既有意义又有意思。总体而言，这几档节目都广受好评。《中国诗词大会》更是引发全民的收视和参与热情，甚至成为一时的文化时尚，令人尽赏中华古典诗词之美。该节目第四季于 2019 年 2 月 5 日即农历大年初一晚上播出。它在吸取了前三季经验和教训的基础上，制作更为精良，诗词内容进一步扩展，赛制也进一步优化，注重加入新媒体的互动参与，选手构成也愈显多样化与个性化。舞美设计更是让人眼前一亮，演播室的水舞台、大屏幕与诗词意境完美融合，在视觉画面上真正做到了诗中有画、画中有诗，令人赏心悦目。诚意的制作带来了节目的热播，主持人董卿圈粉无数，夺得第二季总冠军的年仅十六岁的中学生武亦姝和第三季总冠军的外卖小哥雷海为都成了网红，其经历更是非常励志。一时间，在生活中和朋友圈里经常见到有人分享诗词类挑战题目，更是有人玩起了“飞花令”。《中国诗词大会》的成功之处在于它唤醒了深藏人们心中的诗意，“完成了一次跨越千年、沟通古今、领略中华优秀传统文化魅力的精神之旅”[①]。这一系列原创文化类电视节目背后的社会心理机制在于，人们对中国文化中最精致典雅文字的神圣向往心理，如今虽然无奈浸淫于网络语汇之中，但仍心向往之。通过这种尝试，电视文化很好地整合了社会文化资源，不仅实现了电视节目的系列性开发，并与其他媒体形式密切合作形成媒体联动，微信上已经开发出了一系列的诗词竞赛类小程序，这在很大程度上参与了社会文化生态系统

① 《中国诗词大会》缘何热播 [N]. 光明日报，2017-2-17.

的建设。

董卿主持的另一档节目《朗读者》同样将趣味性和文化性完美结合。该节目以邀请各个阶层、各种身份的人朗读经典文章为主要形式，让大众在轻松观看节目的同时，赏析了中华五千年广泛流传的文学经典。该节目的受众范围极为广泛，从黄发小儿到垂髫老人。节目中选取的篇章也并不晦涩难懂，可以说是文化类节目创新的典范之作。“朗读亭”在全国雨后春笋般涌现，带动了全民读书和朗读的热情，延续着节目的文化使命。朗读亭的推出把一档电视栏目延伸为一个电视活动，成功打通了线上与线下的阻隔，走到每个热爱朗读者的身边，将一档荧屏时间非常有限的电视栏目转变为一场生活空间几乎无限的全民文化活动。

从社会的自然构成来看，当然不可能所有人都是文学家和艺术家，俗本来就是一种民众生活的常态。我们不能要求所有人都达到大雅的境界，太过高雅的内容也只会曲高和寡。然而，通俗并不等同于低俗和媚俗。近些年电视节目的品质一再下降，许多节目一味迎合受众，甚至通过低俗的言语、暴露的服装、出位的造型博取受众的眼球，久而久之，人们形成了一种思维定式，似乎一提到电视文化，就把它与低俗文化、快餐文化和娱乐文化画上了等号。许多文化精英已经对“弱智的中国电视”渐渐失望，转而把目光投向了报刊纸媒或是其他媒体。把这些流失了的精英观众拉回电视机前，既是电视文化的需要，也是电视产业的需求。因为这类人群的社会地位普遍较高，很大程度上代表着甚至掌握着时代前进的方向。同时，他们的经济地位更为优越，具有很强的消费力和购买力。他们的回归不仅能够带来电视台广告收益的提高，更重要的是能够对电视文化的走向产生积极的影响。

其实，就整体而言，电视节目目前的文化含量和水准还远远未达到它所能够而且应该承载的水平。江苏卫视真人秀节目《最强大脑》

的成功也正说明了我们的观众对于知识型、高品质节目的需要。这一节目试图通过脑力竞技的方式来探秘大脑天才们的神奇世界，并适当加入娱乐元素，采用高科技的舞美道具，运用明星元素的偶像效应，使娱乐和科学有机结合。通过艺术地编排与加工，提升了节目的故事性、趣味性和观赏性。《最强大脑》一经播出便好评如潮，刷新了人们对于明星综艺节目只有娱乐搞笑的刻板印象。不管是一直坚守文化品位的央视，还是省级卫视第一阵营的“江湖”（浙江卫视、江苏卫视和湖南卫视），在娱乐与文化的博弈中都较好地寻找到了平衡点和发力点，不仅有效地提升了电视媒体的品牌价值，实现了口碑与效益的双丰收，更在很大程度上改善着媒体文化的品质，促进了社会文化的和谐发展。这种成功告诉我们，“在越来越分众化的收视市场中，当下的受众不仅需要轻松浅显的娱乐，也需要有内涵的深度娱乐”[①]。这些文化类电视节目虽然没有轻松搞笑的情节和所谓的流量明星，却更能引发观众的深层思考。在越发快节奏的都市生活中，人们需要在放松休闲的同时，汲取丰富的人文内涵和精神价值，这应该是有文化担当的电视节目的发展目标与审美追求。

德国哲学家弗里德里希·席勒曾经认为游戏活动可以很大程度上提高人的精神能力，而当今时代电视的游戏娱乐节目也肩负着这样一种使命。从此意义上来讲，电视娱乐不是无谓的嬉戏，而是一种有力量、有建设性的精神活动。“一方面是公众口味的客观水平和电视媒介的本体属性决定了电视文化总体上趋俗的大众化基本走势；另一方面作为社会公器和文化平台的电视媒体，它又确实有着提升民众欣赏水准、丰富大众精神世界的责任。至少，电视应该为那些有着自我提升目标、希望看到知识性和高品质节目的观众提供他们想要看到的东

① 孔令顺．辨体与破体：文体流变视野下的当代影像 [J]. 现代传播，2015（8）.

西。”[①]清华大学尹鸿教授认为，电视“不仅要满足受众宣泄、松弛、好奇的娱乐性需要，它也要满足人们认识世界、参与社会、变革现实的创造性需要；它不仅要适应受众已经形成的主流电视观看经验和文化接受习惯，而且也要提供新鲜生动的前卫和边缘的文化经验以促进人文化接受水平和能力的不断提高”[②]。

第二节　坚守的基础：提升经济效益

计划经济时代，中国大多数电视台的主要任务是满足各级各类党政机关的宣传需要，这是一个电视节目“宣传品”的时代。时至今日，电视台作为事业性质、企业管理的进行独立经济核算的组织机构，不仅需要创作“宣传品”，还需要创作大量的“产品”和“商品”，同时需要兼顾社会文化的公共服务。虽然从本质上来讲，三者的基础是统一的，但在实践中，却往往遭遇形形色色的冲突和矛盾，需要很强的生存智慧进行平衡，而经济效益的提升是实现这些功能的重要基础。

一、两个效益本质上的统一

在大力发展文化产业的时代背景下，随着电视媒体转企改制的逐步深入，企业的逐利性也就开始释放出来。同时，随着国家财政拨款的逐渐削减以至于消失，而电视机构组织运营和内容生产的成本与日俱增，各级电视台也承受着越来越大的经济压力。正是这种生存困境

---

① 周军，孔令顺．论电视文化生态的和谐 [J]. 现代传播，2013（3）.

② 尹鸿．霸权与多元：新世纪电视文化随想 [J]. 电视研究，2000（1）.

使得不少电视人产生了深度的困惑和忧虑。他们认为经济利益的获取和电视媒介责任的承担是一种冲突，一旦电视选择了承担社会责任，就意味着必然要牺牲经济效益。毕竟从当今的形势来看，那些明星云集、娱乐倾向明显的电视节目显然更能吸引观众的注意力，当然也就能相应地获得更好的经济效益。

诚然，我们应该看到并理解当今电视媒体的艰难处境：一边是传媒机构市场化体制改革后同行间日益激烈的竞争，各家电视台为了抢占市场份额、争取观众而必须不断创新、优化节目内容及形式；一边是新媒体的迅速崛起，其更为强大的功能和对时间、空间环境的突破使得用户量激增、用户黏性增大。在这种情况下，不少电视人认为远水已经救不了近火，与其再花费大量时间、精力去研制新节目，还不如索性遵从市场潜规则，放大尺度制作并播出一些粗糙低俗的节目，反倒能获得更快更高的经济利益，何乐而不为？事实上，确实有不少电视机构盲目追求收视率，他们不顾节目的内容和主旨，不加区分地一概迎合某些受众的极端趣味，尤其是一些人性中最为阴暗隐蔽的窥私欲和猎奇心理等低级庸俗欲求，费尽心思地往最低俗搞笑的娱乐形式上靠近。这种想法和做法显然是一种极为危险的饮鸩止渴行为，在短时间内也许会提高节目收视率，增加经济收入，但最终将危害受众和社会，更不利于自身电视媒体公信力、权威性的树立。

我们理解当前中国电视媒体正处于白热化的市场竞争中，生存的压力不断逼迫他们向收视率靠近以至于投降，我们也理解制造这种景观的幕后，隐藏着若干个利益集体的诉求和愿望，但是我们也不得不正视，电视媒体的把关人对自己所操控的媒体是不是有清晰而自觉的文化理念，对自身电视文化建构的责任使命和追求是不是足够理性而自觉，我们应当看到在传媒发展史、在艺术发展史上，先进与落后，正义与非正义，真与假，善与恶，美与丑，责任与利益，始终处于一个从斗争冲突走向和谐的循环往复的过程，尤其是在媒体自身的现实物质利益、经济利益和其所承担的文化责任、文化使命之间，冲突与和谐的交替从来没有停息过。当然在市场经济的环境中，尤其是在经济全球化的今天，完全不顾及媒体的生存与利益是不现实的，也是不可能的，没有丰厚的物质基础支撑，空谈责任与使命必然是一个美丽的乌托邦。①

即便是在文化产业背景下的电视媒体，其自身的特性也决定了它在成为一个需要盈利的市场主体之前，首先应该是作为一个宣传机构和一种社会公器的存在。在中国特殊的语境下，电视媒体从各级党和政府获得舆论话语权及大量的传播资源，也因此拥有着大众的信任和多年传播过程中积累下来的公信力，这些权利都是国家和民众赋予电视的，电视媒体有义务也有责任回应政府和大众的这份期待。“作为主流媒体，如果过分地追求收视率和广告收益，生产出粗制滥造的内容，长此以往必将导致公信力的缺失和权威感的丧失，甚至从话语的主流走向边缘，相信这是任何一个有着更高追求且有着社会责任感的电视台，尤其是国家级大台所不愿意看到的。更何况每一级的电视台既是同级党和政府的耳目喉舌，又是重要的舆论阵地，在塑造地区文化形象方面有着不可替代的作用。”② 那么是否一味地强调媒体责任就必然意味着要牺牲甚至放弃经济利益呢？这二者之间真的是不能并存的吗？

其实不然。一个最简单的生活化的小例子也许就能说明问题。一家服装店用劣质的材料做样式独特的衣服，刚开始人们也许会因为衣服的特别而选择购买，甚至有可能掀起一阵款式风靡的热潮，但人们久穿之后就会发现材质并不舒适也不环保，而款式也难登大雅之堂，

---

① 胡智锋，孔令顺 . 电视媒体的文化自觉 [J]. 中国广播电视学刊，2017（10）.

② 胡智锋，孔令顺 . 电视媒体的文化责任 [J]. 传媒，2017（10）.

从此也许再也不会选择该店的衣服。而如果这家服装店改用一流的设计、上等的材质制作服装，成本必然大幅提升，收益必然会暂时下降甚至出现亏损的情况，但人们久穿之后就会发现好的材质始终如一，且品位高雅，口口相传就会为这家服装店树立起良好的口碑和品牌形象，从而使该品牌逐渐做大做强，并收获稳定的顾客群体。同样的道理，这就好比一家电视台如果依靠制作低俗节目来博取受众眼球，虽然暂时提升了收视率，但没有内涵、哗众取宠的节目必将会被淘汰。在内容为王的当下，只有不断生产有意义、有意思的原生内容，用心负责地制作精良的电视节目，经过不断的磨合与创新，才有可能逐渐形成自己独立的栏目品牌，并带动整个电视机构的品牌提升。

以中央电视台的《今日说法》栏目为例。这一栏目诞生于1999年，是央视的第一档全日播法制节目，致力于打造“中国人的法律午餐”。至今这一栏目已经连续播出了20年，收视排名一直长期稳居央视前列，影响力持续增强，已经成为家喻户晓的品牌栏目。《今日说法》20年如一日的客观、真实地记录我国在法治进程中的发展进步以及暴露出来的种种问题，从而打造了栏目本身公正权威、为民服务的品牌特色，甚至让观众只要一听到《今日说法》这四个字便会产生信任联想。

《今日说法》成功的表现之一便是培养了撒贝宁等一批优秀的节目主持人。撒贝宁1999年开始主持《今日说法》，以理性、清新而又亲切的形象很快走进了观众的视野，成为央视的当家主持人之一。随后，他先后主持了《撒贝宁时间》《我们有一套》《首席夜话》《梦想合唱团》《开讲啦》《梦想星搭档》《出彩中国人》《挑战不可能》《了不起的挑战》《加油！向未来》《经典咏流传》等节目，并于2012年开始连续多年成为中央电视台春节联欢晚会主持人之一。2012年，他主持播出的《开讲啦》，是由中央电视台和唯众传媒联合制作的中国首档青年电视公开课。亿万观众通过电视荧屏，可以分享这场有思考、有疑问、有价值观、有锋芒的思想碰撞。这一节目的成功之处不仅仅在于为电视机前的观众提供了一个接受知识、更新思想的平台，更在于该节目对青年人心中的偶像进行了重新定义。相对于娱乐明星，节目组更侧重于邀请科学家、艺术家等各行各业的知识精英，这对于当今过度娱乐化的社会来说犹如一针清醒剂，有效地为成长在娱乐化环境中的青少年树立了积极、正确、健康的人生观、世界观和价值观，是电视媒体担负起社会责任的具体表现。同样，这些优秀的节目也反过来增强了央视的权威性和公信力，不断为中国电视赢得了掌声和尊重。中央电视台这些成功的案例也在证明，电视媒体担负起社会责任并不必然会影响其经济效益，相反地，还会提升它的传播力和公信力，并带来丰厚的经济效益。

一提到电视台的经济效益，人们的第一反应往往就是广告收入，其实远远不止如此。一档电视栏目一旦有了稳定而忠实的观众群体，还可以从其周边的衍生产品上寻求更大的利润回报。这种例子数不胜数：《百家讲坛》系列节目热播后，其影像便录制成光碟售卖，《易中天品三国》《于丹论语心得》等图书制品也风靡一时。《爸爸去哪儿》深受孩子们和年轻父母的欢迎，特别版被拍成大电影搬上大银幕，票房也颇佳，随后还推出了同名手游。成熟的电视栏目还可以孵化出新的系列节目，比如每年春晚之前的回顾性节目《一年又一年》，为春晚选拔节目的《我要上春晚》，等等。《中国新歌声》的衍生节目《真声音》，仅是将参赛选手的幕后花絮集锦录制播出，就同样受到了热情观众的关注。利用一档知名电视节目所打造的品牌，可以延伸出一个丰富的产业链，获得更为可观的经济收益。遗憾的是，当今的中国电视过度依赖广告收入，尚没有形成更加广泛多元的盈利模式，在新的媒介环境中又正遭遇着严重的经济危机。

二、电视媒体的探索与启示

天津卫视的《非你莫属》栏目以其自身的经验和教训为中国电视提供了诸多启示。该栏目由天视卫星公司[①]打造，于2010年10月30日在天津卫视开播，每期邀请12名一流企业高管组成BOSS团现场招聘，号称对应聘者进行最犀利的评判和最严格的挑选。《非你莫属》的环节设置别具一格，仅从“别对我说谎”“谈钱不伤感情”等名字来看就充满了冲突和对抗，娱乐性和观赏性也的确比较强。在人员的选择上，栏目组也是煞费苦心：主持人以机智犀利的言语方式掌控节目；参与者身份多样，大都具有一定特长，甚至有些本来就是具有一定社会关注度的网络红人；嘉宾更是各行各业的佼佼者，能够用专业知识给应聘者真实的就业指导意见和职场忠告等，同时也不乏幽默风趣。这一栏目很快就具有了较大的社会影响力，能够为受众树立较为健康积极的求职观和价值观，也能为已经身处职场或者正在求职的受众给予提示和帮助。应该说，该栏目较好地履行了电视媒体所应担负的责任，其形式创新和精良制作也收获一大批受众，并受到了一致好评。

但遗憾的是，在这种大好情势下，栏目组却为了进一步提高收视率而博人眼球，一系列节目怪象难逃作秀嫌疑。最“出位”的两次表现，应该算是刘俐俐事件和郭杰事件。在2012年1月9日的节目中，海归女孩刘俐俐与主持人张绍刚以及现场嘉宾团针锋相对，使得场面几度失控。在5月20日的节目中，一个自称留学法国十年的海归郭杰来应聘，结果被主持人张绍刚和嘉宾文颐等现场“揭露”学历造假后竟当场晕倒。其中的是非曲直，作为观众很难分辨，但主持人、嘉宾和求职者

---

① 2010年5月，以天津广电集团、天津电视台和天津卫视的节目制作业务为基础，成立天视卫星公司，致力于成为国内“跨越新旧媒体的顶级电视内容提供商”。

出位的“表演”令人大跌眼镜。5月30日，“青年导师”李开复在微博上发起“万人实名抵制《非你莫属》”活动。仅仅两天时间，就有超过20万网友参与投票，其中191 087名网友选择“抵制”，占到参与人数的93.6%。我们不去判断孰是孰非，但《非你莫属》从最初的好评如潮到后来的骂声一片，还是为电视人敲响了警钟。作为一档励志类求职节目，只有回归本质，用理性和真诚指导年轻人就业创业才是正途，其他都是哗众取宠的短视行为。

曾任央视新闻中心主任的梁晓涛认为：电视媒体真正主打的应当是影响力。在此基础上，再努力提高收视率。电视媒体要耐得住寂寞，“需要踏踏实实、静下心来做，有可能当时不会有收益，比如新闻频道，它需要人力、财力、资源的大投入，它不像娱乐节目那样易模仿、低成本、收益快”。身处这样一个瞬息万变的时代，能够坚守反而更是难能可贵的品质。在如今的媒介现状和技术水平下，电视频道已不再是稀缺资源，电视受众也已经从模糊的大众逐渐细分为较为明确的分众以至于完全量身定做的小众。其实，在当今中国巨大的人口基数下，任何相对的“小众”都是绝对的“大众”。电视人若试图通过一档栏目或节目包打天下就显得颇为不合时宜了，因此不同的频道和栏目就应当有着不同的文化定位和文化追求，力争在不同的文化层级上释放影响力。

虽然理论上凤凰卫视的受众是面向全世界华人的，但在中国内地，只有三星级以上涉外宾馆和特殊社区才可以收看到，这一限制使得其实际受众范围大幅度缩小。凤凰卫视将受众牢牢锁定为部分高学历、高收入和高职位的人群。他们是社会的高端人群，往往对政治经济、社会百态和文化时事等关注度较高，也经常保持自己独特的判断。凤凰卫视正是基于对目标受众的精准分析，从最初定位的城市青年台，到提出了“三高”的受众定位，继而又进一步将受众定位概括为“影响有影响力的人”，凤凰卫视一步步地转型，将其品牌发展明确地指向文化精英的方向，进一步服务全球华人。为了服务其核心受众，凤凰卫视的节目内容也多以政治经济、历史人文类为主，同时还向海外华人传递着“大中华”理念，给受众以文化上的归属感和认同感，借此培养受众的忠诚度。从较早的《相聚凤凰台》到《凤凰早班车》，从《时事直通车》到《时事开讲》，再到历史文化性专题栏目《冷暖人生》《口述历史》等，从《千禧之旅》《寻找远去的家园》到《世纪大讲堂》《凤凰大视野》等，凤凰卫视不遗余力地致力于打造一个有文化责任、社会担当、人文关怀和专业主义追求的媒体平台。其积极努力和责任担当收获了良好的社会口碑，进而促进了经济效益的攀升：凤凰卫视曾十一度荣登中国品牌500强榜单，2015年其品牌价值达403.92亿，位居非政府媒体排名第一。

电视媒体所应该担负的责任绝不仅仅只是推出一些知识性、文化性或者教育性的节目，而是整体上的思维定位和模式转型。其实只要开阔思路、转变形式，即使一向被认定为娱乐化甚至是过度娱乐化的真人秀节目也是可以推陈出新有所担当的。为积极响应习近平总书记中国梦、强军梦的号召，2015年湖南卫视携手空政电视艺术中心打造的《真正男子汉·空军篇》第一季应运而生。该节目一经播出便吸引了众多关注，演艺明星与体育明星齐聚军营进行军训，单单是女明星的素颜出镜、如实测量身高和体重这些亮点就足够“吸睛”，更别说在节目后期部分明星因为团队合作而产生的矛盾与冲突，使得该节目的娱乐性与观赏性绝对不输给任何真人秀节目。然而，该节目的价值与意义显然不止于此。《真正男子汉》通过专业性的制作彰显了国威和军威，把国防教育全民化，把普通人转变成“军人”，吸引了全阶层、全年龄段欣赏，培养了观众性格里的硬气与血性。该节目很大程度上实现了有意义和有意思的有机结合，成为真人秀节目的标杆之作。

与《真正男子汉》有异曲同工之妙的还有文化类综艺节目《见字

如面》。《见字如面》于2016年12月31日在黑龙江卫视播出，是国内首档也是全屏唯一一档季播型书信朗读节目。节目选取了各个时期有历史、有故事且能够展现人物情感、反映社会变迁的信件，由明星来朗读。节目虽然只有极其简单的舞台布置和灯光效果，可谓繁华落尽见真淳，但节目以家书或与朋友乃至敌人的往来信件为依托，重温历史故事或重构历史场景，从而向公众进行关于传统文化和人文精神的普及和推广。节目组以优秀演员的朗读形式，加上观众的群体聆听，形成了一种具有深刻意义和价值的仪式传播，使受众在观看节目的同时，能够与书信中的内容产生情感呼应和心灵共鸣。这一形式不仅仅已经超越了简单的朗读，而且更加巧妙地使尘封的文字通过表演得到二次塑造和演绎，使其意义在节目氛围和演员的深情朗诵中得以升华。观众仿佛穿越至久远的历史时空，既收获了视觉听觉上的享受，又受到了情感的冲击与文化的熏陶。

通过如上不同案例我们可以看出，不论是央视还是省台，不论是境内还是境外，其经验和教训都告诉我们：电视媒体应该通过精准定位和科学设计，担负起义不容辞的媒体责任。这种责任担负与电视媒体的现实利益从根本上来讲并没有太大冲突，如果能够妥善处理，在某种意义上，可以说声誉就是金钱，口碑就是财富，一时的利益满足恰如经济发展与环境保护的关系，反而有可能破坏电视媒体的媒介生态，制造出更多的不和谐。我们论证中国电视应当承担媒体责任，绝对不是要求电视节目一个个都板起面孔做圣人学者的模样，不请明星、不事包装，而是让节目完全可以通过合理灵活的设计达到既能传播文化、引领受众又能让观众愉悦其中、乐此不疲的效果。因此，电视媒体的责任不仅仅是一个口号和宣言，更不是唱高调，它是实现和谐媒体的前提和基石，有了电视媒体对责任的担负，在观众信任尊敬和期待的支持下，电视媒体的发展才会更健康、更长远，才会为和谐社会与和谐世界的构建，做出更积极更重要的贡献。也只有这样，才能够实现中国电视真正的可持续发展。

第三节 坚守的成果：创建和谐社会

千百年来，和谐社会一直是人类孜孜以求的生活愿景，也是社会发展的终极理想与目标。

一、和谐社会的媒体责任

自古以来，我国文化中一直贯穿着“和为贵”的思想，这充分体现了中华民族对和谐的不懈追求，而这种追求已经进一步渗透在了中国传统的美学理念与哲学思想里。我们所向往并不断为之努力的和谐社会包含着方方面面的和谐，除了政治的和谐、经济的和谐、文化的和谐、环境的和谐等以外，媒体作为社会信息传递的纽带和桥梁，其生态的和谐也自然是题中应有之义。电视媒体作为媒体系统中举足轻重的组成部分，和谐有序的电视媒体生态当然也是和谐社会的重要构成。

当前我国正处于剧烈的社会转型期，市场化在广度与深度方面都有了很大进展，稳健快速的经济发展使得城市化进程明显加快。伴随着经济发展和贫富差异扩大，社会群体也在逐渐分化，社会中出现了一系列新的社会阶层和利益群体，比如外企白领、私营企业主等中产阶级，与此相对应的思想行为模式也开始分化转型。随着全民收入的日渐提高，新兴的价值追求与行为模式开始出现，吃饱穿暖等基本需求已不再是人们关注的最主要问题，幸福感的获得也从物质层面开始向精神层面过度，人们开始追求更高品质、更为精致的生活方式。加之由于民众文化素养的普遍提高与互联网的日益普及，大众个人传播的意识也不断提升，个人表达对话语权的期待越来越迫切，对个体自由、政治文明、公平正义等话题的关注度越来越高。

当然我们也不能忽视，我国仍然存在大量生活比较困难的人群，社会发展仍然不够平衡，贫富差距仍然是巨大的。正如党的十九大报告所提出的，中国特色社会主义已经进入新时代，我国的主要矛盾已经转变为人民日益增长的美好生活需要和不平衡不充分的发展之间的矛盾。从国际社会的发展经验看，社会转型期是一个国家的“黄金发展期”，可如果应对方法不合适，社会的和谐遭到了破坏，这种“黄金发展期”也很容易变成“矛盾凸现期”。[①] 作为社会公器的媒体，自然有义务也有责任贡献出自己的独特力量。对于电视媒体来说，需要做到的就是通过负责任的新闻报道，有效地进行信息的传播与沟通，通过影视剧、综艺节目等进行感情的疏导与慰藉，充分为观众提供服务。下面具体以较具代表性的电视民生新闻为例进行说明。

二、电视民生新闻的实践

电视民生新闻作为电视荧屏上与百姓生活休戚相关的类型节目，近些年越发受到各家媒体的重视。电视民生新闻“是以城市居民为传播对象、以频道主要覆盖城市为报道范围、以与市民日常经济和社会生活息息相关的新闻事件为主要题材的一种电视新闻体裁”[②]。关注民生本是大众媒体的应有之义，也是媒体在日益激烈的竞争中提高新闻吸引力和影响力的有效途径，在本质上依然属于社会新闻范畴。民生

---

① 新华网．如何健康地走过社会转型期 [EB/OL].http：//news.xinhuanet.com/observation/2010-10/25/c_12697590.htm.

② 高贵武．民生新闻的价值取向和现实走向 [J]. 新闻与写作，2006（3）.

新闻需要成为真正为大众服务的新闻，应该尽可能地提高普通市民的出镜率，关心他们的切身利益，反映他们社会生活的真实状态并真诚地为他们排忧解难。

由于民生新闻在采制时需要充分重视地域接近性，以达到对本地区受众精准传播的效果，基本上每个地方台都会拥有一档甚至多档本地区的民生新闻栏目。济南电视台的《都市新女报》是全国唯一一档主持人“敲鼓说新闻”的特色电视新闻栏目。主持人一边敲鼓、一边说新闻，对政府的惠民之举、市民的正义之举，主持人会击鼓助威；面对不平之事，会为百姓鸣鼓喊冤。《都市新女报》是一档非常亲民的新闻栏目，该栏目的记者们有一个格外接地气的名字“娘家记者团”。他们奔走在城市的大街小巷，为百姓解难题、听民意，搭建政府和百姓沟通的桥梁，以“女人视角、男人关注”为切入点，将所有新鲜、好看的新闻选材融汇其中，推出了《娘家记者》《头版重锤》《当面锣、对面鼓》等版块，还设置短信问答、一元大抢购等观众参与性较强的环节。除此之外，这档新闻栏目的亮点还在于两位主持人，一男一女分别以方言和普通话为观众播报新闻，既有新闻的庄重感，又不失诙谐幽默。《都市新女报》精彩亲民的编排方式，加之“汇集天下新特事，讲评世间曲与直”的节目定位和“最能说，最敢说，最会说”的评说风格，使得它的收视及市场份额均跻身济南地区新闻类节目的前列，成为济南地区观众最喜爱的民生新闻节目之一。对于很多济南人来说，晚饭时间打开电视机观看这一节目已经成了一种习惯，而当自己在生活中遇到困难时，很多人也会第一时间想到去找济南电视台。这样既能通过媒体的报道使事情受到关注、得到解决，又同时向媒体提供了更多的新闻素材，如此长此以往，两者之间形成了一种良性循环，促使节目做得越来越好。

然而，类似的民生新闻栏目在全国范围内遍地开花，节目同质化问题越发严重。激烈竞争以及不可避免出现的内容上的相似、形式上的相近、版块设置的相仿，使得许多曾红极一时的民生新闻栏目已开始出现收视滑坡。在当今电视收益总体滑坡的情况下，电视台一旦发现某档栏目收视率降低，就会减少前期投入，试图降低制作成本以尽可能挽回损失。民生新闻的制作本来就需要较高的人力物力，才能更为全面地网罗各种各样的信息，以精彩的方式呈现给观众。前期投入被压缩势必会导致节目效果的显著下降，使原本留存的观众也逐渐产生不满厌倦情绪，最终形成一种恶性循环，节目越做越差，观众越来越少，最终难以为继。

正是民生新闻以普通百姓为主体的特质，才使得它可以真正为百姓说话办事。百姓的合理需求得到了满足，社会才能真正达到和谐的状态。民生新闻的未来取决于对新闻本质回归的程度和努力。做好民生新闻，是一个电视媒体不可推卸的责任。经过近二十年的发展，电视民生新闻取得了很大的成就，但当下还存在诸多问题，除了节目形式创新乏力、媒介审判时而越位等问题之外，以下两点内容也需要予以关注。

第一，以真实客观彰显权威性和公信力。新闻的本质就是“真”，然而最难做到的恰恰也是这一个字。民生新闻从主体和形式上看，报道的都是发生在百姓身边、贴近百姓生活的真实事件，然而有时在报道过后反而会出现种种纰漏与疏忽，使事件原本的真实性被减弱。民生新闻的素材来源广泛，其中一种渠道便是由观众所提供或爆料的。热心观众可以通过信箱、电话、微博等形式将素材或线索告知媒体，但由于观众对事件的敏感度和判断水平存在一定差异，的确存在个别爆料人本着希望引起他人注意的心理，故意夸大其实甚至伪造事实。假如电视台记者并没有仔细分辨，进一步求证事件真伪，或者也抱着想要引起轰动的心态就随意在电视上进行了报道，那么新闻真实性便会大打折扣。还有一种情况也并不少见，就是当记者发现并要报道个别企业的违规行为时，企业通过“封口费”的形式收买记者，或通过其他手段迫使记者将事件压下不予报道。类似现象严重违背了新闻真实性的基本要求，久而久之不仅会使节目影响力大大减弱，其所在媒体的权威性也将大打折扣。在这样一个后真相时代，几乎人人都有自媒体，“翻转新闻”时有发生。电视台的一点点疏忽都可能会被无限放大，甚至造成不可挽回的局面。

第二，以“大民生”彰显人文关怀。一提到民生新闻，观众的普遍印象就是家长里短、鸡毛蒜皮的小事，甚至沦为鸡零狗碎、怪力乱神。这种印象也正反映了我国民生新闻在内容制作方面的单一与欠缺，太过关注“小民生”，却没有把内容做得更广、视野放得更开，忽视了对于社会百态的宏观报道和全局把控。电视媒体尤其是地方电视台应该进一步拓宽思路，放开视野，使民生新闻从大众心中的“小生活”逐渐转为内容涉猎广泛的“大民生”。民生新闻从兴起至今已经走过了大约二十年的历程，取得了民众的信任和政府的认可，但也逐渐走入瓶颈期。民生新闻不能狭隘地局限于普通百姓的日常生活，而应从民生的视角出发，一切事关百姓生活的现象都应当予以足够的关注和充分的解读。这不仅是一种视角的改变，也是一种姿态和语态的调整。

“在这样一个市场经济元素似乎是无处不在的时代，在这样一个价值观念急剧转型的时期，还能否坚持媒介的责任、坚守精神的家园的确是对每一个电视人的严峻考验，在一个责任普遍缺失的媒介环境中，坚守职责就显得尤其可贵和必要。这不仅意味着付出的更多，还意味着在短期时间内得到的可能更少，从某种意义上看起来甚至显得有些悲壮，但我们的社会和时代需要这种对责任的承担，从这里我们看到了电视媒介的自觉，他们正在为我们传承文明、守望家园，在为和谐社会的创建鼓与呼。”[①] 我们必须要清楚，中国电视不仅仅属于各家电视台，更属于亿万民众。

① 周军，孔令顺. 论电视文化生态的和谐 [J]. 现代传播，2013（3）.

结语　影像，让生活更美好

王国维先生在《宋元戏曲考》中认为："凡一代有一代之文学：楚之骚、汉之赋、六代之骈语、唐之诗、宋之词、元之曲，皆所谓一代之文学，而后世莫能继焉者也。"这种概括以文化链的形式串联起每个时代最为璀璨的明珠，勾勒出中华五千年的文艺历程。若从深层来理解，王国维先生此处的"文学"应为一个较为广义的概念，可扩展为整个文学艺术范畴。因此，包括之前的远古神话及随后的明清小说，由于它们分别成就了当时社会的最高艺术水准，几乎每一种文艺形式均超越了它们自身的存在意义，而成为各自时代的一种代表性的文艺符号。那么，什么才是当下时代最具代表性的文艺形式呢？

1895 年世界上第一部电影的诞生，昭示着影像时代的来临。一百多年来，以传统的电影电视和新兴的网络视频为主体的影像，深刻影响了人们的日常生活，并在相当程度上改变着人们的思维方式。无论从传播广度、开掘深度还是艺术高度而言，影像都已经成为当代最具代表性的文艺形式，并实现了跨屏传播和媒介融合。这种影像弥合了长期以来基于载体类型上的分割，实现了视听综合语言的统一。从传统意义上的影视，到风靡网络的视频，再到高度概括的影像，完成了一个学术概念的整合。全新媒介语境下的影像既扎根于传统文艺的沃土，又脱胎于深厚的影视积淀，实现了文艺形式的涅槃重生。

影像的内涵非常丰富，是一个不断发展衍变的概念，就广义而言，大致可以分为静态影像（比如摄影影像和扫描影像等）和动态影像（以影视视频为主，也即狭义的影像）两种，本书所论述的仅为狭义的动态影像。影像的概念整合，并不仅仅意味着名称的简单转换，而必将深刻影响到影像内容的生产、传播和消费的整个流程，以及产业结构的调整和管理模式的升级。影像作为影响世界的一支重要力量，其丰富内涵值得深入研讨。只有策略性地运用影像文化的硬实力和软实力，才能形成长袖善舞的巧实力。

好莱坞大片《蜘蛛侠》中有一句经典台词："能力越大，责任就越大。"将这句座右铭似的话语用来描述今天的影像非常恰切。不论是中国电影的狂飙突进、中国电视的触底反弹，还是网络视频的风生水起，影像都成为普通国民的基本信息平台和休闲娱乐首选。这种无远弗届、无微不至的强大力量，深刻影响着成长中的民众和变化中的中国。在文化产业大发展的时代语境下，中国电视更应当树立身份自信，为人们的美好生活承担起神圣的媒体责任。

2013 年 6 月，《文化产业背景下中国电视的媒体责任问题研究》获得国家社科基金的立项。这代表着国家层面对这一课题的高度重视和较大期待。6 年多来，中国电视的内部与外部环境都发生了天翻地覆的变化。这既给课题的研究提供了时代的契机，也带来了理论与现实的双重困境，导致了课题的几度延期，2019 年 7 月终于成功结题。课题组成员通过参与式观察、深度访谈、文本细读、案例分析等研究方法，注重质化与量化相结合，以质化为主，试图全景式梳理当下中国电视的媒体责任担负样貌，并力图提供理论阐释和路径指引。本书即该课题的成果。然而知易行难，今天的电视困局是世界性的行业阵痛，需要电视的管理者、运营者和研究者以及相关行业等多方面的群策群力，方能浴火重生。

我们相信：影像，能够让生活更加美好！

附录：访谈提纲

访谈提纲一：电视管理者

（各级宣传部、广播电视局工作人员）

1. 辖区内电视事业和产业的发展概况。
2. 当下电视最大的困难或发展瓶颈是什么？
3. 电视应当承担怎样的媒体责任？
4. 如何看待电视影响力的减弱？
5. 如何看待电视台经济效益的下滑？
6. 在媒体融合的背景下，电视应当如何发展？
7. 在文化产业的背景下，电视应当如何承担媒体责任？
8. 如何看待电视人的纷纷离职？
9. 电视是否过度娱乐化？应当如何规范和引导。
10. 电视台是否应当重回事业单位体制？
11. 您喜欢看电视吗？可替代性如何？
12. 如何看待中央厨房和融媒体中心？

访谈提纲二：电视从业者

（各级电视台领导、记者、编辑、主持人等）

1. 简单介绍一下自己的职业生涯。
2. 当下个人最大的困难或发展瓶颈是什么？
3. 电视应当承担怎样的媒体责任？
4. 如何看待电视影响力的减弱？
5. 如何看待电视台经济效益的下滑？
6. 在媒体融合的背景下，电视应当如何发展？
7. 在文化产业的背景下，电视应当如何承担媒体责任？
8. 如何看待电视人的纷纷离职？
9. 电视是否过度娱乐化？应当如何规范和引导。
10. 电视台是否应当重回事业单位体制？
11. 您喜欢看电视吗？您认为电视的可替代性如何？

访谈提纲三：电视研究者

（各类高校、科研院所新闻、传媒、影视学院教师等）

1. 谈一谈在您成长过程中和电视有关的故事。

2. 您觉得电视当下最大的困难或发展瓶颈是什么？

3. 电视应当承担怎样的媒体责任？

4. 如何看待电视影响力的减弱？

5. 如何看待电视台经济效益的下滑？

6. 在媒体融合的背景下，电视应当如何发展？

7. 在文化产业的背景下，电视应当如何承担媒体责任？

8. 如何看待电视人的纷纷离职？

9. 您是否有过电视行业的从业经历？这些经历会对学术研究产生哪些影响？

10. 电视是否过度娱乐化？应当如何规范和引导。

11. 电视台是否应当重回事业单位体制？

12. 您会鼓励学生毕业后到电视台就业吗？

访谈提纲四：电视学习者

（各类高校、科研院所新闻、传媒、影视学院本科生、研究生等）

1. 谈一谈在您成长过程中和电视有关的故事。
2. 您认为电视当下最大的困难或发展瓶颈是什么？
3. 电视应当承担怎样的媒体责任？
4. 如何看待电视影响力的减弱？
5. 如何看待电视台经济效益的下滑？
6. 在媒体融合的背景下，电视应当如何发展？
7. 在文化产业的背景下，电视应当如何承担媒体责任？
8. 如何看待电视人的纷纷离职？
9. 毕业后会到电视台就业吗？为什么？
10. 电视是否过度娱乐化？应当如何规范和引导？
11. 电视台是否应当重回事业单位体制？
12. 您还看电视吗？都怎么看？

参考文献

一、著作

1. 刘习良 . 中国电视史 [M]. 北京：中国广播电视出版社，2007.
2. 徐光春 . 中华人民共和国广播电视简史（1949—2000）[M]. 北京：中国广播电视出版社，2003.
3. 赵玉明，艾红红 . 中国广播电视史教程 [M]. 北京：中国广播电视出版社，2009.
4. 郭镇之 . 中国电视史 [M]. 北京：中国人民大学出版社，1991.
5. 郭镇之 . 中外广播电视史 [M]. 上海：复旦大学出版社，2016.
6. 杨伟光 . 中国电视论纲 [M]. 北京：中国广播电视出版社，1998.
7. 黄会林 . 电视艺术导论 [M]. 北京：中国计划出版社，2003.
8. 胡智锋 . 中国电视观念论 [M]. 北京：北京师范大学出版社，2000.
9. 胡智锋，等 . 电视文化新论 [M]. 北京：中国社会科学出版社，2015.
10. 胡智锋 . 电视美学大纲 [M]. 北京：北京广播学院出版社，2003.
11. 胡智锋 . 创意与责任——中国电视的本土化生存 [M]. 北京：中国传媒大学出版社，2010.
12. 胡智锋 . 立论中国电视 [M]. 北京：中华书局，2017.
13. 欧阳宏生，等 . 电视批评学 [M]. 成都：四川大学出版社，2006.
14. 欧阳宏生，等 . 电视文化学 [M]. 成都：四川大学出版社，2006.
15. 李良荣 . 新闻学概论 [M]. 上海：复旦大学出版社，2001.
16. 彭吉象 . 数字技术时代的中国电视 [M]. 北京：北京大学出版社，2008.
17. 周宪 . 思想的碎片 [M]. 济南：山东友谊出版社，2002 .

18.周宪 . 中国当代审美文化研究 [M]. 北京：北京大学出版社，1997.
19.陶东风 . 文体演变及其文化意味 [M]. 昆明：云南人民出版社，1994.
20.陆地 . 世界电视产业市场概论 [M]. 北京：中国人民大学出版社，2003.
21.刘建明 . 当代新闻学原理 [M]. 北京：清华大学出版社，2003.
22.邱沛篁 . 新闻采访论 [M]. 成都：四川大学出版社，2007 .
23.雷跃捷，张彩 . 国际新闻频道研究 [M]. 北京：中国广播电视出版社，2013.
24.陆扬，王毅 . 大众文化与传播 [M]. 上海：上海三联书店，2000.
25.郑征予 . 电视文化传播导论 [M]. 上海：复旦大学出版社，2003.
26.王长潇 . 当代中国电视文化传播论纲 [M]. 济南：山东人民出版社，2005.
27.唐世鼎，黎斌 . 制播体制改革与电视业发展问题研究 [M]. 北京：中国传媒大学出版社，2005.
28.黄亮华 . 人文主义视野中的技术 [M]. 北京：中国社会科学出版社，1996.
29.苗棣 . 电视艺术哲学 [M]. 北京：北京广播学院出版社，1997.
30.苗棣 . 中美电视艺术比较 [M]. 北京：文化艺术出版社，2005.
31.彭晓华 . 电视产业经营学 [M]. 成都：四川大学出版社，2005.
32.孙玉胜 . 十年——从改变电视的语态开始 [M]. 北京：人民文学出版社，2011.
33.李希光，刘康 . 妖魔化中国的背后 [M]. 北京：中国社会科学出版社，1996.
34.孙晶 . 文化霸权理论研究 [M]. 北京：社会科学文献出版社，2004.
35.郑晓云 . 文化认同论 [M]. 北京：中国社会科学出版社，1992.
36.樊纲 . 市场机制与经济效率 [M]. 上海：上海人民出版社，1999.
37.孙克强 . 雅俗之辩 [M]. 北京：北京华文出版社，1997.

38.孔令顺 . 中国电视的文化责任 [M]. 北京：中国传媒大学出版社，2010.
39.昆德拉 . 不朽 [M]. 王振孙，等译 . 上海：上海译文出版社，2003.
40.伊格尔顿 . 美学意识形态 [M]. 王杰，等译 . 桂林：广西师范大学出版社，1997.
41.波德里亚 . 消费社会 [M]. 刘成富，等译 . 南京：南京大学出版社，2006.
42.英尼斯 . 传播的偏向 [M]. 何道宽，译 . 北京：中国人民大学出版社，2003.
43.洛茨 . 电视即将被革命 [M]. 陶冶，译 . 北京：中国广播影视出版社，2015.
44.凯瑞 . 作为文化的传播 [M]. 丁未，译 . 北京：华夏出版社，2005.
45.新闻自由委员会 . 一个自由而负责的新闻界 [M]. 展江，等译 . 北京：中国人民大学出版社，2004.
46.奈 . 软力量——世界政坛成功之道 [M]. 吴晓辉，等译 . 北京：东方出版社，2005.
47.布尔迪厄 . 关于电视 [M]. 许钧，译 . 南京：南京大学出版社，2011.
48.波兹曼 . 娱乐至死 [M]. 章艳，译 . 北京：中信出版社，2015.
49.里埃菲尔 . 传媒是什么 [M]. 刘昶，译 . 北京：中国传媒大学出版社，2009.
50.小约翰 . 传播理论 [M]. 陈德明，叶辉，译 . 北京：中国社会科学出版社，1999.
51.霍克海默，阿多诺 . 启蒙辩证法：哲学的断片 [M]. 渠敬东，等译 . 上海：上海人民出版社，2006.
52.费尔顿 . 广告策划与创意 [M]. 陈安全，译 . 北京：中国人民大学出版社，2005.
53.费斯克 . 理解大众文化 [M]. 王晓珏，宋伟杰，译 . 北京：中央编译出版社，2001.

54.本雅明 . 技术复制时代的艺术作品 [M]. 胡不适，译 . 杭州：浙江文艺出版社，2005.
55.Adorno T. The Culture Industry [M]. London：Routledge，1991.
56.夏克特 . 找寻逝去的自我：大脑、心灵和往事的记忆 [M]. 申春，译 . 长春：吉林人民出版社，1998.
57.本尼迪克特 . 文化模式 [M]. 王炜，等译 . 北京：生活 · 读书 · 新知三联书店，1988.
58.安德森 . 长尾理论 [M]. 乔江涛，译 . 北京：中信出版社 2006.
59.卡茨，等 . 媒介研究经典文本解读 [M]. 常江，译 . 北京：北京大学出版社，2011.
60.奈 . 美国定能领导世界吗 [M]. 何小东，盖玉云，译 . 北京：军事译文出版社，1992.
61.威廉斯 . 文化与社会 [M]. 吴松江，张文定，译 . 北京：北京大学出版社，1991.
62.西美尔 . 时尚的哲学 [M]. 费勇，译 . 北京：文化艺术出版社，2001.
63.勒庞 . 乌合之众——大众心理研究 [M]. 冯克利，译 . 北京：中央编译出版社，2015.
64.萨缪尔森 . 微观经济学 [M]. 萧琛，等译 . 北京：人民邮电出版社，2004.
65.斯沃茨 . 文化与权力——布尔迪厄的社会学 [M]. 陶东风，译 . 上海：上海译文出版社，2006.

二、论文

1. 朱羽君，殷乐 . 减压阀：电视娱乐节目——电视节目形态研究之一 [J]. 现代传播，2001（1）.
2. 谢新洲，柏小林 . 社会责任评价与媒体责任担当 [J]. 新闻战线，2018（17）.

3. 陈力丹 . 自由主义理论与社会责任论 [J]. 当代传播，2003（3）.
4. 萧盈盈 . 中国电视娱乐产业的产业动力与文化责任 [J]. 现代传播，2010（9）.
5. 赵静蓉 . 记忆危机的伦理学阐释和社会学分析 [J]. 文化研究，2013(6).
6. 陈国权 . 谁为媒体提供经济支持？——1949 年以来中国媒体经济体制变迁与趋势 [J]. 新闻与传播研究，2018（10）.
7. 陶喜红，曾光 . 广播电视产业市场化演进及其与市场结构、产业经济增长的关系 [J]. 新闻与传播研究，2019（1）.
8. 雷跃捷，薛宝琴 . 论“新闻立台”的本体意义 [J]. 中国广播电视学刊，2014（9）.
9. 谭天，覃晴 .“新闻立台”：回归与选择 [J]. 新闻与写作，2010（2）.
10. 钟敬文 . 论娱乐 [J]. 浙江学刊，1999（5）.
11. 金晏伊 . 对我国当代新闻娱乐化的再思考 [J]. 中国广播，2016（2）.
12. 信险峰 . 从新闻立台到娱乐利台 [J]. 北方传媒研究，2016（3）.
13. 隋岩 . 多重复合的当代中国电视文化意识形态 [J]. 中国人民大学学报，2002（5）.
14. 唐月民 . 电视传媒的类型及其商业化趋向 [J]. 重庆社会科学，2009（10）.
15. 戴元初 . 中国传媒产业规制的解构与重构 [J]. 青年记者，2006（2）.
16. 张志君 . 尽快建构国家电视文化安全预警系统 [J]. 中国记者，2002(4).
17. 俞吾金 . 人文关怀：马克思哲学的另一个维度 [J]. 新华文摘，2001(5).
18. 张春华 . 传媒体制、媒体社会责任与公共利益——基于美国广播电视体制变迁的反思 [J]. 国际新闻界，2011（3）.
19. 周宪 . 文化工业 / 公共领域 / 收视率——从阿多诺到布尔迪厄的媒体批判理论 [J]. 新闻与传播研究，1998（4）.
20. 胡智锋，郝婀贞 . 电视节目过度娱乐化问题辨析 [J]. 当代电视，2018（1）.

21.刘燕南．再谈收视率造假：缘起、技术与监管[J].现代传播，2012（10）.
22.许剑．新闻媒体与我国当前公共领域的构建[J].新闻大学，2003（1）.
23.欧阳宏生．论中国电视批评理论体系的建立[J].现代传播，2007（2）.
24.欧阳宏生，李弋．21世纪以来中国电视批评的若干思考[J].现代传播，2010（8）.
25.朱婧雯，欧阳宏生．中国电视批评六十年[J].现代传播，2019（1）.
26.欧阳宏生，战迪．认知传播视阈下的电视批评观[J].编辑之友，2016（5）.
27.朱春阳，杨绪伟．电视媒体如何提高舆论引导能力——以舆论监督为分析视角[J].电视研究，2010（7）.
28.沈正赋．新媒体时代传播力的影响要素及其建构路径[J].新闻战线，2018（13）.
29.范红．国家形象的多维塑造与传播策略[J].清华大学学报（哲学社会科学版），2013（2）.
30.刘小燕．关于传媒塑造国家形象的思考[J].国际新闻界，2002（2）.
31.陆地，等．周边传播的概念和特性——周边传播理论研究系列之一[J].现代传播，2015（3）.
32.喻国明．影响力经济——对传媒产业本质的一种诠释[J].现代传播，2006（1）.
33.吴丰军．电视内容资产的经济学分析[J].现代传播，2008（12）.
34.黄河．我国电视媒体资产管理现状考察[J].电视研究，2009（6）.
35.刘斌．成本·收益·制度创新——从新制度经济学的角度看广电产业制度创新[J].现代传播，2007（2）.
36.宋培义，黄昭文．中国广播影视数字内容产业价值链模式构建[J].现代传播，2014（5）.
37.谢耘耕．中国传媒资本运营若干问题研究[J].新闻界，2006（6）.

38.胡正荣，张锐．论电视产业结构调整——盘活中国电视产业论系列之一 [J]. 现代传播，2003（2）.
39.张晶，谷疏博．文化记忆、崇高仪式与游戏表意：论原创文化类节目的美育功能 [J]. 现代传播，2018（9）.
40.徐立军，王玉飞．2018 年中国传媒的基本面与机会点 [J]. 现代传播，2018（1）.
41.张春华．传媒体制、媒体社会责任与公共利益——基于美国广播电视体制变迁的反思 [J]. 国际新闻界，2011（3）.
42.张轶楠．论大众媒介对公共空间的建构 [J]. 现代传播，2010（12）.
43.周晓虹．模仿与从众：时尚流行的心理机制 [J]. 南京社会科学，1994（8）.
44.杨洪涛．类型化与类型突破——新世纪国产剧创作的两个维度 [J]. 中国电视，2018（3）.
45.邵培仁．论媒介生态系统的构成、规划与管理 [J]. 浙江师范大学学报，2008（2）.
46.尹鸿．霸权与多元：新世纪电视文化随想 [J]. 电视研究，2000（1）.
47.胡智锋，孔令顺．电视媒体的文化自觉 [J]. 中国广播电视学刊，2017（10）.
48.胡智锋，孔令顺．电视媒体的文化责任 [J]. 传媒，2017（10）.
49.高贵武．民生新闻的价值取向和现实走向 [J]. 新闻与写作，2006（3）.
50.孔令顺．从都市婚恋剧看中国电视剧的类型化发展 [J]. 中国电视，2018（8）.
51.孔令顺．文化电视：深度娱乐的转向与救赎 [J]. 中国电视，2018（6）.
52.孔令顺．精准传播：电视供给侧改革的重要选项 [J]. 教育传媒研究，2018（2）.
53.孔令顺．从 IP 到品牌：基于粉丝经济的全商业开发 [J]. 现代传播，2017（12）.

54.孔令顺 . 时尚传播：身份的体认与学科的拓展 [J]. 现代传播，2016（12）.
55.孔令顺 . 论电视节目主持人的娱乐精神 [J]. 中国电视，2016（2）.
56.孔令顺 . 电视商业广告的四种生存范式 [J]. 徐州工程学院学报 2016，31（05）.
57.孔令顺 . 辨体与破体：文体学视野下的当代影像 [J]. 现代传播，2015（8）.
58.孔令顺 . “电影电视”：一种新文体的诞生 [J]. 中州学刊，2015（6）.
59.孔令顺 . 论融媒语境下的电视重构 [J]. 现代传播，2014（7）.
60.孔令顺 . 论电视生态和谐的三个维度 [J]. 中国广播电视学刊,2013(4).

三、期刊

1.《现代传播——中国传媒大学学报》
2.《中国广播电视学刊》
3.《当代电视》
4.《国际新闻界》
5.《中国广播影视》
6.《现代视听》
7.《中国社会科学》
8.《人大报刊复印资料》
9.《新闻与传播研究》
10.《当代传播》
11.《中国文化研究》
12.《电视研究》
13.《中国电视》
14.《中国记者》
15.《新闻大学》
16.《青年记者》
17.《新华文摘》
18.《读书》
19.《新闻记者》
20.《新闻战线》
21.《文艺研究》
22.《新周刊》等

注：以上所列文献难免挂一漏万，可能有许多著作文章本书研究或参考其思想内容，或参考其思路方法，未能一一列出，在此一并致谢。

后 记

项目终于结题了，拙作也即将付梓。然而，并没有想象中的那么轻松和愉悦，心中五味杂陈。

2013年6月，“文化产业背景下中国电视的媒体责任问题研究”获得国家社科基金的立项。某种意义上这代表着国家层面对这一现实问题的重视和期待。近几年来，中国电视的内部与外部环境都发生了天翻地覆的变化。这既给课题的研究提供了时代的契机，也带来了理论与现实的双重困境，导致了课题的步履蹒跚。

在政界和业界的双重裹挟下，中国学界的主力集中在电视媒介的产业化、数字化、经济学和管理学等较为实用性的研究方面，为电视媒介的产业化改革做着辩护与论证。通过对中国知网等相关数据库进行检索，发现涉及电视责任问题的文章只有二十几篇。至于研究专著，更为鲜见。可见，对于此问题的研究还相对比较薄弱，尚未引起人们足够的重视。资料文献的相对匮乏，一方面增大了本研究的难度，但另一方面也为本研究提供了广阔的探求空间。

五年多来，课题组成员通过参与式观察、深度访谈、案例分析等研究方法，注重质化与量化相结合，以质化为主，试图全景式梳理当下中国电视的媒体责任担负样貌，并力图提供理论阐释和路径指引。截至项目结题时，阶段性成果共发表35篇学术论文，其中18篇CSSCI期刊论文，有的被《新华文摘》“论点摘编”，有的被人大复印资料全文复印。结题评审专家虽然也给予较高评价：“该项成果对于电视媒体的责任分析评价全面到位，具有比较好的学术价值与应用价值，对于电视媒体的管理机构、电视业界以及学术界，都有一定的借鉴与启发意义。尤其是，该项成果提出了媒介责任实现的路径和媒介文化均衡发展的思想，具有可操作价值和实践意义。”但我们也清醒地认识到，今天的电视困局是世界性的行业阵痛，需要电视的管理者、运营者和研究者以及相关行业等多方面的群策群力，方有可能浴火重生。

本研究虽密切关注管理调整、技术进步、理论创新和现实发展，对文化产业背景下中国电视的理论与现实困境进行解剖与分析，但知易行难，囿于课题组能力和精力的局限，在研究视野、研究方法和理论支撑等方面都尚存在着诸多不足。而且由于中国电视行业的发展变迁日新月异，结题成果一旦成书，很大程度上也意味着“过时”与“脱节”，这不仅表现在政策、数据和案例的梳理上，也表现为技术迭代和理论突破等方面。这无疑是一个悖论，也是巨大的遗憾。拙作很大程度上还只是提出了问题，并没有能力提供完善的解决方案。因此，虽然课题已经结题，但研究还远远没有结束，甚至于说是刚刚开始，中国电视的媒体责任问题需要更大的研究力量在更多的层面上深入展开。

回首过往的十几年，一路走过来，心中充满感激。需要铭记感恩的人很多，无法一一列出姓名，以免挂一漏万。从博士论文《中国电视的文化责任问题研究》的开题，到教育部项目同名成果的出版；从国家社科基金的立项，到延期、转移和结题；从中国传媒大学到山东大学，再到广州大学，背后都有师友、同学、领导、同事以及家人的理解和支持。没有大家的鼓励和帮助，风雨历程无疑将更会更加艰难。几届研究生都程度不同地参与了课题的调研论证、资料收集和草稿撰写，她们的名字同样应当被记录：翁玲青、张雪慧、王晓冬、唐琳、朱琳、许孝媛、李娜、宋彤彤、郑凯闻、李聃阳、王明玉、巩永卿、张佳阳、范晶菁等。如果说还有点成绩的话，那是大家的，责任理应由我来承担。

刚刚过去的国庆节，注定将写入中国电视的历史。建国 70 周年大阅兵的仪式传播，再一次凸显了电视直播的价值和力量。不管是电视、电影，还是网络视频，有影像伴随的“视界”，才会如此美好！

己亥晚秋于广州知否斋

图书在版编目（CIP）数据

责与利：中国电视的两难选择 / 孔令顺著 . -- 北京：中国传媒大学出版社，2019.12

（广大新视野）

ISBN 978-7-5657-2659-0

Ⅰ . ①责… Ⅱ . ①孔… Ⅲ . ①电视－传播媒介－发展－研究－中国 Ⅳ . ① G229.2

中国版本图书馆 CIP 数据核字（2020）第 004827 号

责与利：中国电视的两难选择

ZE YU LI：ZHONGGUO DIANSHI DE LIANGNAN XUANZE

著　　者	孔令顺
责任编辑	黄松毅
特约编辑	李　婷
责任印制	阳金洲
封面设计	谢定莹
出版发行	中国传媒大学出版社
社　　址	北京市朝阳区定福庄东街 1 号　邮编：100024
电　　话	86-10-65450528　65450532　传真：65779405
网　　址	http://cucp.cuc.edu.cn
经　　销	全国新华书店
印　　刷	北京玺诚印务有限公司
开　　本	710mm×1000mm　1/16
印　　张	22.25
字　　数	278 千字
版　　次	2019 年 12 月第 1 版
印　　次	2019 年 12 月第 1 次印刷
书　　号	ISBN 978-7-5657-2659-0 / G · 2659　定　价　98.00 元